JN048789

佐藤洋太
Sato Yota

かぐや姫と浦島太郎の血脈

ヤマトタケル尊と応神天皇の世紀

新潮社
図書編集室

はじめに

筆の先に息吹を込め、一文字一文字を綴っていく。それは自らの残りの生命を筆先に乗せて文章に投影していく作業と言い換えることが出来るかもしれない。キリスト教の聖書には「始めに言葉ありき」の有名な真理があるが、言葉が現実を生み出していくのなら、文章はそれを閉じ込めて後世へと運ぶ方舟といえよう。

『平家物語』『太平記』を始めとした日本の物語、能の演目など日本人の血肉となっている物語は、古くから敗者への鎮魂を目的に紡ぎ出された言葉を包み込んだタイムカプセルだが、「竹取物語」「浦島太郎の御伽噺」もその例外ではない。

「竹取物語」「浦島太郎の御伽噺」は四世紀の歴史的な事柄をそこに託した物語で、その時代は所謂、「謎の四世紀」と称される混迷の時代だ。歴史を紡ぐはずの国史は御伽噺を伝えた書なのではと錯覚される内容で記され、歴史の事実が物語へと引き継がれて行く嚆矢となった。これは「記紀」の編集方針の根幹に「万世一系」の創作があるからで、裏を返せばそこには男系で繋がってはいない複数の王家が混在した、騒乱の時代が見えて来るのである。

彼らの意図が敗者への鎮魂と繋がっているとしたら、善意の終着点がそれらを生み出したとみたいが、どうであろうか。
「竹取物語」のかぐや姫は竹の中に現れ、最後は月の父君の元に帰るといい、浦島太郎は天女と共に竜宮城に行き、最後は三百年後に帰還したという。二人は空間や時間を超越した人物として描かれるが、その物語は虚構を作り上げたと言うよりは、創作者が後世に残そうとした生命の輝きの断片であろう。その息吹が入った玉手箱を開けてみるのは後世に生きる我々の責務かもしれない、と思う。

今は時代の転換点なのではと私は感じている。この秘密の玉手箱を開くタイミング、その時が正に来たのではないだろうか。

季節を通して感じられる優しい神の息吹は、春は草原を駆け抜け、夏はやませの涼感で人々を癒し、秋は紅葉が舞う美しい風景を作り、冬は白鳥を運ぶ風となる。神の意は、いつだって美しさを含んでいると期待をし、私も時代の要請に従いたいと筆を走らせるのである。

今回も時代としては馴染みもやや薄く、著者の力量不足から難解な文章が続きますが、これも本を開いた運命と最後までお付き合いいただけましたら、書き手としてこれ以上の喜びはありません。

最後になりましたが、今回も、かぐや姫、浦島太郎の物語に造詣が深い、伴とし子先生の研究が導いて下さいました。他にも多くの先行する研究者の方々に深くお礼を申し上げます。

凡例

一、『日本書紀』は特に断りがない限り『日本書紀（上・下）』（中公文庫）から引用しています。

二、天皇号は何時から始まったのかは定説が安定しませんが、便宜上『日本書紀』『古事記』の表記に倣っています。

三、『古事記』は特に断りがない限り『新版　古事記　現代語訳付き』（角川ソフィア文庫）から引用しています。

四、『先代旧事本紀』の現代語訳は『先代旧事本紀［現代語訳］』（批評社）を参考にし、大田別稲吉氏運営のブログ「天璽瑞宝」から引用しています。

五、中国史書に記載の倭国関係史は『倭国伝　中国正史に描かれた日本』（講談社学術文庫）より引用しています。

六、『風土記』は『風土記　現代語訳付き（上・下）』（角川ソフィア文庫）から引用しています。

七、『神皇正統記』は『現代語訳　神皇正統記』（新人物文庫）から引用しています。

装画　瑠璃
装幀　大森賀津也

かぐや姫と浦島太郎の血脈

ヤマトタケル尊と応神天皇の世紀

目次

第二章　かぐや姫と日本武尊の子孫たち

第三章　分裂と争乱の四世紀　垂仁天皇と日子坐王の一族

第四章　滅びゆくタニハ王朝と浦島太郎の物語

かぐや姫と浦島太郎の血脈

ヤマトタケル尊と応神天皇の世紀

序章　語り継がれた御伽噺や童歌への願い

『日本書紀』誕生の黎明期

　歴史編纂事業が初めて『日本書紀』に記されるのは推古天皇二十八年（六二〇年）に、聖徳太子と嶋大臣《しまのおおおみ》（蘇《そ》我《が》馬子《のうまこ》）が協議して『天《すめら》皇《みこと》記《のふみ》』、『国記《くにつふみ》』、『臣《おみの》連《むらじ》伴《ともの》造《みやつこ》国《くにの》造《みやつこ》百八十部《ももあまりやそとものお》并《ならびに》公民《おおみたから》等《など》本記《のもとつふみ》』を記録したと伝える記事に於いてです。

　その時代は中国では西暦二世紀末の後漢末より長く続いた分裂の時代が南北朝を最後に終焉を迎え、北朝の隋により中国統一（五八九年）がなされてから時をさほど経ていない時代です。北朝による統一の衝撃は物理面は勿論ですが精神面においても、周辺国に巨大な影響を与える事件だったのは想像に難くありません。

　統一は北朝によってなされましたが、南北朝時代に所謂「倭の五王」が使節を送ったのは全て南朝側です。なぜ倭国は南朝に使節を送り、幾度となく周辺国に対する影響力の保証と将軍号の授与を求めたのでしょうか。

中華王朝の皇帝は秦から始まり前漢、新、後漢と続きます。その後には魏、呉、蜀に分裂する三国時代に入りますが一度は晋が中国を統一します。数十年間の統一後には北部は騎馬民族に蹂躙され晋は南に逃れ、統一は短期間で終わり、南朝と、騎馬民族が樹立した北朝の時代に突入します。

この流れを倭国人から見れば、秦から、いや、より以前の殷、周の流れに続く南朝こそ中国の正統な後継者で有ると考えるのは自然です。地理的に離れている倭国は他の周辺国とは異なり、北朝はただ騎馬民族が武力で皇帝号を僭称しているに過ぎない国家であると言う観念を保ち続けるのが可能な状態だったのでしょう。

北朝の隋王朝に聖徳太子が、かの有名な「日出ずる処の天子、書を日没する処の天子に致す。恙無しや、云々」で書き出された、通説では無礼と言われる国書を送ったと言います。この上から目線の国書は太子の感覚がおかしいのではなく、先ほどの観念から、自らの方が由緒深いと表したに過ぎないと捉えられます。現代に例えれば、あるならず者国家が、力でアメリカ合衆国を征服した状態を想像すれば、その傘下に入っていた国家は直ぐに盟主国に対する儀礼と同様の使節を送るでしょうか。

北朝による統一とはすなわち南朝の滅亡、漢民族の中国の滅亡を意味します。これ以降の中国は騎馬民族に支配されている中国であり、漢民族は観念の世界の産物になります。

この朝貢をし、称号をねだった親とも言える永遠なる中華が、野蛮なる北朝に滅ぼされてしまった当時の倭国人の衝撃を推し量るのは容易ではありません。

　中華皇帝が世界を支配出来る正統性は、天帝からその統治権利を託されていると言う観念が裏付けになっています。全ての国の統治権の根源は言わば、宗教の神に行きつきますが、中華帝国のそれは天帝になります。天帝が地上の皇帝に天命を与え、地上の統治を任せ、皇帝は王朝を開きますが、その統治権は永遠ではありません。現実には王朝交代は起こり、これの理由として王朝の生命も春夏秋冬、四季の如く変わりゆく物であり、王朝もまた同じと言う、中国人の自然に対する認識から生まれた思想で説明されました。

　この王朝の生命力は、「徳」の文字で表現され、この思想では「徳」が衰えると王朝が衰退し、次の新たな「徳」を備えた統治者が天帝によって選ばれると唱えられましたが、中国人の自然観では腑に落ちる説明だったのでしょう。

　これは前王朝を武力で倒した後に、前王朝は徳が無くなったので我が天帝より命じられたと言い張れば、それだけで中国を統治する正統性が担保される事になってしまう制度です。前王朝からの統治権の移譲は平和裡に行われたと主張する理想型が禅譲《ぜんじょう》と名付けられ、前王朝の皇帝が徳を失ったので仕方がなく武力で討伐して王朝交代を成した事を放伐《ほうばつ》と言いました。しかし実際の禅譲は無理矢理行われていき、一方の放伐を行うには、放伐をされる対象の皇帝は徳を失っていなければなりませんので、人民を顧みず酒池肉林などを催し快楽に溺れ、悪逆非道を行ったとされる殷《いん》の紂王《ちゅうおう》にならった歴史が作られます。史書が常に前王朝の最後の王は、実際はどうあれ悪政をしていたとなるのは、この観念を記しているからです。

御伽噺や童歌に込められた想い

漢帝国の始祖劉邦が農民だったのを始め、誰でも言い張れば皇帝になれるこの不安定な統治思想が、中華帝国が再三分裂し、南北朝時代には異民族によって滅ぼされてしまうという末路につながる根源となります。

倭国の存在は古くは後漢代の史書に記されていますが、国家成立の黎明期には三十余国が競い合う様に、中華帝国の称号を獲得しようと使者を送ります。倭国王は国内統治の正統性を中華皇帝からの授与に求めたとなりますが、その必要性とは結局のところ倭国王と統治下の国の間に権威上の差が少なかった事に求められるのではないでしょうか。所謂『魏志倭人伝』に、倭国は以前百余国に分かれていたとあり、小さい国々が分立していた様ですが、それをある程度纏めたのが初期の倭国王でしょう。倭国王が奉ずる祖神と、纏めた国々の祖神との間に上下をつけられる理由がなく、王が中華帝国の皇帝にその他の国々の上に立つ統治権の担保を求めたのが朝貢の始まりではと推測出来ます。

これが正しければ倭国にとって中華帝国の滅亡とは、今後他者支配の裏付けを中華皇帝から得られない事を意味しますから、この滅亡を見た同時代の倭国人は、さも戸惑ったと思われます。この状況は親とも言える中華帝国が無くなってしまい、倭国はここから自立しなければならなくなったとも言えます。その結果日本人が、生み出したのが万世一系による統治思想です。

万世一系による統治思想は簡単に言えば、日本国統治の正統性は、神代七代から続く天照大神の子孫が天より統治を託されたので、日本国に対する正統な統治権があると言う考えです。先述しましたが全ての統治権の根源は、宗教に行き着きますので、神から始まるこちらも例外ではありません。倭国王が、後に発明された天皇という生き神になるための資格は、中華皇帝の「徳」由来の権威ではなく、あくまでも天照大神を祖神とする、その子孫であると言う血脈です。王朝交代を防ぐには女系ではそれが可能になってしまうため、これには男系の子孫である必要があります。この方便は非常に上手く機能をし、年代を経る毎に強い宗教観を帯びながら、千数百年後の幕末明治へと繋がっていきます。幕末の維新を経て誕生した、大日本帝国憲法の第一条が、広く知られている通り「大日本帝国ハ万世一系ノ天皇之ヲ統治ス」と記されているのは、その結実と捉えられます。

強固な万世一系の統治思想がなければ、倭国大乱、または中華帝国のように日本は何度も分裂を繰返し、不安定な社会になっていたでしょうから、これは今後も保つべき優れた統治思想（宗教）だと私は思います。ただ実際の歴史とは異なるだけのことです。この大きな時代の転換点の国際情勢の元で始まったのが、国内初の史書編纂事業です。万世一系とは当然、天孫が葦原中国《あしはらのなかつくに》（日本）に降臨した後に王朝交代があれば成り立ち得ませんので、実際の歴史上で王朝交代が起きていた場合は、これを無かった事と記す必要が生じました。つまりは、『日本書紀』は「史書」ではなく、日本教の「聖典」とすることを目的として編纂されたとなります。国史が「聖典」として編纂された中で、事実は神話の世界へ、または伝説へと歪んだ姿で記されて行きました。政府公式見解から消された事実は語ることを憚られ、民間で、かぐや姫や浦島太郎、かごめ歌に代表される童歌や御伽噺として語り継がれていきます。

謎の四世紀と前著『神武天皇と卑弥呼の時代』の振り返り

ヤマトタケル尊《のみこと》と言えば古代史界の英雄の一人と言えるでしょう。直ぐに頭に浮かぶのは、西は九州から東は関東、そして東北へと遠征する姿でしょうか。前著『神武《じんむ》天皇と卑弥呼の時代』では、邪馬台国《やまたいこく》の女王の一人宗女台与《とよ》の時代までを語りました。その際に「記紀」が述べる神武天皇についての内容は、結局は複数人の事績を一人の人物のものとして纏めた合成物と言えるものだと書きました。「記紀」はヤマトタケル尊の活躍を幅広く雄大に語りますが、この尊も神武天皇と同様となりそうです。

ヤマトタケル尊で思い浮かべる数々の遠征の記録や伝承は、邪馬台国の女王の一人宗女台与の後の時代、所謂「謎の四世紀」が騒乱の時代であった事実を後世に残す叙述となっています。「記紀」の叙述は歴史的事柄を神話化する方式で成り立っていますが、この時代も例外ではありません。西暦二世紀から倭国大乱の時代は、大国主神《おおくにぬしのかみ》や事代主神《ことしろぬしのかみ》の「出雲神話」を創出して、そこに所謂「欠史八代《けっしはちだい》」の業績を仮託し、その他の一部は歴史時代として記した「神武天皇紀」で構成するというなかなか手の込んだ編纂方式でした。

今回述べる所謂「謎の四世紀」の時代も、「記紀」はこの編集方式を踏襲しています。つまり「神代」の時代と神武天皇以降の歴史時代に、事実であったであろう事柄を分散して記していきます。

最初に要約してしまえば、神話の部は前王朝のトヨ姫と新王朝「物部王朝《もののべ》」崇神天皇《すじん》の結婚により統合した王権が、その伸長のために西に東に遠征していきます。これが武甕槌命《たけみかづちのみこと》、経津主命《ふつぬしのみこと》の遠征譚になり、この時代の三王権の祖は瓊々杵尊《ににぎのみこと》の三人の王子の神話となります。また歴史時代には崇神天皇から応神《おうじん》天皇朝までに分けて記されます。

序章の最後として前著の振り返りをします。

『先代旧事本紀《せんだいくじほんぎ》』の物部氏の系譜や、膨大な数の古代氏族の系譜を纏めた、『古代氏族系譜集成《こだいしぞくけいふしゅうせい》』を著した宝賀寿男《ほうがとしお》氏は神武天皇から崇神天皇までを六代としています。神武天皇は初代、崇神天皇は第十代と国史は伝えますので「記紀」では十代となります。この不足分の世代が、所謂初代の神武天皇より前の世代だと言うのが著者の推論です。この世代とはその名に「孝」が接頭する孝昭《こうしょう》、孝安《こうあん》、孝霊《こうれい》、孝元《こうげん》天皇と続く世代で、この一族は丹後半島から大和国に入って王朝を建てました。これを「タニハ王朝」とします。

籠《この》神社の八十一代宮司であった海部《あまべ》穀定《よしさだ》氏は著書『元初の最高神と大和朝廷の元始』の中で、尾張《おわり》氏の尾綱根命《おつなねのみこと》は、『先代旧事本紀』に天火明命《あめのほあかりのみこと》から十三世孫として挙げられ、『新撰姓氏録』には十六世孫と載りますので、そこには三代の相違があると指摘しています。また海部直《あまべのあたい》氏は建田勢命《たけたせのみこと》と、孝昭天皇の皇子の天足彦国押人命《あまたらしひこくにおしひとのみこと》の後裔であると伝えます。

簡潔に説明すると建田勢命が初代天皇で、海部直氏はその末裔となります。そのため孝昭、孝安、孝霊天皇の代数が皇統譜の先頭に回ります。先ほどの尾綱根命は孝昭天皇の子孫のため、それにつれて系譜の世代も三代が増えるとなります。左に示すように、孝元天皇の次の世代は「記紀」の伝えでは開化《かいか》天皇世代に当たり、孝昭天皇から数えて四世孫になりますが、実際に合わせて孝昭天皇を初代天皇に置くと懿徳《いとく》天皇の子世代が、開化天皇世代に当たり七世孫と三世代降るとなります。海部穀定氏はこの三代降る系譜が古伝で、代数が短い「記紀」の系譜は、その成立を遡るものではないとも指摘します。要するに「記紀」成立時には改変があったということです。

					一世	二世	三世	**四世**	五世
神武—	綏靖—	安寧—	懿徳—	孝昭—	孝安—	孝霊—	孝元—	**開化**—	崇神天皇

孝昭―孝安―孝霊―孝元―綏靖―安寧―懿徳―**開化**―崇神天皇

一世　二世　三世　四世　五世　六世　**七世**　八世

神武―綏靖―安寧―懿徳―開化―崇神天皇（六代）

※想定は孝元天皇と綏靖《すいぜい》天皇世代が重なるので神武天皇世代は孝霊天皇世代となります。

【想定系図】

孝昭天皇―孝安天皇―孝霊天皇―孝元天皇（彦国牽天皇、乙彦命、建御名方神）

卑弥呼――――台与

神武天皇―綏靖天皇―安寧天皇―懿徳天皇―開化天皇―崇神天皇

孝元天皇（玉勝山代根古命、天津彦根命）

孝霊天皇世代が所謂「倭国大乱」時代（百七十年代か）に当たり、その様相とは恐らく内部分裂で、孝霊天皇の一族の玉勝山代根《たまかつやましろね》古命《このみこと》と、所謂神武天皇の一人の饒速日尊《にぎはやひのみこと》、宇摩志麻《うましま》遅命《じのみこと》が手を組んで孝霊天皇一家は四国へ落ち延びます。この饒速日尊を祖先とする王朝を「物部氏の王朝」とし、玉勝山代根古命（天津《あまつ》彦根命《ひこねのみこと》）を祖とする一族を「近江山城系タニハ」とします。

現代風に言えば一族で相続している大企業の本家の社長一族（孝霊天皇、彦国牽天皇《ひこくにくるのすめらみこと》）

を、一族の重役（孝元天皇、玉勝山代根古命、天津彦根命）と、生え抜きの支店長（神武天皇、饒速日尊）が連んで追い出したようなイメージで捉えていただけると、分かりやすいかと思います。また八咫烏《やたがらす》はこの時に彼らを大和国に引き入れた人物でしょう。その良し悪しは問いませんが、これも歴史で繰り返される相克の一つで、当人たちは時代を或る意味においては誠実に全うしたと著者は信じます。

理解を容易にするために先に記しますが、稲荷山古墳出土金錯銘鉄剣《いなりやまこふんしゅつどきんさくめいてっけん》と、『上宮記逸文《じょうぐうきいつぶん》』の系譜から開化天皇から雄略《ゆうりゃく》天皇までは八代になります。また一代は各系譜を比べて検討した二十三から五年程度で想定しています。

第一章　天孫降臨神話と大和三山の三王家

猿田彦大神

騒乱の歴史は二世紀後半、中国の歴史書が記す所謂「倭国大乱」が、その幕開けとなりました。「記紀」はこの歴史時代を天孫降臨神話として叙述しています。『日本書紀』「神代下」の記述は天孫降臨神話から始まります。『古事記』では天照大神《あまてらすおおみかみ》、『日本書紀』では高皇《たかみ》産霊《むすひの》尊《みこと》が、葦原中国《あしはらのなかつくに》（日本のこと）に当初天照大神の御子である天忍穂耳尊《あめのおしほみみのみこと》を降ろして、統治させようとしますが、直前になって天忍穂耳尊と高皇産霊尊の娘、栲幡《たくはた》千《ち》千《ぢ》姫《ひめ》の子の瓊瓊《にに》杵《ぎの》尊《みこと》（別表記　瓊々杵尊、迩々芸命）が生まれたので、この尊が葦原中国へ天孫降臨する事になります。

葦原中国を平定するために派遣される神は順に天穂日命《あめのほひのみこと》、天稚　彦命《あめのわかひこのみこと》、次に武甕槌命《たけみかづちのみこと》、経《ふ》津主命《つぬしのみこと》の遠征譚と続きます。二神は出雲国の五十《い》田《た》狭《さ》の小《お》汀《ばま》に天降られ大己貴神《おおなむちのかみ》、その子の事代主神《ことしろぬしのかみ》、建御名方神《たけみなかたのかみ》に国譲りをさせたと言います。前著『神武天皇と卑弥呼の時代』（以下前著）で検討済みですが、孝霊《こうれい》天皇の一族は出雲へ進駐し、建御名方神はその子に当たりました。つまり、この武甕槌命、経津主命の出雲征伐は、出雲へ進出した孝霊天皇一家を征服しに行った事実が、神話化された物語となりそうです。また先程登場した天穂日命、天稚彦命、武甕槌命、経津主命の時系列は大変重要な意味を持ちますので、これは後述します。

これら遠征によって葦原中国は平定されたと「記紀」は伝え、その後にようやく天照大神の「孫」の瓊瓊杵尊が天降って来ようとします。その際に葦原中国側で最初に登場する神が、猿田彦大神《さるたひこのおおかみ》です。

瓊瓊杵尊が降られようとしていると、先駆の者がかえって来て報告して、「ひとりの神が天八達之衢《あまのやちまた》にいます。その神は、鼻の長さが七咫《あた》、背の長さが七尺余り、七尋といった方がよろしゅうございましょう。また口のわきが光りかがやいています。眼は八咫鏡のように赫々とかがやいて、ちょうど赤いほおずきのようでございます」と申し上げた。そこでお伴の神を派遣して、その神が何のために来ているのかを問わせようとされた。そのとき八十万の神がおられたが、ひとりとして衢（ちまた）の神の眼の威力にうちかって問いただすことのできる者がいない。そこでとくに天鈿女《あまのうずめ》に命ぜられて、「おまえは、人よりも眼の威力がすぐれているから、おまえが行って尋ねてまいれ」と仰せられた。

（『日本書紀』下）

この天八達之衢にいた神が猿田彦大神だと言います。一般的に国津神《くにつかみ》とみられている猿田彦大神が、天照大神と同等の「大神」と記されているのには意味がありそうです。実は猿田彦大神は天照大神の分身になりますが、この大神を分析すると神話の裏側にある実際にあったと思われる事実が浮き上がります。

猿田彦大神は天照大神の分身

猿田彦大神は、一般的に天照大神の神格が備わっていると言われています。また猿田彦大神を祭る猿田神社（千葉県銚子市猿田町）の秘伝では、猿田彦大神は天照大神の分身だと伝えます。

傳日ク、中ハ天照皇太神トモ申シ奉由、此命全ク天照大神ト一體分身ノ御神ナルユヘシカ云フニヤ、実ニ当社ノ深秘ナルヨシ
（『猿田神社資料集』）

神社本殿中央で猿田彦大神を祭りますが、『猿田神社資料集』によると本殿の祭神は天照大神だと言いますので猿田彦大神＝天照大神となります。

通常は「出雲の神」と捉えられている猿田彦大神が何故、天照大神の神格を有しているのでしょうか。結論を先に述べますと「出雲神話」は「神話」ですから物語です。著者は丹後の海部氏や尾張《おわり》氏族の総称を「タニハ」と呼びますが、この一族は天照大神を御祖神として祭ります。先ほどの「出雲神話」は、その一族の歴史を神話として仮託した物語なのです。冒頭に挙げた猿田彦大神がなぜ天照大神の神格を有するかの答えは、猿田彦大神は「タニハの神」の一柱だからということになりますが、まずは話を進めていきましょう。

その謂れは天孫降臨の際に瓊瓊杵尊が降ろうとする場面に描かれますので、先ほどの場面を今一度振り返りましょう。

――先駆の者がかえって来て報告して、「ひとりの神が天八達之衢にいます。その神は、鼻の長さが七咫、背の長さが七尺余り、七尋といった方がよろしゅうございましょう。また口のわきが光りかがやいています。眼は八咫鏡のように赫々とかがやいて、ちょうど赤いほおずきのようでございます」と申し上げた。

（『日本書紀』「神代下」）

この天八達之衢にいた神が猿田彦大神だと言います。大神は「口のわきが**光りかがやいて**います。眼は**八咫鏡**のように赫々とかがやいて」いる姿から太陽神の神格、また「八咫鏡のように赫々」は伊勢神宮の祭器、つまり天照大神の鏡と重なることからも同一の神格があると見られています。また、この後大神は、「私の方は伊勢の狭長田の五十鈴の川上に行く」と五十鈴川の川上に向かいますがこの地は、倭姫命によって天照大神が初めて天より降られたと言われる場所でもあります。

この様に猿田彦大神は天照大神と重なる神格を持ちますが、恐らくは猿田彦大神も自身が天照大神そのものというよりは、その霊威を日継（霊継、火継）した一人なのでしょう。別の言い方をすれば、「男神」としての天照大神の神格のひとつと言えます。より大胆な解釈を行うと、天照大神の荒御魂である瀬織津姫命《せおりつひめのみこと》の対偶神（夫）の一人と捉えられそうです。

具体的に猿田彦大神が誰なのかを記した系図が大神神社の社家、三輪高宮家の系図です。系図には都美波八重事代主命《つみはやえことしろぬしのみこと》が猿田彦大神だと記されます。前著での検討で『海部《あまべ》氏勘注系《しかんちゅうけい》図《ず》』と『三輪《みわ》高宮家《たかみやけ》系図《けいず》』の二つの系図は同じ内容を伝える物と言えました。そして『海部氏勘注系図』の先頭を飾る彦火明命《ひこほあかりのみこと》は天照大神のプロトタイプでしたので、結局のところは大国主神《おおくにぬしのかみ》、事代主命（二代）は天照大神を祭る一族だと結論できました。

『海部氏勘注系図』

彦火明命（**天照大神**）――天香語山命――天村雲命――三代略――建田勢命――建日方命

（建諸隅命）――三輪高宮家と同系――大田田命（大田田根子命）

『三輪高宮家系図』
素戔嗚尊――大国主神――事代主命＝**猿田彦大神（天照大神の神格）**――天日方奇日方命
――数代略――大田田根子命

さて『三輪高宮家系図』の事代主命は猿田彦大神であり、右の系図は同系統を伝えますので、何故猿田彦大神に天照大神の神格が備わっているかは、もはや説明の必要はないでしょう。

先ほど猿田彦大神は天照大神の霊威を日継（霊継、火継）した一人なのではと説明しましたが、『海部氏勘注系図』の彦火明命の子孫は、天照大神の霊威を現人神として引き継いでいる一族だと思われます。つまり、『三輪高宮家系図』はその系図と重なりますから、猿田彦大神も同様だと推測できます。

猿田彦大神と事代主神

系図をもう一つ挙げて蓋然性を高めていきましょう。

『日本書紀』「神武天皇紀」によると、倭国造に任命されたのは珍彦《うづひこ》だと言います。この珍彦は所謂神武東征で水先案内人として活躍して、倭国造に任命されます。また倭直《やまとのあたい》の祖で、神武天皇から椎根津彦《しいねつひこ》の別名を賜ります。

この倭国造、倭直の系図が『古代氏族系譜集成《こだいしぞくけいふしゅうせい》』に載り、左記になります。

【倭国造倭直系譜】

振魂命（布留多麻乃命）――武位起命――椎根津彦（珍彦）

この系図先頭に現れる振魂命《ふるたまのみこと》は猿田彦大神だと言います。『豊受皇太神宮御鎮座本紀』は猿田彦大神の子孫の宇治土公《うじとこ》家は神宮において、代々「玉串大内人《たまぐしおおうちんど》」につき、振魂命はその祖であると言います。つまり振魂命は猿田彦大神だと記しています。

この【倭国造倭直系譜】と同じ内容を伝えるのが、『海部氏勘注系図』です。系図は別伝で左記を伝えます。

『海部氏勘注系図』

彦火明命――建位起命――宇豆彦命――倭宿禰

【倭国造倭直系譜】

猿田彦大神（振魂命）――武位起命――椎根津彦（珍彦）

二つの系図の先頭以外は重なりますから、先頭の神は同一神と捉えられます。『海部氏勘注系図』の系図先頭の彦火明命は天照大神のプロトタイプでしたが、【倭国造倭直系譜】の先頭の猿田彦大神もまた天照大神の神格が備わっているのは、二つの神が同じ神格をもつ故です。また『三輪高宮家系図』は左記を伝えます。

『三輪高宮家系図』
素戔嗚尊――大国主神――事代主命＝**猿田彦大神**――天日方奇日方命――数代略――大田田根子命

これらから見えるのは猿田彦大神は彦火明命（天照大神）の子孫であり、神話の世界の大国主神の子や、事代主神《ことしろぬしのかみ》であるという姿です。結局のところ猿田彦大神は海部氏（尾張氏）の神でしょう。

一般的に所謂「出雲」の神と捉えられがちな猿田彦大神ですが、天神である天照大神と重なるのは、出雲神とは神話の世界の名（神）で、そもそも架空の存在だからです。右の系図の『海部氏勘注系図』がリアルな世界、人々を伝える系図なら、それを秘すために神話として創作されたのが素戔嗚尊《すさのおのみこと》、大国主神や、事代主命となりそうです。

もう一つ資料を紹介します。天照大神（タニハ神）＝猿田彦大神＝事代主神が繋がる資料に、江戸時代に伊《い》賀国《がのくに》の地誌を纏めた『伊《い》水温故《すいうんご》』があります。それによると、事代主命は国常立尊《くにとこたちのみこと》だと言います。

平井天神宮　小田村
事代主命也、宮ノ地ノ字平井ト云。飛來天神ト書時ハ國常立尊也。
號都味歯八重事代主命大己貴長男ニシテ素盞鳥ノ孫　（『伊水温故』）

この『伊水温故』が事代主命だと言う国常立尊は、神道五部書の一つ『伊《い》勢《せ》二《に》所皇太神宮《しょこうたいじんぐう》御《ご》鎮座《ちんざ》伝記《でんき》』（別名『大田命訓伝《おおたのみことくんでん》』）によると猿田彦大神であると言います。

猿田彦大神を大田神と申すと共に、国底立神、気神、鬼神、興玉神と申す由、伝えられているが、～中略～国底立神は国常立神に通じ
（海部穀定『元初の最高神と大和朝廷の元始』）

実は国常立神は根源的で豊受大神や天之《あめの》御中主神《みなかぬしのかみ》に通じ、より大きな意味に繋がると思いますが、ここでは深入りしません。簡単に言いますと国常立神は猿田彦大神でもあり、『伊

水温故』とも繋げると事代主命＝国常立神＝猿田彦大神が成り立ちます。

数々の資料から捉えられる猿田彦大神は、天照大神の神格を持ちそれは事代主神であり、初代ヤマト王権を仮託した神である長髄彦《ながすねひこ》と通じるとなります。纏めてしまえば猿田彦大神は「タニハの神」です。

猿田彦大神の最後は伊勢の阿耶訶《あざか》の地で溺れ死んだと『古事記』は伝えます。


猿田毗古神であるが、阿耶訶においでになった時に、漁をして比良夫貝《ひらぶがい》に自分の手を嚙み挟まれて、海水に沈み溺れた。そして、海底に沈んでいた間の名前を、底に着く御魂といい、海水がつぶつぶに泡と立つ時の名前を、粒立つ御魂といい、その泡が海面にはじけた時の名前を、泡咲く御魂という。

（『古事記』）


この天照大神の分身が溺れ死ぬと言う不幸が、伊勢神宮を始めとした「タニハ王朝」を隠すために生まれる多くの伝承に繋がっていきますが、それはまた後述します。

余談ですが猿田彦神社の祝詞では、猿田彦大神は「さだ」の大神と申し上げるそうです。猿田彦大神をお呼びする時は漢字の「猿」を使い蔑称とも疑われそうな「さるた」ではなく、本来の「さだ」と呼んであげて下さい。

大国主神や事代主神は国津神と称せられますが、先ほどの『伊水温故』に「天神ト書時ハ國常立尊」とあるところを見ても、天孫より先に葦原中国へ降り立った天神が、国津神とされているようです。

天照大神対天照大神

一連の検討から見える姿は猿田彦大神は男神としての天照大神の神格のひとつであり、それは「孝」が接頭する「タニハ王朝」の天皇の一族だと言う姿です。振り返ると建田勢命《たけたせのみこと》、建日方命（建諸隅命）、日本得魂命《やまとえたまのみこと》はそれぞれ孝昭《こうしょう》、孝安《こうあん》、孝霊天皇に該当しました。

『海部氏勘注系図』
彦火明命（天照大神）――天香語山命――天村雲命――三代略――建田勢命――建日方命（建諸隅命）――日本得魂命――乙彦命（國玖琉命）

『三輪高宮家系図』
素戔嗚尊――大国主神――事代主命＝**猿田彦大神**――天日方奇日方命――数代略――大田田根子命

前著で検討済みですが孝霊天皇こと日本得魂命の時代が、所謂「倭国大乱」の時代に相当します。この後系図は、二人の孝元《こうげん》天皇、乙彦命《おとひこのみこと》（國玖琉命）と玉勝山代根古命《たまかつやましろねこのみこと》に分かれ、これは内乱を示していると思われました。要するに同じ天照大神を奉ずる一族が分裂をして内乱をしている訳ですから、この構図は天照大神対天照大神の戦いになっています。

孝霊天皇――

　乙彦命（孝元天皇）――淡夜別命――乎止与命――建稲種命

　玉勝山代根古命（孝元天皇）――伊岐志饒穂命――阿多根命

日本得魂命こと孝霊天皇は、猿田彦大神を祖先に持つ一族、または猿田彦大神が世襲などで受け継ぐ称号の一種だとしたら、その者と言えそうです。分裂の時代を生きた孝霊天皇の子の乙彦命、玉勝山代根古命、宇那比姫《うなひひめ》、倭迹迹日百襲姫命《やまとととひももそひめのみこと》は天照大神の霊威を火継していると主張したと思われますので、内乱は天照大神対天照大神となっていると想像できます。また、乙彦命、玉勝山代根古命は所謂男神の、宇那比姫、倭迹迹日百襲姫命は女神の天照大神としてそれぞれ伝承とされたと思われます。

　天照大神を奉ずる一族の玉勝山代根古命側と連合しているのが饒速日尊《にぎはやひのみこと》を御親神とする「物部《もののべ》氏」でした。この物部氏は孝霊天皇の息女や子孫と婚姻を繰り返しながら西へ進んでいきます。この一族は神話が語る瓊瓊杵尊から始まる「日向三代」と重なる一族で、その時代は孝霊天皇の後世代に当たり、「神武天皇紀」が記す所謂神武天皇の一人と時代が重なりました。時代を時系列でイメージすると左記になります。

孝霊天皇の時代――瓊瓊杵尊――日向二代――神武天皇

「記紀」は瓊瓊杵尊の天孫降臨を述べますが、『古事記』に於いては高皇産霊尊と天照大神の、『日本書紀』「神代下」では高皇産霊尊の仰せによって降臨が行われます。『日本書紀』では命令しているのは天照大神ではなく、高皇産霊尊だと言うのは非常に大きなポイントになります。

地上で先遣隊が出会ったのが猿田彦大神だと言いますが、大神は天照大神の分身でした。要するにこの話は、孝霊天皇の子孫である天照大神の一族が、これまた孝霊天皇の近親である天照大神を奉ずる一族で高皇産霊尊を御親神とする一族と組んだ一派に敗れて、嫁取りをさせられた事実を神話に仮託したものでしょう。また国譲りをした一族は乙彦命（孝元天皇）で、高皇産霊尊と組んだ天照大神は玉勝山代根古命（孝元天皇）でしょう。ここから見えてくるのは、どうやら高皇産霊尊を御親神とする一族とは「物部氏」のようだということです。

瓊々杵尊と天孫降臨

振り返りですが『日本書紀』「神代下」は天孫降臨神話から始まり、葦原中国には当初天照大神の御子である天忍穂耳尊を降ろして統治させようとしますが、直前になって天忍穂耳尊と高皇産霊尊の娘の栲幡千千姫の子、瓊瓊杵尊が生まれたので、この尊が葦原中国へ降臨する事になりました。

天照大神は皇統の祖でその御子は天忍穂耳尊ですが、その妻は栲幡千千姫だと言います。つまり高皇産霊尊は岳父（義父）になり「外戚」になりますが、『日本書紀』は何故かこの尊を「皇祖」高皇産霊尊と記します。

溝口睦子氏が著書『アマテラスの誕生—古代王権の源流を探る』で指摘していますが、『古事記』では高皇産霊尊と天照大神の二神が命じたとして天孫降臨を語りますが、『日本書紀』は天孫降臨の物語の主語を「皇祖」高皇産霊尊の一神で語ります。つまり『日本書紀』は天孫降臨を「皇祖」高皇産霊尊の子孫が主役だとして話を進めていきます。また先述の通り『日本書紀』は高皇産霊尊が命じたとして天照大神は省かれます。この一連の流れを系図にしますと左記になります。

「物部氏の王朝」
高皇産霊尊—栲幡千千姫——瓊瓊杵尊——彦火火出見尊——鸕鷀草葺不合尊——神武天皇
＝
天照大神——天忍穂耳尊
「タニハ王朝」

この系図は通常の男系で表すなら「天忍穂耳尊—瓊瓊杵尊」と繋げますが、『日本書紀』の主張である「皇祖」高皇産霊尊を主とするなら「栲幡千千姫—瓊瓊杵尊」の女系で繋げた姿が自然となります。そして、前著で検討しましたが、この系図は前王朝である「タニハ王朝」（海部、尾張氏の王朝）と「物部氏の王朝」の結婚譚を神話化したものといえました。要約すれば、『日本書紀』は天照大神を奉ずる一族ではなく、「皇祖」高皇産霊尊の子孫が葦原中国を征服したと伝えたいわけです。

天忍穂耳尊のその名には「忍」が入っていますが、奈良の地名に忍坂、忍海などがあり、また海部、尾張氏、つまりタニハの系譜で大和に由縁のある人物にこの字を含む人物が現れる事からも大和を暗示しているのでは、と著者は捉えています。また彦火火出見尊《ひこほほでみのみこと》は『古事記』では日子穂穂手見命と記され「穂」と「火」は通じますが、天忍火耳尊ならタニハの火の神となれば火明命をも想像出来そうです。

この系図を見ると、「高皇産霊尊―日向三代」と男系で繋がり栲幡千千姫が嫁入りした姿だと自然な形に収まりますが、そうすると天照大神から始まる王朝から嫁取りをしたことになり女系で繋がるとなってしまいます。男系の「万世一系」で述べていくことを責務とした「記紀」ですから天忍穂耳尊、瓊瓊杵尊と男系で繋げる神話にしたのでしょう。またタニハと物部氏の結婚を別の形で物語化したのが、饒速日尊と長髄彦の娘である三炊屋媛との婚姻譚となります。

「物部氏の王朝」
饒速日尊――宇摩志麻治命
＝
長髄彦尊――三炊屋媛（鳥見屋媛）
（天照大神）
「タニハ王朝」

推論を重ねるならば天忍穂耳尊と長髄彦尊が重なりどちらも彦火明命の子孫となりそうですが、これを暗示させる資料が『亀井家譜』です。家譜は物部氏の系譜を載せ、始祖饒速日尊の母は武乳速命《たけちはやのみこと》の女、萬幡千々《よろずはたちぢ》媛《ひめ》だと記します。武乳速命は添御県坐《そうのみあがたにいます》神社が伝えるには長髄彦だと言います。神話と現実を混ぜて想定するならば左記になるのではないでしょうか。

「物部氏の王朝」

（瓊瓊杵尊）
高皇産霊尊――饒速日尊――彦火火出見尊――鸕鷀草葺不合尊――神武天皇
＝
長髄彦尊――萬幡千々媛（武乳速命の女）
（天照大神、天忍穂耳尊）
「タニハ王朝」

物部氏の西遷

前著では、瓊瓊杵尊そして、その後に続く彦火火出見尊、鸕鷀草葺不合尊《うがやふきあえずのみこと》と合わせた、所謂「日向三代」は結局のところ「物部氏の王朝」の始祖伝承を神話にした神でした。瓊瓊杵尊の子孫は瀬戸内海で生まれたという伝承を持ちますので、この地から日向に降臨したと思われます。結論を記せば天孫降臨神話は、「物部氏の王朝」が前王朝の孝霊天皇の子孫を嫁取りしながら融合し、東から西へ西遷した物語を神話化しているものと思われます。「日向三代」の鸕鷀草葺不合尊の誕生地の伝説は、四国を中心とした瀬戸内海の東西に分布していました。三代の最初を飾る瓊瓊杵尊と妻の木花咲耶《このはなさくや》姫《ひめ》を祭る神社も四国の地、香川県に有ります。その社は高屋神社（香川県観音寺市高屋町）と言います。『香川県神社誌』によると、木花咲耶姫が彦火火出見尊の出産の時に竹刀で臍の緒を切ったと伝わり、その竹刀に因んで高屋と地名がついたと言います。また、高屋神社の側には皇太子神社があり、その名の通り瓊瓊杵尊と木花咲耶姫の子の彦火火出見尊を祭ります。

　この「日向三代」の創作の必要性とは、一つには代数合わせにあると思われます。振り返りますと「記紀」が述べる歴代天皇の代数は神武天皇から開化《かいか》天皇（崇《す》神《じん》天皇の母）までを九代で繋ぎますが、『先代旧《せんだいく》事《じ》本紀《ほんぎ》』はこの間の物部氏の代数を六代で繋いでいます。恐らくは、この三代分の代数合わせが「日向三代」の創作意図になりそうです。

「日向三代」＋「物部氏六代」

　物部氏は西遷の途上で、孝霊天皇の末裔と融合していきますが、それは「物部氏の王朝」の神武天皇から懿徳《いとく》天皇までの間に行われていたようでした。また木花咲耶姫の父という大山祇神は孝霊天皇と重なる存在でした。先ほどの系図先頭に位置していた「日向三代」は伝承を追うと、物部氏の二、三、四代と重なるようです。旧宇佐神宮宮司家の宇佐公康氏は綏靖、安寧、懿徳天皇は物部氏の首長といいます。物部氏の開祖は饒速日尊ですが、瓊瓊杵尊、彦火火出見尊、鸕鷀草葺不合尊の各地伝承がそれに重なるのはそのためで、いわば神話と現実の二重構造になっている訳です。「日向三代」は飽くまで神話ですから実証不可ですが、それを前提にイメージを起こしてみます。

瓊瓊杵尊—彦火火出見尊—鸕鷀草葺不合尊—神武天皇
神武天皇—綏靖天皇—安寧天皇—懿徳天皇—開化天皇
＝
孝霊天皇—木花咲耶姫

三王家と火中出生神話

瓊瓊杵尊と木花咲耶姫（別名　鹿葦津姫《かしつひめ》）の婚姻で三人の子、火闌降命《ほのすそりのみこと》、彦火火出見尊、火明命《ほあかりのみこと》が生まれたと言います。

　瓊瓊杵尊との結婚後に鹿葦津姫は一晩で妊娠しましたが、瓊瓊杵尊はそれを信じず、「いくら天神でも一夜で人に妊娠させられるわけはない。おまえがみごもったのはきっと私の子ではないにちがいない」と言います。これを聞いた鹿葦津姫は怒りかつ恨んで、戸のない産室を作り、中にこもってしまいます。そして、「もし私のみごもった子が天孫の胤でなかったら、かならずその子は焼け死んでしまうでしょう。反対にもし本当に天孫の胤であったら、火も害なうことはできないでしょう」と誓いを立て、産室に火をつけて焼いてしまいます。

この炎の中から生まれた彦火火出見尊の子が鸕鷀草葺不合尊で、神武天皇の父になり、「記紀」が主張する皇統の祖になります。また炎の中で生まれた伝説は非常に重要で、これを「火中出生神話」と言います。

この話では鹿葦津姫が一夜で妊娠した事に抱かれた疑念が、強力な火の力で晴らされています。普通は死んでしまう劫火の中から誕生出来た御子は、人智を超えた存在で有り、神の子と言えます。つまり、神の意で誕生した子ですから当然に疑念は払拭され、またその子は神意を受けたと言えます。

三人の内で皇統に繋がるという彦火火出見命は、言わずと知れた山幸彦に付与された別名ですが、この彦火火出見命の「彦火火出見」は、神武天皇が名乗る諱《いみな》でもあります。諱とは死後に贈る尊称です。天皇に死後贈られる神武天皇で言えば、「神武」もまた諡《おくりな》です。初代天皇と言われる神武天皇に贈られた彦火火出見とは、天皇号に匹敵する称号を暗示しています。

「彦火火出見」は神意を得たと言える重要な称号ですが、ここで注目していただきたいのは劫火の中から誕生出来た御子は三人いたはずだということです。神意を得て「皇統の祖」になる資格は火闌降命、彦火火出見尊、火明命の三人とも同等に有るはずですが、なぜか「記紀」は彦火火出見尊にのみ、この名を付与しています。

結論を記しますと、この神話（お話）は三王家が並立していた比喩となります。火明命は天照大神のプロトタイプで言うなれば「タニハ王朝」の象徴ですが、この火明命の世代を何処に位置づけるかについて各書の間に揺れがあります。『古事記』では瓊瓊杵尊の兄弟として、『先代旧事本紀』「天神本紀」では瓊瓊杵尊の兄弟、「皇孫本紀」では四人兄弟の長男として記されます。三人の御子として火闌降命、彦火火出見尊、火明命を兄弟として並立しているのは『日本書紀』のみです。火明命をどこに置くかで表記が揺れますが、瓊瓊杵尊の兄弟とした場合は前時代の、子として並べた場合は次世代の出来事とイメージしているのではないでしょうか。つまり、兄弟の場合は火明命は孝霊天皇以前として、子として三人が並立している場合は次世代として並べたと思われます。イメージ図にすると左記になります。

【火明命と瓊瓊杵尊が兄弟の場合】

「タニハ王朝」　　「タニハ王朝の子孫」

火明命（天忍穂耳尊）──火明命

──瓊瓊杵尊───彦火火出見尊──彦波瀲武鸕鷀草葺不合尊──神武天皇

「物部氏の王朝」

【瓊瓊杵尊の子の場合】

「タニハ王朝、物部氏と組んだ一派」

「タニハ王朝」　「物部氏の王朝」―火闌降命（隼人の祖）

火明命（天忍穂耳尊）―瓊瓊杵尊―彦火火出見尊―彦波瀲武鸕鷀草葺不合尊―神武天皇

―火明命

「タニハ王朝、四国や出雲（山陰）に伝承を残す末裔たち」

火闌降命と玉勝山代根古命

「天孫降臨」を神話化した時代に起こっていた出来事は、孝霊天皇世代に倭国大乱があり国家が分裂した後の世代で、乙彦命（孝元天皇）、物部氏と組んだ玉勝山代根古命（孝元天皇）、物部氏の三勢力がありました。劫火の中から誕生し神意を得て「皇統の祖」になる資格を持つといえる御子神三神は火闌降命、彦火火出見尊、火明命でしたが、神話はそれぞれこの三勢力を物語化したと思われます。同じ炎から生まれた三神は同等で有るはずですが『日本書紀』が彦火火出見尊のみにこの名を付与したのは瓊瓊杵尊から始まる「日向三代」を正統としたからでしょう。前著で検討済みですが瓊瓊杵尊から始まる「日向三代」は物部氏に通じ、火明命は海部、尾張氏の「タニハ王朝」の御祖神です。三神の残りの一柱である火闌降命は『日本書紀』によると隼人《はやと》の祖だと言います。一般的には隼人と言うと九州が頭に浮かびそうですが、元は近畿から九州に遷移しているようです。

『新撰姓氏録』には火闌降命を祖とする一族が幾つか載せられていますが、注目すべきは坂《さか》合部《いべ》氏です。同書によると右京神別の坂合部宿禰《すくね》は火闌降命の八世孫迩倍足尼《にべすくね》の後だと言います。また坂合氏に由縁があると言う地に兵庫県尼崎市下坂部があり、かつてはこの地には摂津国河辺郡坂合郷がありましたが地名は一説には雀部（ささきべ／ささべ）氏の氏寺があった事に由来するとも言います。前著で検討済みですが、雀部氏は玉勝山代根古命（孝元天皇）の末裔でした。坂合氏の先祖で繋ぐと火闌降命＝玉勝山代根古命となりそうです。玉勝山代根古命はその名、山代（山城、山背）からも、火闌降命から隼人と繋がる線は近畿からの移動となりそうです。

もう少し坂合部氏について考察を深めましょう。『新撰姓氏録』からは左記が挙げられます。

右京神別　天孫　坂合部宿禰　**火闌降命**八世孫迩倍足尼之後也

和泉国神別　天孫　坂合部　**火闌降命**七世孫夜麻等古命之後也

左京神別　天孫　坂合部宿禰　**火明命**八世孫迩倍足尼之後也
摂津国皇別　坂合部　同**大彦命**之後也

これを纏めると坂合部は火闌降命、火明命、大彦命《おおひこのみこと》を祖とするとなりますが、全て同一の事柄を記しています。先ほどのイメージ図では、火明命の子孫が火闌降命でした。残る大彦命は孝元天皇の皇子と言いますので、祖先の中の誰を祖と置いているかの違いになります。

火明命――火闌降命＝玉勝山代根古命（孝元天皇）――大彦命――数代――坂合部

また『古事記』は神八井耳命《かむやいみみのみこと》の子孫として坂合部連と雀部連を挙げますが左の様なイメージになると思います。

「物部氏」
味饒田命――神八井耳命――数代――坂合部連
＝　雀部連
孝元天皇――姫
（玉勝山代根古命）

どうやら一連の事柄を系図に起こすと検討は正しいと言えそうです。結局「天孫降臨」とは、物部氏と玉勝山代根古命（孝元天皇）が連合した一族が天（近畿、四国などの東方）から西の九州へ向かった事実（降臨）を神話化した物と言えるでしょう。

タニハ王朝と武甕槌命

天孫降臨で瓊瓊杵尊が降される前に、「記紀」は葦原中国の平定神話を述べていました。葦原中国を平定するために派遣される神は順に天穂日命、天稚彦命、次に武甕槌命（『古事記』建御雷神）、経津主命の遠征譚と続きました。武甕槌命、経津主命は出雲国を征服したと言いますが、武甕槌命はタニハ（海部・尾張氏）の、経津主命は物部氏の神になります。

武甕槌命が派遣される場面で、『古事記』は命の父の名を伊都之尾羽張神《いつのおははり》と記します。前著で検討しましたが、物部氏が国家祭祀を行なっている社は石上神宮《いそのかみ》でしたが、その祭神は布都御魂大神《ふつのみたまのおおかみ》と言います。普通に捉えれば経津主命の御魂となりそうですが、石上神宮では武甕槌命が持っていた剣の御魂だと言います。この事だけでも武甕槌命はタニハの、経津主命は物部の神と結論出来そうです。

武甕槌命はよく知られているように鹿島神宮（茨城県鹿嶋市宮中）の祭神で中臣《なかとみ》氏の氏神だ

と言いますが、何故か『中臣氏系図』に武甕槌命は載りません。

武甕槌命――中臣氏

これが記載されているのが『三輪高宮家系図』です。

素戔嗚尊――大国主神――事代主命――天日方奇日方命――飯肩巣見命――建甕尻命（**建甕槌命**）――二代略――建飯賀田須命（**建甕槌命**）――大田田根子命

再三ですが『三輪高宮家系図』は「タニハ王朝」の系譜と重なります。この系図で二人の人物に建甕槌命が付与されている点については話がややこしくなるので詳述は避けますが『三輪高宮家系図』は数代多く、この間で代数合わせをしていそうです。また『三輪高宮家系図』と重なるもう一方の系図が『海部氏勘注系図』で、『三輪高宮家系図』が建甕槌命だと記す建飯賀田須命《たけいいかたすのみこと》をこちらでも載せます。

玉勝山代根古命――伊岐志饒穂命――阿多根命――**飯片隅命**――大田田命
若津保命（**建甕槌命**）

『三輪高宮家系図』の飯肩巣見命《いいかたすみのみこと》、建飯賀田須命（建甕槌命）と『海部氏勘注系図』の飯片隅命《いいかたすのみこと》が対応していそうです。また『海部氏勘注系図』は玉勝山代根古命の弟若津保命《わかつほのみこと》の別名として建甕槌命を挙げます。若津保命は五百木部《いおきべ》の祖として因幡に由縁を残しますので近畿よりの西遷を暗示させます。結局のところ物部氏と連合したタニハ勢は玉勝山代根古命（孝元天皇）でしたが、武甕槌命とはその一族を仮託した神となりそうです。

前著でも述べましたが玉勝山代根古命は神代の世界の天津彦根命と重なりました。天津彦根命の子天之《あめの》御影神《みかげのかみ》は御上《みかみ》神社（滋賀県野洲市三上）の神で、子孫の阿多根命《あたねのみこと》は山城国造です。勢力地は淀川、木津川に基づく一族でしょう。

【三上氏の系図】
天照大神――天津彦根命――天之御影神――意富伊我都命――**阿多根命**（山城国造）

【海部氏勘注系図】
玉勝山代根古命――伊岐志饒穂命――**阿多根命**――飯片隅命――大田田命

天稚彦と天津彦根命

最後に葦原中国の平定に向かったと言う武甕槌命は玉勝山代根古命の系統だと分かりましたが、先役の天稚彦命は天津彦根命だという説が有ります（神奈備氏）。

『日本書紀』が描く天孫降臨神話ではまず天照大神の長男天忍穂耳尊が降ろされる予定となり、次に次男の天穂日命が降ろされたとあります。こうなりますと次は三男の天津彦根命が、と続きそうですが書紀は天稚彦命が任命されたと主張します。本来は天津彦根命が降されたのを「反し矢おそるべし」の故事になったと言う不幸で亡くなったために、天照大神の三男の名前が、天稚彦命に変わったとなります。

この説を考慮すると『海部氏勘注系図』が若津保命を建甕槌命だと記すのが見えてきそうです。つまり三男の天津彦根命と玉勝山代根古命は重なり、その弟、若津保命が征討将軍を暗示させる「建甕槌」の属性を付与されているとなりそうです。

玉勝山代根古命——伊岐志饒穂命——阿多根命——**飯片隅命**——大田田命
若津保命（**建甕槌命**）

実は天稚彦命の妻を見ると、もう一人の命の候補が浮上します。天稚彦命は顕国玉《うつしくにたま》神（大国主神の別名）の娘、下照姫《したてるひめ》を娶ったと言います。神社伝承を追うと、どうやら下照姫の夫は建葉槌命《たけはづちのみこと》となりそうです。この建葉槌命は『日本書紀』「神代下」などによると倭文神《しとりのかみ》と言い、全国に多く分布する倭文《しとり》神社で主祭神として祭られています。命は各地に機織や裁縫の技術を伝えた倭文氏の御祖神です。

この倭文神社の中で根本と言われるのが奈良の二上山の麓に鎮座する葛木倭文坐天羽雷《かつらぎのしとりにいますあめのはづちの》命《みこと》神社（奈良県葛城市加守）です。祭神はその名の通り天羽雷命《あめのはづちのみこと》ですが、建葉槌命の別表記になります。神社は式内大社と格式が高い社で『延喜《えんぎ》式《しき》』に記載されますが、この論社が博《はか》西《にし》神社（奈良県葛城市寺口）です。論社ですから同じ神を奉斎しそうですが、こちらでは下照姫を祭ります。

もう一つ主要な倭文神社の例を挙げますと、伯耆国《ほうきのくに》一宮です。社の主祭神は現在では建葉槌命になっていますが、近年までは下照姫だったと言います。平安時代の文献でも、同様に記されており本来は下照姫のようです。

論社や祭神の変化を考慮すれば建葉槌命＝下照姫となり、またその末裔は機織や裁縫の技術を伝えたと言いますので織姫の属性を持った女神となりそうですが、建葉槌命は通常は男神だと捉えられています。これは星神香香背男《ほしのかがせお》を討つなど男性的な行動をしている故です。建葉槌命が男神であれば対偶神（妻）として下照姫が浮かび上がり、簡単に言えば夫婦となります。

天稚彦命＝天津彦根命（玉勝山代根古命の一族）＝建葉槌命
＝
下照姫

天日分命と天日鷲命

葦原中国への遠征譚の主人公は順に天穂日命、天稚彦命、次に武甕槌命、経津主命でした。二番目に位置する天稚彦命は、近江や山城そして建葉槌命に繋がりましたが、この世代は倭国大乱時に当たります。

『安《あ》房国《わのくに》忌部《いんべ》家《か》系《けい》』によると建葉槌命の父として天日鷲命《あめのひわしのみこと》が記されます。天日鷲命は『先代旧事本紀』「国造本紀」に、神武天皇の御世に天日鷲命を伊勢国造に定めたと記されますので神武朝での活躍が窺われます。この神武朝で伊勢国の平定をしたと言う人物が天日分命《あめのひわけのみこと》です。『伊勢国風土記』では天日分命の活躍が語られますが、それによると天日分命は神武天皇と共に熊野入りをした後に、長髄彦を討つために東の伊勢に向かったと言い、伊勢国の地で討った相手というのが伊勢《いせ》津彦命《つひこのみこと》だと風土記は述べます。伊勢津彦命は大変重要なので後述します。つまりは、伊勢津彦命は長髄彦なのですが、今は長髄彦を討ちに行き、降伏させた相手が伊勢津彦命だと頭に入れておいて下さい。

神武朝で伊勢を平定したと言う天日分命と、神武天皇から伊勢国の統治を任されたと言う天日鷲命は一般的に同一人物だと言われています。天日分命は伊勢神宮外宮禰宜、度会氏の祖先になりますが、命は『新撰姓氏録』に「左京神別　天神　伊勢朝臣　天底立命孫天日別命之後也」と天底立命の子孫とあり、この天底立命《あめのそこたちのみこと》は天日鷲命の祖先でもあります。つまり、二神は天底立命の子孫として重なり合います。『安房国忌部家系』と『豊受太神宮禰宜《とようけだいじんぐうねぎ》補任次第《ほにんしだい》』を並べます。

神魂命――角己利命――伊佐布魂命――**天底立命**――天背男命（一云、**明日名門命**）――
天日鷲命――額田部宿禰

櫛眞乳魂命――**天曽己多智命**――天嗣桙命――天鈴桙命――天御雲命――天牟羅雲命（**明日名門命**の三世孫）――天波興命――**天日分命**――額田部宿禰

どうやら二つの系図は同じことを記しているようですが、これを繋ぐ一族が額田部《ぬかたべ》氏です。

額田部氏は『新撰姓氏録』に「摂津国神別天神　額田部宿禰　同神（著者注、委連と同神。角凝魂命男伊佐布魂命之後也）男五十狭経魂命之後也」、「右京神別　天神　額田部宿禰　明

日名門命三世孫天村雲命之後也」とあり、両系図が子孫で揃います。また天底立命の子天背《あめのせ》男命《おのみこと》は『安房国忌部家系』に「一云、明日名門命《あすなどのみこと》」とあり、両系図はこの命で繋がります。

さらに額田部氏を追って行くと面白い事が分かります。額田部氏は『新撰姓氏録』に天津彦根命を祖とする幾つかの氏族が載せられており、二つの系図は天津彦根命を内包していそうです。幾つかの例を挙げます。

左京神別　天孫　額田部湯坐連　**天津彦根命**子明立天御影命之後也
左京神別　天孫　三枝部連　額田部湯坐連同祖（著者注、**天津彦根命**）
左京神別　天孫　額田部　同命（著者注、**天津彦根命**）孫意富伊我都命之後也
右京神別　天孫　高市連　額田部同祖　**天津彦根命**三世孫彦伊賀都命之後也

これらを繋げると、天日鷲命＝天日分命は天津彦根命の子孫のようです。天津彦根命は天照大神の三男で玉勝山代根古命と重なりましたが、『豊受太神宮禰宜補任次第』は『海部氏勘注系図』と重なるようです。

大和三山は三王家の聖山

『豊受太神宮禰宜補任次第』の櫛眞乳魂（くしまちむすひ／くしまちたま）命（別表記、櫛《くし》真命《まのみこと》）は天香山《あまのかぐやま》神社の祭神で、この社は『延喜式』に天香山坐櫛真命《あまのかぐやまにますくしまのみこと》神社とあり、つまりは天香山命《あめのかぐやまのみこと》と捉えられます。理解を容易にするために、先ほどの検討をイメージ化して『豊受太神宮禰宜補任次第』と『海部氏勘注系図』とを左に並べます。

彦火明命――**天香語山命**――**天村雲命**――日本得玉命（孝霊天皇）――玉勝山代根古命

櫛眞乳魂命（**天香山神社**）―**天牟羅雲命**―天津彦根命――天日分命――額田部宿禰

（天津彦根命）

結局は熊野からその後伊勢を征討したという伝説も、物部氏の神武天皇と「近江山城系タニハ」の玉勝山代根古命連合の東征譚と捉えられそうです。

伊勢を平らげた天日分命は神武天皇から褒美として伊勢国に領地と、大和国の耳梨《みみなし》の村に住居を与えられたと風土記は伝えます。大和国の耳梨と言えば大和三山の一つ耳成山、耳梨《みみなし》山《やま》が頭に浮かびます。天香久《あまのかぐ》山《やま》がその名から「タニハ王朝」の、畝傍《うねび》山が由縁から物部氏の神武天皇の聖山だと考えられますが、耳成山はもう一方の王家である玉勝山代根古命（天津彦根命）の子孫の天日分命が領した事から、その聖山と思われます。要するに大和三山とは、火中から生まれ皇統を受け継ぐ証を持った三王家の象徴と言えるのではないでしょうか。

天日鷲命は『日本書紀』によると阿波《あわの》(粟)国《くに》忌部の祖と言い、太玉命《ふとたまのみこと》(天太玉命《あめのふとたまのみこと》)は忌部首の遠祖だとも言います。玉勝山代根古命は日本得魂命こと孝霊天皇の子又は近親でしたが、その和風諡号は大日本根子彦太瓊天皇《おおやまとねこひこふとに》でした。再三ですが「瓊」とは玉であり、「太瓊」とは「太玉」です。天神であり太玉ですから天太玉となりますが、これは偶然の一致ではないでしょう。

中臣氏の御祖神

再三ですが葦原中国への遠征譚の主人公は天穂日命、天稚彦命、次に武甕槌命、経津主命の順でした。最後に活躍したと言う武甕槌命、経津主命の東征は東北地方、西征は出雲地方に伝説を残しますがこれは、「近江山城系タニハ」と「物部氏の王朝」連合が全国を平定した記憶です。

さて「近江山城系タニハ」を仮託した神、武甕槌命は『三輪高宮家系図』と『海部氏勘注系図』に記される神で、纏めると左記になりました。系譜の前後の世代に武甕槌命が現れる事から、「武甕槌」とは襲名している称号か、東西に奔走した将軍を仮託した名称と捉えられそうです。

玉勝山代根古命――伊岐志饒穂命――阿多根命――**飯片隅命**（**建甕槌命**）――大田田命
若津保命（**建甕槌命**）

詰まるところ『日本書紀』が記す武甕槌命とは飯片隅命であり、数代前に登場する五百木部の祖と言う若津保命は、その前に葦原中国へ遠征したと言う天稚彦命と重なりそうです。振り返りですが一般的に知られている武甕槌命は、鹿島神宮の祭神でありました。また奈良の春日大社は鹿島神宮から武甕槌命を迎えたと伝わり、藤原氏の御祖神になりますが、ご存知のように藤原氏は中臣氏から出ました。取り敢えずイメージ図に起こしますと左記になります。

玉勝山代根古命――武甕槌命――中臣氏（天種子命）――藤原氏

鹿島神宮の社伝は、神武天皇の時代に中臣氏の祖であると言う天種子命《あめのたねこのみこと》を遣わして武甕槌神を祭ったのが創建の由来と伝えます。『日本書紀』は「神武天皇紀」で、東征の際に宇佐の地で菟狭津媛《うさつひめ》を従者の天種子命に娶せて生まれた子が中臣氏の遠祖だと記しますが、宇佐家古伝によれば菟狭津媛を娶ったのは神武天皇だと言います。これによると一般的に天種子命の子と言われる宇佐津臣命《うさつおみのみこと》は、神武天皇の子であり、兄弟が御諸別命《みもろわけのみこと》と言います。この御諸別命は『新撰姓氏録』に崇神天皇の子、豊城入彦命《とよきいりひこのみこと》三世孫（成務朝）として記されますので、おおよそ仲哀《ちゅうあい》朝に比定出来ることから、この御諸別命の父の神武天皇は宇佐家古伝によれば兄は景行天皇だと言いますので時代は、武甕槌神より降ると見て取れます。おおよそのイメージ図に纏めます。

（景行朝）　　　　　　　　（成務朝）
神武天皇（天種子命）――宇佐津臣命
　　　　　　　　　　　　　御諸別命

さて天種子命は中臣氏の祖でしたが、『諸系譜』第三冊等に記される系譜では左記の通りです。

天児屋根命（又名、武乳速命）――天押雲根命（一名、天村雲命）――天種子命（母、阿俾良依姫）

さらりと色々と興味深い事柄を詰め込んでいる系図ですが、まず注目するのは天児屋根《あめのこやねの》命《みこと》の又名が武乳速命であると言う箇所です。

　中臣氏の系図にはこの武乳速命は天児屋根命の荒御魂とありますので、その同体と言えます。以前検討済みですが饒速日尊が娶ったという長髄彦尊の娘は鳥見屋媛です。こちらの長髄彦尊は飛鳥大神であり、また武乳速命であるといいます。飛鳥大神は事代主神と重なる存在ですので、先ほどの天児屋根命の荒御魂を考えれば事代主神の荒御魂といえるのではないでしょうか。

　天児屋根命は中臣氏という大豪族の祖であるにも関わらず、その父は興台産霊命《こごとむすひのみこと》、津速《つはや》産霊《むすび》神、天辞代命《あめのことしろのみこと》と今ひとつ定まりません。その名から推測すれば、興台産霊命や天辞代命の「こと」は言葉の意ですから神託を受ける者でしょう。このうちの一人の天辞代命が事代主神と類似するのは必然と思われます。要するに事代主神は神の言葉を代わりに受ける主ですから、個人名ではなく、天照大神の言葉を伝える者となるのでしょう。これと対照するのが武乳速命です。

　武乳速命は勢いが激しい、荒ぶる神の「ちちはや（ちはや）」の意を込めた神名ですから、言わば武神の要素ではないかと思われます。つまりは、伊勢の神を奉ずる「タニハ王朝」の武神の御魂と解せるでしょう。これは恐らく大国主神の別名の八千矛神《やちほこのかみ》に通じるのではないでしょうか。

饒速日尊の世代

彦火明命は天照大神のプロトタイプと言われ、太陽神の神格を持った神です。その神格を当主が代々火継（霊継）しますが、それが男性の時は男神としての天照大神、女性の時は姫神（女神）としての天照大神になります。『海部氏勘注系図』の始祖彦火明命の割注には始祖ではない火継した彦火明命の人物の事績が記されています。系図から見えるのは、その一人が物部氏祖神の饒速日尊の子、宇麻志眞治命《うましまじのみこと》となります。

宇麻志眞治命は十世孫に彦火明命の「亦名」として記されます。これは物部氏に彦火明命（天照大神）の神格が移っていますから、王朝が交代していると捉えられます。

彦火明命（十世孫：彦火火出見尊）─天香語山命（十一世孫：鵜葺草葺不合尊）─天村雲命（十二世孫：神武）

宇麻志眞治命（十世孫：彦火明命）─彦湯支命（十一世孫）─出石心大臣（十二世孫）

始祖彦火明命の割注には「彥火明命坐於高天原之時、娶大己貴神女天道日女命」と有りますが、これは十世孫の彦火明命（宇麻志眞治命）の事績となります。

所謂「天孫降臨」には、「丹後降臨」と「日向降臨」が有ります。十二世孫の天村雲命の割注に記される「此命坐於日向國之時、娶阿俾良依姫命」は「日向降臨」を述べています。要するに日向への天孫降臨は、第二の神代の時代の話となり、その世代は十一世孫や十二世孫が相当することになります。

　宇麻志眞治命は十世孫の人物ですが、その始祖神という饒速日尊を人物に想定することが出来るとしたら九世孫になります。十一世孫の天香語山命の母は割注に「母天道姫命、亦名屋乎止女命、亦名高光日女命、亦名祖母命也」とあります。この高光日女命とは高照光姫《たかてるひめの》命《みこと》とも書き、その配偶者には宇麻志眞治命（十世孫の彦火明命）が想定されます。

　経津主神は物部氏の神ですので、饒速日尊や宇麻志眞治命は経津主神とも置き換えられます。その経津主神に「若」が接頭する神に和賀《わか》布都努志《ふつぬし》命《みこと》がいます。

　島根県松江市大垣町には和賀布都努志命と下照姫命を祭る内《うち》神社、別名、高野《たかの》宮《みや》が有ります。祭神の男女神は恐らく夫婦となりそうですが、現在妻の姫神は下照姫命となっています。菊池展明氏が指摘していますように『雲陽誌《うんようし》』には高野明神は「高照光姫大神なり」とあるのを見ても、高野宮の姫神は、その名に類似する高照光姫命と見るのが自然でしょう。

　饒速日尊を経津主神とすれば、宇麻志眞治命はその「若様」の意の和賀布都努志命と置け、それを先ほどの系譜に当てはめれば、宇麻志眞治命と高照光姫命となります。

　和賀布都努志命は『出雲国風土記』に「天下所造らしし大神（著者注：大己貴神）の御子、和加布都努志命」と載りますが、宇麻志眞治命（彦火明命）の義父は大己貴神ですので矛盾が有りません。これは驚くべきことですが、和加布都努志命は出雲大社の中心の柱（心御柱）の近くに祭られ大国主神を拝むと、言わば同時に祈ることになる構図になるという位置に置かれています。出雲大社本殿内にはその他、大国主大神と共に御客座があり現在は『古事記』において、天地開闢の時にあらわれた別天神《ことあまつかみ》五柱の神を祭ります。しかし、かつては客座には味耜高彦根命、下照姫命、事代主命、高照光姫命、建御名方命の大国主神の御子五神だったと『雲陽誌』にありますので、本殿内は大国主神の一族を祭っていたとなります。

高光日女命は祖母命を亦名に持ちました。系図を見ればその孫には新王朝の開祖に相応しい名の開化天皇がいます。これは神武天皇の投影の一人と言えますが、その祖母に当たる高光日女命の亦名は、これを表しているのでしょう。

大己貴神―高光日女命（天道姫命、高照光姫、祖母命也）
＝
宇麻志眞治命（十世孫：彦火明命、和加布都努志命）―天香語山命（十一世孫：鵜葺草葺不合尊）―天村雲命（十二世孫：神武）

大原足尼命（十世孫）―小止与姫（十一世孫）
＝

崇神天皇（十一世孫：鵜葺草葺不合尊）―開化天皇（十二世孫：神武）

武甕槌命と中臣氏

天忍穂耳尊の配偶者の栲幡千千姫の父は『日本書紀』が記す高皇産霊尊ではなく、天忍穂耳尊ではないかと想定しました。

高皇産霊尊―栲幡千千姫
武乳速命――萬幡千ヶ媛命

饒速日尊の妻は鳥見屋媛で、その父は生駒山に由縁がある長髄彦尊です。饒速日尊の子、宇麻志眞治命の妻は活目《いくめ》邑《むら》の五十《い》呉桃《くるみ》の娘、師《し》長姫《ながひめ》といいます。その子の彦湯《ひこゆ》支命《きのみこと》を伝える系図に『伊《い》福部臣《ふくべのおみ》古《こ》志《し》系図《けいず》』が有り、そこに母は伊《い》古《こ》麻《ま》村の五《い》十《そ》里《り》見命《みのみこと》の女、河長媛《かわながひめ》と注記されているので「活目」とは「伊古麻」と分かります。二代に渡り生駒山の豪族から嫁を取ったとなりますが、「勘注系図」では、饒速日尊と宇麻志眞治命は十世孫で同世代に記されますので、これは一代を二代に分けているのではないでしょうか。また「勘注系図」では宇麻志眞治命の子の宇麻志饒田命を、その同世代に挙げますので実際は同一人物ではないでしようか。

武乳速命（飛鳥大神）―鳥見屋媛

武乳速命――――萬幡千ヶ媛命

＝

饒速日尊―宇麻志眞治命（十世孫：彦火明命、饒速日尊）―彦湯支命（十一世孫）

十一世孫の彦湯支命を祭る神社に由乃伎《ゆのぎ》神社（愛知県愛西市柚木町東田面）が有ります。これの由来を記した『佐屋村誌』によると、彦湯支命が「神武東征時に尾張国に攻め込んだ」といいますので著者は、この世代に神武天皇が熊野入りしたと睨んでいます。

十一世孫の彦湯支命と同世代に活躍する天日別命の兄弟には天児屋根命の母の許登能麻遅《ことのまち》比売命《ひめのみこと》がいます。

天児屋根命は中臣氏の祖として知られ、その父が今ひとつ定まらないのは前記しました。その候補の興台産霊命や天辞代命は神の依代の「こと」の意を内包する神でした。天児屋根命の祖を考えるには、もう一人の中臣氏の親神として有名な建甕槌神から迫るのが良いと思われます。

その系譜を遡ると玉勝山背根子命《たまかつやましろねこのみこと》にたどり着きます。また玉勝山背根子命の同世代の若津保命も「一云、建甕槌命」だと有りますので、玉勝山背根子命と若津保命は近い関係と推測されます。

玉勝山背根子命（九世孫）—伊岐志饒穂命（十世孫）—阿多根命（十一世孫）—建飯片隅命（建甕槌神）（十二世孫）

若津保命（建甕槌神）（九世孫）

玉勝山背根子命か若津保命が建甕槌神の原型だと思われます。建甕槌神が中臣氏の氏神なら、それと天児屋根命もまたこの系譜上にいると推測されます。玉勝山背根子命の子世代に当たる伊岐志饒穂命と類似する胆杵磯丹杵穂命《いきしにぎほのみこと》は饒速日尊の別名です。『海部氏勘注系図』はこの命の別伝を「倭得魂命之姉兒押穂耳命兒膽杵磯丹杵穂命」と残しますので、玉勝山背根子命は押穂耳命であるとも捉えられそうです。

日本得魂命（八世孫）—玉勝山背根子命（九世孫）—伊岐志饒穂命（饒速日尊）（十世孫）

姉（八世孫）——押穂耳命（九世孫）——膽杵磯丹杵穂命（饒速日尊）（十世孫）

先ほどの想定に代入すれば、「勘注系図」が伝える押穂耳命の子の膽杵磯丹杵穂命とは、萬幡千ヶ媛命の娘婿となるでしょう。また『伊福部臣古志系図』は五十研丹《いきしに》穂命《ほのみこと》の父は大己貴命だと記します。これは大己貴神と高光日女命の構図と被ることに気づきます。

天押穂耳命（玉勝山背根子命、大己貴命）―萬幡千ヶ媛命
＝
膽杵磯丹杵穂命（饒速日尊）

大己貴神―高光日女命（天道姫命、高照光姫、祖母命也）
＝
宇麻志眞治命（十世孫：彦火明命、和加布都努志命）―天香語山命（十一世孫：鶡葺草葺不合尊）―天村雲命（十二世孫：神武）

天児屋根命の母は許登能麻遅比売命で、その父は天背男命です。天背男命、天津彦根命と玉勝山背根子命は同一の系譜を伝える人物で、世代も九世孫で揃いました。その娘たちの許登能麻遅比売命、萬幡千ヶ媛命、高光日女命も同世代となります。

天背男命（天手力雄）（九世孫）―許登能麻遅比売命（十世孫）―天児屋根命（十一世孫：天香語山命）―天忍雲根命（天村雲命）（十二世孫）―天種子命（十三世孫：母、阿俾良依姫）

天児屋根命の別名櫛眞乳魂命は天香語山命と捉えられ、その子の天忍雲根命は「一名、天村雲命」と伝わります。これは「勘注系図」の十世孫を天火明命《あめのほあかりのみこと》と置いた時の十一世孫、天香語山命、十二世孫、天村雲命と重なります。その次の世代の天種子命は『日本書紀』には所謂神武天皇の時に付き従った人物として描かれますので、この世代がその投影と思われます。

纏めると中臣氏は「タニハ王朝」の裔で、天津彦根命（玉勝山代根古命）と、建甕槌命の後かその近親であると言えるでしょう。先ほどの和加布都努志命、高光日女命を祭る高野宮の別名は内神社でしたが、『出雲国風土記』には宇智社と載ります。佐太神社の境内摂社にも宇智《うち》社があり、一連の検討を繋ぐように天児屋根命を祭ります。また俗説に鹿島神宮の「鹿島」は、櫛真智命の「くしま」が転じたと有りますが、これらを鑑みれば、その蓋然性は高いと言えるのではないでしょうか。

最後に『新撰姓氏録』に載る中臣氏を挙げておきます。摂津、河内、和泉国に天兒屋根命やその父という津速魂命の子孫として多数、載ります。その他に孝昭天皇の皇子の天足彦国《あまたらしひこくに》押人命《おしひとのみこと》、饒速日命の末裔とも記されるのを見れば、考察の輪郭をより明確に見ることが可能となります。

右京　未定雑姓　中臣臣　天足彦国押人命七世孫着大使主之後也
右京神別　天神　中臣習宜朝臣　同神（著者注：神饒速日命）孫味瓊杵田命之後也

伊勢津彦命と健御名方神

話の年代を少し戻しましょう。天稚彦命の世代と重なる人物に天日鷲命＝天日分命がいました。天日分命は熊野から大和国（菟田）に入った後に、神武天皇の命で伊勢討伐に向かったと言います（『伊勢国風土記』）。この時征伐されたのが伊勢津彦命です。少し長いですが風土記を引用します。

天日別命が詰問する。「お前の国を天皇に奉れ。どうだ」。答えて言う。「私は、良い国を求めてやって来てこの地を見つけ、住み続けて長いことになる。命令には従わない」。天日別命は兵を発してその神を殺そうとした。すると、神は萎縮してひれ伏して言う。「私の国はすべて天皇に奉ります。私は今後この地に住みません」。天日別命が、さらに詰問して言う。「お前がこの地を立ち去る時、何か証拠を残せ」。神は畏まって言う。「私は、今夜、大風を吹かせて高潮を起こし、波に乗って東国に立ち去ります。この大風と高潮が、私の退去した証拠です」。天日別命は兵を準備して、約束の時を窺っていた。夜中に、大風が四方から起こった。波が高く打ち上がり、波が太陽のように光り輝き、海も陸も国中が明るくなった。そうして神は波に乗り、東国に立ち去った。昔からの言葉に「神風が吹く伊勢国は、常世からの波がうち寄せられる国なのだ」とあるのは、きっとこの事件に基づいているのであろう。天皇は、その後、伊勢津彦の神を信濃国に住まわせた、ともいう。天日別命は伊勢国を帰順させ、天皇に帰還報告をした。

（『伊勢国風土記』）

伊勢津彦命は降伏後に東国に去ったと言い、また信濃国に住まわされたと風土記は語ります。この天孫族に降伏し信濃国に落ち延びる姿は健御名方神《たけみなかたのかみ》と重なることから、二人は同一人物なのではと疑われています。また「良い国を求めてやって来てこの地を見つけ、住み続けて長いことになる」との発言から伊勢津彦命は神武天皇の熊野入りより前に伊勢国を統治した神と分かりますが、これは猿田彦大神とも重なります。

猿田彦大神は瓊瓊杵尊を先導したと言いますが、その後伊勢国の阿耶訶で、漁をしている時に比良夫貝に手を嚙み挟まれて、海水に沈み溺れたと伝わります（『古事記』）。また海底に沈んでいた間の名前が、底に着く御魂、粒立つ御魂、泡咲く御魂と三つあると言います。銚子の猿田神社の社伝では、このうち二つが降臨したと伝わりますが、これは猿田彦大神の一族の東国への移動を示唆したものでしょう。

先述の検討で猿田彦大神は長髄彦尊＝事代主神で、結局は孝が接頭する「タニハ王朝」を仮託した神でした。その天皇である孝霊天皇の子が健御名方神でしたから、結論から申しますと、伊勢津彦命は健御名方神であり猿田彦大神と重なるとなりそうです。ややこしいので一度、イメージ化します。

猿田彦大神（タニハ王朝）――孝霊天皇――健御名方神（伊勢津彦命、猿田彦大神）
玉勝山代根古命―天日別命
神武天皇
瓊瓊杵尊

前著で検討済みですが、神武天皇世代は孝霊天皇の後世代でした。また玉勝山代根古命は孝霊天皇（日本得魂命）の子世代で、天日別命はその一族の子孫ですから、熊野入りした世代は数代降りそうです。要するに健御名方神や伊勢津彦命が信濃国に落ち延びた伝承は「タニハ王朝」の足跡だと見えて来ます。

伊勢都彦命と日高見神社

『伊勢国風土記』は伊勢の地名起源を記します。

伊勢という地名の由来は、伊賀の安志《あなし》の社に鎮座する出雲の神の御子神にあたる、出雲《いづも》建子命《たけこのみこと》、――またの名を伊勢《いせ》都彦命《つひこのみこと》、またの名を天櫛玉命《あめのくしたまのみこと》というが――この神が、昔、石で城を造ってこの地に（陣を）構えて占拠した。阿倍志彦《あへしひこのみこと》の神が、軍勢を揃えてやって来て（戦った）。（阿倍志彦は）勝つことが出来ず負け去った。そこで（勝ってこの地を占拠した）神の名（伊勢都彦命）を地名とした。（『伊勢国風土記』）

伊勢は伊勢都彦命が統治していた所以でその地名が着いており、また伊勢都彦命の本来の名は出雲建子命であるとも記します。この名から伊勢と出雲が繋がり、その先には信濃へ行くとなると健御名方神と通じますが、二神は世代も重なります。命の名、出雲建子命は出雲を建てたと読めますが、通じる健御名方神も阿波から出雲に入って建国の功績があったと思われますのでその点が共通します。

東国に落ち延びたと言う伊勢都彦命は、実は『播磨国風土記』にも表れる神です。風土記には伊和大神《いわのおおかみ》の子、伊勢都比古命として記されますが、伊和大神はその名から播磨国《はりまのくに》一宮、伊和神社の祭神だと思われます。神社主祭神は現在大己貴神ですが、これが「タニハ王朝」の称号とも言える事は再三指摘して来た次第です。また、大己貴神（大国主神）は、三輪山の神である天照大神を祭る一族でしたが、風土記には伊和大神の名に因んだ伊和の村の由来があり、村の元の名は神酒《みわ》であると記載します。ここから伊和大神はミワ（三輪）大神であると分かります。

伊和大神（三輪大神）――伊勢津彦命

もう一つ伊勢都彦命を記した書に『倭姫命世紀《やまとひめのみことせいき》』がありますが、命の別名は吉雲建子命《よしくもたけこのみこと》と言うと書は記します。また、伊勢都彦命は大歳神《おおとしのかみ》の祖だとも言いますが、大歳神は『古事記』が載せる系譜では素戔嗚尊《すさのおのみこと》（『古事記』表記須佐之男命、大年神）の子として表れます。素戔嗚尊は前著での検討から「タニハ王朝」の神々と同神と置くことができましたが、これらを並べると、伊勢都彦命もやはり同様だと捉えて良さそうです。

伊勢都彦命――大歳神
須佐之男命（彦火明命）――大年神

伊勢津彦命は東国に逃れたと風土記は語りますが、これを追認出来る神社由緒を持つのが宮城県石巻市に鎮座する日高見《ひたかみ》神社（桃生町太田字拾貫壱番）です。その由緒は、古来この地方に伊勢津彦尊が居住しており、天日別尊に亡ぼされたと伝えます。

神武天皇の御世に天日別尊を祭り日高見宮としたのが創建の由来と言います。

この伝承を信じるのなら、伊勢で討伐され東国に逃れたと言う伊勢津彦命は東北の地まで逃れたことになります。別の角度から捉えれば、東北の地までが伊勢津彦命の勢力圏で、元々は故地だったと見ることも出来そうです。これは東北地方に残る長髄彦尊の後裔伝承と繋がるのではないでしょうか。

星神香香背男と天手力男神

ここからは少し仮説を述べます。先ほどの日高見神社の主祭神は天日別尊で、その征討の結果により日高見宮となったと伝承は語ります。天日別命は天津彦根命よりやや降る世代であり、天津彦根命の子孫であるのが武甕槌命でした。この鹿島神は、日高見神社よりやや南部にいくつもの式内社を残します。武甕槌命、経津主命はまつろわぬ勢力を征討するためにこの地に来て、その後、由縁により祭られているのでしょう。先ほど見ましたが数世代前に天日別命＝天日鷲命がこの地の征討を完了していたはずですが、何故再征討をする必要があるかとの疑問が起こります。

天日別命＝天日鷲命は神話の天稚彦命と重なりました。本来は天照大神の第三子として天津彦根命と書くべきところを、不幸があったために天稚彦命と記さざるを得なくなったと言う仮説も紹介しました。この天日別命＝天日鷲命が平定した東北の地を、再度武甕槌命、経津主命が征討したとは、身内に討たれたというその不幸の暗示ではないでしょうか。

また天稚彦命の妻の下照姫との繋がりからは建葉槌命がもう一人の天稚彦命の候補でした。建葉槌命は経津主神、武甕槌命では征討できなかった星神香香背男を服従させた神として『日本書紀』で描かれます。

この天稚彦命として神話で仮託されている一族は天日鷲命、建葉槌命（『安房国忌部家系』）と続きますが、天日鷲命の父は天背男命《あめのせおのみこと》だとも記されます。

天背男命――天日鷲命――建葉槌命

ここで注目していただきたいのは、天背男命と建葉槌命が討ったと言う星神香香背男の音「セオ」が通じることです。どうも「背」いた「男」が本名だと受け入れるのは自然な感覚とは遠いですが、この命は別名を天石門別命《あまのいわとわけのみこと》、明日名門命と言います（『安房国忌部家系』）。

また妻は八倉比売命《やくらひめのみこと》だとも系図は伝えます。

八倉比売命の夫が記される系図に『古屋家家譜《ふるやけかふ》』があります。こちらではその配偶者に天《あまの》石門別安国玉主命《いわとわけやすくにたまぬしのみこと》を挙げ、別名を大刀辛男命《おおたちからおのみこと》、大国栖玉命《おおくずたまのみこと》と記します。この中で焦点を当てたい名が大刀辛男命です。命は天手力雄神《あめのたぢからのかみ》で呼ばれる事が多いと思いますが、ご存知のように天之《あめの》岩戸《いわと》の外に天照大神を引っ張り出した神ですから、その名「天石門別」はその故事に通じるのでしょう。

天石門別を冠する天石門別安國玉主天神社《あまのいわとわけやすくたまぬしあまつかみやしろ》（高知県高岡郡越知町黒瀬）を始めとした各地神社の祭神は天手力男命であり、多くの社で奉斎されています。

天石門別神社（美作市滝宮）
天石門別保布羅神社《あめのいわとわけほふら》（倉敷市福田町広江）
天石門別神社（大阪府茨木市元町）

天背男命＝天石門別命＝天手力男神――天日鷲命――建葉槌命
＝
八倉比売命

天背男命と天手力雄神と彦星

さて天背男命と同様に「背」いた「男」を名に含む甕星香々背男《みかぼしかかせお》と、それを討ったと言う建葉槌命を祭る神社が、大甕《おおみか》神社（茨城県日立市大みか町）です。社伝によると武葉槌命（建葉槌命）が大甕山にて甕星香々背男の変じたる巨石を蹴ったところ、その一つは海中に落ちて今に伝わる「おんねさま」、神磯と呼ばれる磯になり、あとの石は石神、石塚、石井に飛んだと言います。また現在の大甕神社の神域を成している宿魂石《しゅくこんせき》は、甕星香々背男の荒魂を封じ込めた石であると伝えられています。

　甕星香々背男の変じたる巨石とは命自身の御霊の分霊であると捉えられますが、石神、石塚、石井の、石が落ちたと伝わる地には、それぞれ神社が鎮座し、その内の石《いし》神社では天手力雄命を石塚で祭ります。また常陸国二宮静《しず》神社は、その名から倭文織《しずおり》と通じ現在は建葉槌命を祭りますが、近世までは主祭神が天手力雄命とされていました。これらから見えるのは甕星香々背男は天手力男神と同神とみなされていたのではないかということです。『日本書紀』では「星神《ほしがみの》香香背男」とも記される香香背男には星神、甕星が接頭しますが、では同神と疑われる天手力男神や天背男命も星神となるのでしょうか。

　天手力男神と天背男命が星神として繋がる鍵となる一族が犬養《いぬかい》（犬飼）氏です。『新撰姓氏録』には幾つかの「犬養」を氏族名に含む一族が載りますが、おおよそ先述の坂合部に近い氏族です。まず左記をご覧ください。

左京神別　県**犬養**宿禰　神魂命八世孫阿居太都命之後也
右京神別　天語連　県**犬養**宿禰同祖　神魂命七世孫天日鷲命之後也
摂津国神別　**犬養**　同神（著者注、神魂命五世孫天比和志命）十九世孫田根連之後也

天背男命は神魂命の末裔で、天日鷲命の父（『安房国忌部家系』）ですので天背男命の末裔で、犬養氏は神魂命、天背男命、天日鷲命と続く系譜の子孫と分かります。

神魂命——天背男命——天日鷲命——犬養氏

また犬養氏は火明命と火闌降命（天津彦根命）の後というので、纏めるとお馴染みの一族の系譜になります。

摂津国神別　日下部　阿多御手犬養同祖　火闌降命之後也
河内国神別　若犬養宿禰　同神（著者注、火明命）十六世孫尻綱根命之後也

火明命（神魂命）——火闌降命（天津彦根命）——天背男命——天日鷲命——犬養氏

天背男命の同神の天手力雄神も犬養氏と繋がりがあります。『住吉大社神代記《すみよしたいしゃじんだいき》』には和歌山の丹生《にう》川上《かわかみ》（紀伊國伊都郡丹生川上）に天手力男意氣續續流住吉太神《あめのたちからおおけつづくるすみよしのおおかみ》を祭ると記されます。神社の鎮座地丹生は、弘法大師（空海）を高野山に導いた、丹生の神の御子の高野御子大神《たかのみこのおおかみ》が知られています。

高野御子大神は弘法大師の前に黒と白の犬を連れて狩人の姿で現れたことから「狩場明神」と称えられますが、その姿は「犬」を「飼」っていますので、「犬飼」に通じます。ここまで犬飼に焦点を当ててきたのは、七夕の彦星の和名は犬飼星《いぬかいぼし》と言い、犬飼氏は「星神」の子孫だと推測できるからです。これらから天背男命と同神の天手力雄神は星神で、天背男命の頭に「星神」を着ければ星神香香背男に通じる、となります。

星神香香背男は「天」香香背男と、天神と捉えられますが討伐されました。二番目に葦原中国へ遠征したと神話が語り「反し矢おそるべし」で亡くなったという天稚彦命の故事は、この一族の投影ではないでしょうか。またそれを滅ぼしたのは、東北の日高見宮まで勢力を伸ばした天日別命の勢力を、オセロのごとく塗り替えている様にも見える武甕槌命、経津主命と思われます。

武甕槌命を祭る鹿島神宮の大鳥居に正面を向けているのは建葉槌命を祭る高房社で、古くからまずこちらを参拝してから、本宮を参拝する習わしがあると言います。主祭神武甕槌命を祭る本殿は、大鳥居から右手で横向きになる構図になり、主祭神を正面にして拝みません。これは一連の事柄を暗示させるものかもしれません。

天磐戸の天照大神と八倉比売

天背男命（天手力雄神、星神香香背男）が七夕の犬飼星、彦星ですから、対偶神は女神織姫となりそうです。振り返りですが、天背男命の妻は八倉比売命でしたので、織姫にはこの姫が該当しそうです（『安房国忌部家系』『古屋家家譜』）。

徳島県の気延山《きのべやま》に鎮座する八倉比売神社（徳島市国府町矢野）は、姫の名前がその神社名になっています。祭神は大日《おおひ》孁《る》女命《めのみこと》ですが、これが天照大神の別名であることは説明不要でしょう。織姫とはその名からも機織り機で織物を作る棚機津女《たなばたつめ》ですが、『日本書紀』に「天照大神が斎服殿にましまして神衣を織っておられる」とあるように、天照大神も織姫の一人です。

神社の由来を詳細に記した書に『天石門別八《あまのいわとわけや》倉比賣《くらひめ》大神御《のおおかみご》本記《ほんぎ》』が有り、それによると大日孁女命は八倉比売だと伝えます。また神社由緒によると、書には天照大神の葬儀の記録が記されているとも言います。結論から記すと、八倉比売命が女神としての天照大神で『日本書紀』が載せる所の大日孁女命であろうとなります。

八倉比売神社は、式内社の天石門別八倉比売神社と阿波国一宮の論社になります。『天石門別八倉比賣大神御本記』を読むと、この社名は二つの神名で構成されていると分かりますが、それぞれ天石門別命と八倉比売になります。先ほど述べましたが八倉比売は大日孁女命、天石門別は「天石門」を押し開くため「天石門別」と書は記しますので天石門別命（天手力男神）が対応します。書はまた八倉比売が気延の嶺の下津《しもつ》磐根《いわね》に宮柱と廣敷を立て、高天原を装い天上のように鎮座したとあります。この内容を信ずるなら「記紀」が記す天の石窟神話の原型は、この地で行われたであろうとなります。『安房国忌部家系』には八倉比売の夫の天背男命の別名は天石門別命とあり天磐戸を開いた神ですが、「記紀」でこれを開いたのは天手力雄神です。各系図によれば天照大神と天手力雄神の二人は夫婦だったとなります。

この女神としての天照大神の一人と思われる、八倉比売として該当するのは誰でしょうか。八倉比売神社は杉尾山より峯続きの気延山に鎮座しており、以前は杉尾大明神（杉尾社）とも呼ばれていました。その名から杉を依代とし、尾は龍蛇神と重なるとなると、大神神社の神との繋がりを連想できそうです。吉田東伍の『大日本地名辞書』によれば「矢野村杉尾社は大御和神社とすべきである。杉は三輪神に因む」と有ります。

再三ですが三輪山の神は天照大神で、奉斎する一族はその子孫です。それは「孝」が接頭する天皇家でした。愛媛の杉尾神社（西条市洲之内甲）では大山祇神社の御祭神の大山積命を祀りますが、大山積命は孝霊天皇と重なる神でしたので、八倉比売とは孝霊天皇の一族と思われます。

式内社の天石門別八倉比売神社の論社は三社有り、その内の一社が大麻比古《おおあさひこ》神社（徳島県鳴門市大麻町板東字広塚）です。社では天太玉命と猿田彦大神の二柱を奉斎しています。天太玉命はその太祖として、猿田彦大神は神社の裏に聳える大麻山《おおあさやま》の峯に鎮まり、後に大麻比古神社に合わせ祭られたと伝えられています。先述ですが、天太玉命は孝霊天皇と重なり、猿田彦大神は言うなれば「孝」が接頭する「タニハ王朝」の総称とも言える神ですから、矛盾がないのが分かります。天石門別八倉比売神社の論社である事を考慮すれば、八倉比売とは孝霊天皇の子孫であり、天照大神の火継をしている姫となりそうです。

猿田彦大神——孝霊天皇（天太玉命、大山積命）——八倉比売（天照大神）
＝
天背男命（天手力雄）——天日鷲命

孝霊天皇の息女で、四国に由縁が深い姫と言えば倭迹迹日百襲姫命となりますが、その蓋然性を無視することは出来ないのではないでしょうか。

天津羽羽神と三嶋溝杭姫命

八倉比売と天背男命の娘が天津羽羽神《あまつははがみ》となりますが、この姫は土佐国二宮朝倉《あさくら》神社（高知県高知市朝倉丙）の主祭神です。『大日本神名辞書』には八重事代主命の妻であり、天石戸《あめのいわと》別命《わけのみこと》の子と記されます。粟國造《あわこくぞう》家、粟飯原《あいはら》家の文書では都佐《とさ》国造は味鉏高彦根神《あじすきたかひこねのかみ》と天津羽羽神の夫妻の子孫だと言い、三嶋溝杭姫《みしまみぞくいひめ》命も味鉏高彦根神の妻だと明かします。これは結構な告白です。夫妻はそれぞれ、土佐一宮土佐神社と二宮朝倉神社の祭神です。三嶋溝杭姫命は大物主神、事代主神の妻であり、お馴染みの丹塗矢《にぬりや》伝説の主人公で、神武天皇の皇后となったという媛蹈鞴《ひめたたら》五十《い》鈴媛命《すずひめのみこと》の母です。天津羽羽神は天神の「母」と捉えられる名前ですが、想像するに、重なり合う三嶋溝杭姫命のその子を神武天皇の后とする伝承から、物部氏の王朝との結婚譚の一つと捉えられるのではないでしょうか。

天背男命（天手力雄）
＝
八倉比売（天照大神）――天津羽羽神（三嶋溝杭姫命）
＝
味鉏高彦根神（大物主神、事代主神）――媛蹈鞴五十鈴媛命

＝
神武天皇（物部氏）

皇祖の母神とも思える名前の天津羽羽神は『土佐国風土記逸文』には朝倉神社の祭神としても伝わり、また土佐の三輪川の由来は、この聖婚伝説に因むとあります。この朝倉神社の「朝倉」は少し想像を膨らませることを許されるなら、「ア」「サクラ」と分解できるので、やはり孝霊天皇の息女を仮託した姫、木花咲耶姫と重なるのではないでしょうか。

　土左国の風土記に曰ふ。土左郡。朝倉郷あり。郷の中に社あり。神のみ名は天津羽羽神なり。天石帆別神、今の天石門別神のみ子なり。

（『土佐国風土記逸文』）

風土記によると天石帆別神《あまのいわほわけのかみ》が天津羽羽神の父と言います。天石門別神の元の名は天石帆別神と風土記は伝えますが、『新撰姓氏録』には、この天石帆別神とほぼ名を同じにする石穂《いわほ》押別神《おしわけのかみ》が記され、神は大和国吉野郡に勢力を張った国栖《くず》氏（大和国神別地祇）の祖だと言います。

この分注に「神武天皇行幸吉野時。川上有遊人。于時天皇御覧。即入穴。須臾又出遊。窃窺之喚問。答曰。石穂押別神子也。尓時詔賜国栖名」と有り、大意を書きますと「神武天皇が吉野に行幸した時に、穴から出入りしている人がいたので、喚問すると石穂押別神子と答え、国栖の名を賜った」と記載されます。

分注にある穴から出入りしている人は『日本書紀』「神武天皇紀」で天皇が吉野に巡幸した折に、尻尾のはえた人が現れて磐排別《いわおしわく》の子だと名乗ったといい、吉野国樔（国栖）部の祖だと記されます。もう一人、井光という光りかがやき、また尻尾があったと描写される人物が登場しますが、こちらは吉野首の祖と言います。どちらの人物も尻尾のはえた人、つまりは蔑まれて描かれますが、天石門別神は天背男命であり、子の天日鷲命＝天日別命が神武天皇に従い活躍した伝承が伝わるにも関わらず差別して描かれるのは、やはりこれは彼らの一族の天背男命が「背」いた「男」だということが背景にあるのではないでしょうか。

第二章　かぐや姫と日本武尊の子孫たち

日本武尊と謎の系譜

前著では宗女台与こと小止与姫（天豊津媛命）と崇《す》神《じん》天皇の婚姻で生まれた子が建稲種《たけいなだねの》命《みこと》であり、『海部《あまべ》氏《し》勘注系図《かんちゅうけいず》』にはこの人物が「亦云　彦大毘毘命《ひこおおびびのみこと》」（開化《かいか》天皇の和風諡号）と記され、漢風諡号で開化天皇と贈られたその名は、まさに新時代の幕開けの意味を汲み取った称号と言えました。

神武天皇――綏靖天皇――安寧天皇――崇神天皇（懿徳天皇）

日本得魂命――意富那比命――乎縫命　＝

――乙彦命――淡夜別命――小止与姫――建稲種命（開化天皇）

（息石耳命）　（天豊津媛命）

振り返りですが、崇神天皇とは、物部氏《もののべ》と玉勝山代根古命《たまかつやましろねこのみこと》（天津彦根命）の「近江山城系タニハ」が融合した天皇です。『日本書紀』が第十代と言う「崇神天皇紀」には、第七代に当たる孝霊《こうれい》天皇の息女の倭迹々《やまととと》日《ひ》百襲姫命《ももそひめのみこと》（八代孝元《こうげん》天皇世代）の活躍が記されたり崇神天皇から二世代前の人物の事績が述べられたりするなど、言ってみればその時代を纏めた創作物です。要するに崇神天皇は「物部氏の王朝」の神武から懿《い》徳《とく》、開化天皇を合成した人物と言えます。

この開化天皇こと建稲種命の妹として『海部氏勘注系図』には宮簀姫命《みやすひめのみこと》が記されます。宮簀姫命は尾《お》張《わり》国で日本《やま》武尊《とたけるのみこと》と結婚した姫として『日本書紀』に登場し、最後は草薙剣（天叢雲剣）を姫の元に置いて伊吹山に旅立つエピソードなどで知られます。

宮簀姫命の夫、日本武尊（『古事記』では倭建命）は第十二代景行《けいこう》天皇の子として「記紀」に描かれますが、その活躍は西は九州へ、東は東北地方の日《ひ》高見《たかみ》国へとまつろわぬ者達を征討する物語です。また「記紀」が述べる日本武尊の系譜も大変混乱しており、国史の編纂者のお得意のパターンが散見出来ます。ここまで見てきましたが、神武天皇や崇神天皇は言うなれば、複数人の事績を重ね合わせた合成物でした。では、日本武尊だけは例外なのでしょうか。『古事記』の表記「倭建命」は、分けてみれば「倭」（日本）、「建」、「命」で「建」は武甕槌命《たけみかづちのみこと》、建甕槌命など「記紀」の表記の違いからみても、武力の「武」に通じます。その事績を鑑みれば「日本将軍」、または後世の称号なら「征夷大将軍」と捉えられ、つまりは個人名では無いとなりそうです。

答えは既に見えているようですが、「記紀」の英雄日本武尊を追いながら、三、四世紀の大和国の歴史を探ってみましょう。

先程日本武尊の系譜が「大変混乱」していると述べましたが、一番謎めいているのが、日本武尊の父である景行天皇が尊の曾孫と言う訶具漏比売《かぐろひめ》を娶ったと『古事記』の記す伝承と、日本武尊の妻が誰であるか、その名を記さず、「一妻系譜《あるみめ》」として知られる謎の姫の存在です。要するに国史はこれを隠さねばならず煙に巻いているのですが、この二つを考慮の軸に据えると、「謎の四世紀」が開けてきます。

宮簀姫命と建甕槌命

景行天皇の妻が、その子供とされる日本武尊の曾孫にあたる訶具漏比売である、という謎の系譜を書き出してみると左記になります。

建稲種命（開化天皇）
宮簀姫命
＝

倭建命（1）――若建王――須売伊呂大中日子王――訶具漏比売
＝
景行天皇――倭建命（2）

開化天皇　崇神天皇　垂仁天皇　景行天皇　成務天皇

倭建命（1）と倭建命（2）は四世代の開きがあると分かります。普通に考えれば、二人は異なる人物と捉えるのが自然でしょう。景行天皇の妻という訶具漏比売は御伽噺のかぐや姫と音が通じますが、その比喩と捉えられる名前を『古事記』が姫に与えたのには訳が有りそうです。

さて、この倭建命（1）も征討将軍的な動きをした（敵を征討に向かった）人物の中にいそうです。『海部氏勘注系図』には複数人の倭建命が記され、複雑に絡み合った尊の系譜を解きほぐす手がかりを与えてくれますが、その一人目が建飯片隅命《たけいいかたすのみこと》です。

振り返りですが、『三輪高宮家系図』では建飯賀田須命《たけいいかたすのみこと》として記され、また命は建甕槌命と伝えられていました。建甕槌命は倭建命と同様に東西に遠征した伝承を持つ神で、征討将軍と言える働きを見せていました。

『海部氏勘注系図』には開化天皇の妹として宮簀姫命が同世代に載ることは先程述べましたが、系図において倭建命の名を帯びる建飯片隅命も、同世代で並びます。どうやら、宮簀姫命の夫と言う、倭建命はこの命のようです。若建王《わかたけのみこ》（『日本書紀』では稚建彦王《わかたけひこのみこ》）は「記紀」によれば母は弟橘比売命《おとたちばなひめのみこと》となります。この姫につきましては後述しますが、姫の世代は成務朝と数世代後に該当しますので、ここは「記紀」が意志を持って若建王の母にしていると思われます。

これを暗示する祭神の配置を見せる社が、香川県の白鳥《しろとり》神社（東かがわ市松原）です。日本武尊が亡くなった後に白鳥になって飛び立ったと『日本書紀』は伝えますが、白鳥は尊の象徴です。日本武尊は伊勢国の能褒《のぼ》野陵《ののみささぎ》に葬られ、その後に尊は白鳥となって陵（墓）より飛び立ちます。その後に倭国の琴弾原《ことひきはら》にとどまり、そこに陵を造ったのちに再び飛び去り、河内の旧市邑《ふるいちむら》にとどまってそこにも陵を造ったと言います。神社由緒では、さらにその後また飛び立ち、讃岐国の大内郡鶴内に降り立ち、その地に神陵を建てたと伝えます。

この白鳥神社は宮簀姫命の夫の日本武尊の後に、東国遠征を行なった別の日本武尊の一族が勢揃いしているとも言える神々が祭られています。祭神は日本武尊を始め妻の両道入姫《ふたじいりひめの》命《みこと》、橘姫命、境内社に稲依別王《いなよりわけのみこ》、武皷王《たけかいこおう》の御子神と東国遠征に付き従った吉備武彦《きびのたけひこ》、大伴武《おおとものたけ》日《ひ》などです。この中には日本武尊の物語の中心人物と言える宮簀姫命は入っていません。やはり最初に東国遠征に赴いた宮簀姫命の夫の日本武尊と、その後に東国遠征を行った日本武尊は世代が異なる別人物のようです。後に東国遠征を行った日本武尊については後述します。

かぐや姫とカグロヒメ

景行天皇の妻が子の曾孫にあたるという系譜の謎は、結局のところ二人の日本武尊は同一人物ではないとなりますが、もう一方の謎の伝承、日本武尊の妻を記せない「一妻系譜」はどうでしょうか。

一妻
＝
倭建命―息長田別王―杙俣長日子王―飯野真黒比売命
息長真若中比売
＝
応神天皇―若野毛二俣王―意富富杼王
忍坂之大中津比売命
開化天皇　崇神天皇　垂仁天皇　景行天皇　成務天皇　仲哀天皇
宮簀姫命
＝

倭建命（1）―若建王―須売伊呂大中日子王―訶具漏比売
＝
景行天皇――――**倭建命（2）**

『古事記』が記す倭建命と一妻の子は、息長田別王《おきながたわけおう》と言い、その後は杙俣長日子王《くいまたながひこのみこ》、その子として飯野真黒比売命《いいのまぐろひめのみこと》、息長真若中比売《おきながまわかなかひめ》と続きます。

息長真若中比売と応神天皇の子が若野毛二俣王《わかぬけふたまたのみこ》で、その子が意富富杼王《おおほどのみこと》、忍坂之大中津比売命《おしさかのおおなかつひめのみこと》になります。この系譜に出てくる登場人物は本来はもっと多数ですが、説明を容易にするために必要最小限にします。

勘の良い読者なら、もうお気づきかもしれませんが、この「一妻」から始まる系譜と、先ほどの景行天皇の妻が子の曾孫という系譜の登場人物が似ています。これが同一系譜だとすると、『古事記』が「一妻」と隠した姫はどうやら宮簀姫命となりそうです。

系譜研究家の宝賀寿男氏は、杙俣長日子王（『日本書紀』河俣仲彦）と須売伊呂大中日子王《すめいろおおなかつひこのみこ》が同一人物だと主張していますが、著者の意見もこれと同じです。これが事実だとすると王の父の息長田別王は若建王で、祖父は倭建命となり、その妻の一妻は宮簀姫命となります。

若建王の意味を考えると、倭建命の「若さま」となりますが、言い換えればこれはジュニアの意味ですので、倭建命と一妻の子息長田別王はそれに対応していると分かります。

では、子孫はどうでしょうか。須売伊呂大中日子王の娘は訶具漏比売で、杙俣長日子王の娘は応神天皇と婚姻したという息長真若中比売でした。応神天皇の妻には景行天皇の配偶者として現れた「カグロヒメ」と音を同じとする迦具漏比売《かぐろひめ》がいたと言い（『古事記』）、その娘は忍坂大中比売《おしさかのおおなかつひめ》だと記します。先ほどの「一妻系譜」では同じ音の姫、「オシサカノオオナカツヒメ」は応神天皇の孫でした。イメージ化すると左記となり先祖子孫が対応しますので、二つの系図はおおよそ同じ物を伝えていると分かります。

倭建命─若建命─ナカヒコ、ナガヒコ─カグロヒメ
＝
景行天皇、応神天皇─オシサカノオオナカツヒメ

月に行ったと言う御伽噺のかぐや姫と似た名前の「カグロヒメ」で繋がる景行天皇、応神天皇は天皇の代数で見ると、間に成務、仲哀《ちゅうあい》天皇の二世代入り、言わば姫は時空を超えて婚姻し御伽噺を体現しています。この二世代分、時空を超えるのが「記紀」が使っている暗号になりますが、これは後述します。また「オシサカノオオナカツヒメ」の忍坂は奈良の地名であり、オオナカツヒメは姉妹のうちの中間の姫の意ですから、個人名ではないとも言えるでしょう。

息長氏の出自

「カグロヒメ」で繋がる先ほどの系譜は、「カグヤ」姫ではなく、「カグロ」姫でした。この二つの名の共通項の一つは「カ」ですが、「カグロヒメ」からこれを除くと「グロ」（黒）が残ります。これがこの系譜に仕掛けられたと思われる「鍵」になりますので頭に入れておいて下さい。

実は二つの「カグロヒメ」が個人名だとすると系譜が崩れてしまう姫が、飯野真黒比売命です。姫は、「ナカヒコ、ナガヒコ」の一人、杙俣長日子王の娘だといい、なんとまたもう一人の「ナカヒコ、ナガヒコ」須売伊呂大中日子王の父の若建王の妻だと言います。要するにここで、「曾孫の系譜」と「一妻系譜」の二つの系譜が同一にならない仕掛けが施されています。この「黒」い姫を除くと自然な系譜に戻ります。

若建王＝息長田別王
＝
飯野真黒比売――須売伊呂大中日子王＝杙俣長日子王――**飯野真黒比売**

「イイノマグロヒメ」も「カグロヒメ」と同様の属性「グロ」を持つ（黒）姫ですが、こちらも世代を超えて時空を移動しています。こちらも、どこかの地名か何かの「飯野」と「黒」を合わせた姫ですから、国史お得意の煙に巻く鍵となると人物でしょう。

この黒姫ですが、前著でも紹介した、『大阪府全志』が載せる、楯原《たてはら》神社（大阪府大阪市平野区喜連）に纏わる伝承を記した「北島家文書」にもその名が見えます。この「北島家文書」は兵火にも遭うなど、伝承が全て正確とは言えないかもしれませんが、現代まで生き残った大変貴重な伝説を載せた文書です。また楯原神社は式内社であり、先ほどの検討した日本武尊こと武甕槌大神を祭ります。

文書によると、武甕槌大神の子孫の大々杼《おおど》氏がこの地を治め神武天皇より東征の功により大々杼の姓と国造の地位を賜ったと言います。大々杼黒城《くろき》の時代に世継ぎがなく、黒城の娘の黒媛の婿として日本武尊の子の息長田別王を後継として迎えたと言います。ここでも「黒」い姫が系譜を繋いでいます。伝承を信じるならば、若建王＝息長田別王が娶った姫は、子である杙俣長日子王の娘の「黒」い姫、飯野真黒比売ではなさそうです。つまり、「黒」い姫は個人名ではないとなります。また大々杼氏の御祖神の武甕槌大神とは先述の若津保《わかつほの》命《みこと》ではないでしょうか。これが正しい推測なら大々杼氏は親戚の日本武尊こと武甕槌大神から婿を取ったとなるかもしれません。

武甕槌大神――大々杼黒城――黒媛
　　　　　　　　　　　　　　‖
日本武尊（武甕槌大神）――息長田別王――杙俣長日子王

息長田別王を始めとした息長氏は、よく謎の一族と言われます。その発祥地については、琵琶湖東岸の山津照《やまつてる》神社（滋賀県米原市能登瀬）が息長氏の氏神を祭り、その由来等から近江も有力候補として上がります。

「北島家文書」は息長姓の由来について、息長田別王が狭山池から水を引いて田を作り、息長川を掘って淀川に流した事績を記し、神功皇后と応神天皇が行幸の折に、その川の名でもある息長の姓を賜ったとも伝えます。その息長田別王の子の杙俣長日子王に後継がなく、娘の息長真若中比売に応神天皇の皇子の若野毛二俣王が婿入りをして跡を継ぎ、二人の子の大々杼王が仁徳《にんとく》天皇の勅令により、近江に派遣され近江の息長君になったとも記します。

これを信ずるならば、息長氏は摂津国より近江国へ遷ったとなりますが、いずれにしてもこの一族は琵琶湖から淀川水系に勢力を張っている訳で、これは天津彦根命（玉勝山代根古命）の勢力圏と重なりますから、その子孫の日本武尊こと武甕槌神がその地を押さえ、末裔もまた同様に繁栄しているのは自然な姿と言えるでしょう。

『上宮記逸文』と稲荷山古墳出土金錯銘鉄剣の系譜

「近江山城系タニハ」の末裔の日本武尊こと武甕槌神、息長田別王と続く息長氏の家系には、重要なもう一つの系譜が伝わります。それは鎌倉時代に著された『日本書紀』の注釈書『釈日本紀』に載せられた『上宮記逸文《じょうぐうきいつぶん》』として知られる、応神天皇から継体《けいたい》天皇までの五代に渡る人物を記した系譜です。

凡牟都和希王（応神天皇）――若野毛二俣王――大郎子（一名意富富等王）――乎非王
――汙斯王（＝彦主人王）――乎富等大公王（＝継体天皇）

先ほどの系譜の若野毛二俣王と子の意富富杼王から継体天皇まで続く、貴重な系譜を今に伝えます。『上宮記逸文』には垂仁天皇（活目《いくめ》入彦《いりびこ》五十《い》狭《さ》茅天皇《ちのすめらみこと》）から継体天皇の母の振媛《ふりひめ》へと続く七代に渡る系譜も記されており、これもこの時代を考慮する上で示唆に満ちた物です。

伊久牟尼利比古大王―伊波都久和希―伊波智和希―伊波己里和氣―麻和加介―阿加波智君
―乎波智君―布利比彌命

『上宮記逸文』と日本武尊から始まる一連の検討の系譜を合わせると次のようになります。

宮簀姫命	＝	倭建命				伊久牟尼利比古大王	オホヒコ	開化天皇
		―息長田別王				―伊波都久和希	タカリスクネ	崇神天皇
		―杙俣長日子王				―伊波智和希	テヨカリワケ	垂仁天皇
		―息長真若中比売	＝	応神天皇		―伊波己里和氣	タカヒシワケ	景行天皇
				―若野毛二俣王		―麻和加介	タサキワケ	成務天皇
				―意富富杼王		―阿加波智君	ハテヒ	仲哀天皇
				―乎非王		―乎波智君	カサヒヨ	応神天皇
				―汙斯王	＝	―布利比彌命	ヲワケ	仁徳天皇
				―乎富等大公王				履中天皇
				―安閑天皇				雄略天皇

先ほどの「カグロヒメ」は、景行と応神天皇の妻として時空を超えて登場してきましたが、この間の世代は二世代飛び越えています。これを説明するのを容易にする資料が、昭和四十三年（一九六八）に埼玉県行田市の埼玉《さきたま》古墳群《ふんぐん》にある稲荷山古墳から出土した稲荷《いなり》山古《やまこ》墳《ふん》出土金錯銘鉄剣《しゅつどきんさくめいてっけん》に、金象嵌《ぞうがん》で記されていた系譜です。

鉄剣の銘文には作刀者であるヲワケの臣へと続く八代の系譜が刻まれます。

オホヒコ――タカリスクネ――テヨカリワケ――タカヒシワケ――タサキワケ――ハテヒ
――カサヒヨ――ヲワケ

オオヒコを上祖とするヲワケの臣はワカタケル大王の時代に由緒を記したと銘文は語ります。ヲワケの臣が仕えたワカタケル大王とは、鉄剣の銘文に「辛亥の年七月中」とあることから、その音が通じる和風諡号を持つ大泊瀬幼武天皇《おおはつせのわかたけのすめらみこと》（漢風諡号、雄略《ゆうりゃく》天皇）とするのが定説です。またヲワケの上祖オオヒコは、孝元天皇の皇子の大彦命《おおひこのみこと》に比定する説が有力です。要するに大彦命は孝元天皇の次代の開化天皇世代に当たりますが、そこから七代後（合計八世代）が雄略天皇世代になります。「記紀」はこの世代を十代で繋いでいるので、二代分が追加されている訳です。簡単に説明するとこの二代分は横に並ぶ世代なのですが、縦に挿入されているため「記紀」は現実より二代伸びているとなります。

結論から入ると、先ほどの系図で垂仁天皇に当たる伊久牟尼利比古大王《いくむにりひこのおおきみ》が開化天皇世代に並ぶことからも分かりますが垂仁、景行天皇が縦に挿入されている世代となります。

開化天皇─崇神天皇─成務天皇─仲哀天皇─応神天皇─仁徳天皇─履中天皇─雄略天皇
垂仁天皇─景行天皇

並立している世代を縦に繋げる必要性とは、国史のお決まりの編纂方針、「万世一系」を貫くためです。「記紀」のリズムをイメージ化すると次の【世代間図】となります。

【世代間図】

	1	2	3	4	5	6	7	8	9	10
一世代	開化天皇	垂仁天皇	景行天皇							
二世代	崇神天皇	垂仁天皇	景行天皇	成務天皇						
三世代	垂仁天皇	垂仁天皇	景行天皇	成務天皇	仲哀天皇					
四世代	景行天皇	景行天皇	景行天皇	成務天皇	仲哀天皇	応神天皇				
五世代	成務天皇	成務天皇	成務天皇	成務天皇	仲哀天皇	応神天皇	仁徳天皇			
六世代	仲哀天皇	仲哀天皇	仲哀天皇	仲哀天皇	仲哀天皇	応神天皇	仁徳天皇	履中天皇		
七世代	応神天皇	応神天皇	応神天皇	応神天皇	応神天皇	応神天皇	仁徳天皇	履中天皇	雄略天皇	
八世代	仁徳天皇	仁徳天皇	仁徳天皇	仁徳天皇	仁徳天皇	仁徳天皇	仁徳天皇	履中天皇	雄略天皇	継体天皇

例えば先ほどの「カグロヒメ」は景行天皇と応神天皇の妻でしたが、6の四世代に入れるとこれが成立します。景行天皇の皇子で、垂仁天皇の娘婿という異世代婚の人物の稲背入彦《いなせいりびこの》皇子《みこと》は、これはそれが成立する3の二世代に置く人物となるイメージです。よく「記紀」が兄弟や異世代婚を記述するのは実際は複数王朝間での婚姻の場合ですが、この並行する世代を縦に繋げたのがその原因です。

開化天皇世代に当たる垂仁天皇（和風諡号、活目入彦五十狭茅天皇）には山背大国不遅《やましろのおおくにのふち》の娘の綺戸辺《かにはたとべ》との間に、磐衝別命《いわつくわけのみこと》（伊波都久和希）と石衝毘《いわつくひ》売命《めのみこと》がいますが、姫は別名両道入姫命（『古事記』表記、布多遅能伊理毘売命）といいます。この姫は複数王家を繋いでいる暗号をその名に内包しています。

垂仁天皇の姫の石衝毘売命が何故、「両」方の「道」に「入」った姫なのかが、この時代の鍵となりますが、結論を先に記せば「両」とは二つの政権で、二朝並立を表しその結合役が彼女となります。

日向土本毘古王と甲斐国

複数王朝の並立を検討していきます。一つ目の王朝は倭国大乱の混乱に終止符を打った、

「三王家の王朝」です。振り返れば、この王朝は始祖の王朝「タニハ王朝」と、「物部氏の王朝」、「近江山城系タニハ」が婚姻をして言わば統合された王朝と言えました。以下「三王家の王朝」と記します。天皇系譜で言うと神武天皇から始まり、綏靖《すいぜい》、安寧、懿徳、開化、崇神天皇でこれらの時代の事柄は崇神天皇の時代として「記紀」には記されます。つまりは、これに基けば全てを崇神天皇時代とも言えるので、創建の由来を崇神天皇何年としている神社の中には、それがこの王朝の何処かを示している場合があります。海部氏の伝えで懿徳天皇世代の小止与姫との婚姻が崇神天皇と伝わるのはこのためでしょう。

瓊瓊杵尊―彦火火出見尊―鸕鷀草葺不合尊―神武天皇

神武天皇―綏靖天皇―安寧天皇―懿徳天皇―開化天皇―崇神天皇

＝

日本得魂命―意富那比命―乎縫命―小止与姫―建稲種命

「物部氏の王朝」の綏靖天皇世代で各神社伝承を見ると、九州への進出が推測されます。前著で検討しましたが、山城国から移動した健磐龍命は彦五瀬命、三毛入野命と重なる存在でした。例えば烏宿《からとまり》神社（大分県日田市大山町西大山）では、健磐龍命は神武天皇として祭られます。日田市の金凝《かなこり》神社では健磐龍命と綏靖天皇が祭神で、健磐龍命の本拠地の熊本県の金凝神社では綏靖天皇を祭るなど、物部氏の西への進出は綏靖天皇世代で行われたと推測出来そうです。また彦五瀬命は久住神社（大分県竹田市久住町久住）の祭神ですが、『豊後国志』によるとかつては綏靖天皇がそれに当たったといいます。

この綏靖天皇の臣下だったと伝わる神が、日向土本毘古王《ひゅうがとほひこおう》です。王は山梨県の佐久《さく》神社（甲府市下向山町）の主祭神で、こちらの由緒や『甲斐古蹟考』に事績が詳細に記されますが、王は日向国の高屋で生まれ甲斐国にやってきてこの地の開拓神になったと言います。また日向土本毘古王は生前に手力雄神を崇敬したと伝わります。山梨県にはもう一つ佐久神社（山梨県笛吹市石和町河内）があり祭神は、日向土本毘古王ではなく王が崇敬した天手力雄命です。

これらで王の出自はおおよその検討がつきそうですが、佐久神社で祭られる天手力雄命の妻は孝霊天皇の子孫「サクラ」の姫ですから、日向土本毘古王は「近江山城系タニハ」の末裔でありそうです。要するに天日別命の東征譚の一つが甲斐国の開拓神話なのでしょう。時代的には綏靖、安寧、懿徳天皇世代で行われたと思われます。何故、日向土本毘古王を述べたかと言いますと、「とほひこ」と音が似る、沙本毘古王《さほひこのみこ》は『古事記』に甲斐国造《かいのくにのみやつこ》之祖とあり、子孫が甲斐国造（『先代旧事本紀』）に任命されたと伝わるからです。また日向土本毘古王の生誕地、高屋は恐らくは、『日本書紀』が記す彦火火出見尊《ひこほほでみのみこと》の御陵と、景行天皇の高屋行宮跡とも伝わる高屋神社（宮崎県宮崎市村角町橘尊）ではないかと思われます。先述ですが香川県の彦火火出見尊（綏靖天皇）は高屋神社で生まれ、宮崎県で亡くなったのでは、とも推測出来そうです。

宮崎県の高屋神社の候補地は何ヶ所かあり、その一つが西都原古墳群で有名な西都市にある高屋神社（西都市岩爪）ですが、これを考えるとその古墳群の男狭穂塚《おさほづか》、女狭穂塚《めさほづか》の由来を狭穂彦王《さほびこのみこ》のその名に求めるのは、大きな飛躍とは言えないのではないでしょうか。

また余談ですが、山梨県の笛吹市の笛を分解すると「竹」「田」になり、一族の祖先建田《たけた》勢命《せのみこと》と通じるのは偶然ではないでしょう。

狭穂彦王と東国のタニハ王国、甲斐国

綏靖天皇の一族は今まで見てきた物部氏と天手力雄命（天津彦根命の一族。配偶者は「タニハ王朝」の八倉姫）が融合した一族でしょうが、どうやら狭穂彦王はその皇子のようです。

また王は甲斐国造之祖で、『先代旧事本紀《せんだいくじほんぎ》』「国造本紀」には、景行朝の御世に狭穂彦王三世孫の臣知津彦公《おみしりつひこのきみ》の子の塩海足尼《しおみのすくね》が国造に定められたとあります。別に甲斐国造を記した系譜に天津彦根命から始まる三上祝、三上直の系譜があり塩海足尼もこれに記されます（『古代《こだい》氏族系譜集成《しぞくけいふしゅうせい》』）。

狭穂彦王――○――○――臣知津彦公―塩海足尼

坂戸毘古王―建勝日命―意美津奴命―塩海足尼命
綏靖天皇―安寧天皇―懿徳天皇―開化天皇―崇神天皇
垂仁天皇―景行天皇

二つの系譜を並べると塩海足尼命の祖先狭穂彦王は坂戸毘古王《さかどびこのみこ》とも記される様です。分注に坂戸毘古王は軽境原宮（孝元天皇）時代に三上神を奉斎したとあり、これは孝霊天皇（日本得魂命《やまとえたまのみこと》）の次の世代の玉勝山代根古命（孝元天皇）に当たりますから、綏靖天皇の臣下だったと伝わる日向土本毘古王と狭穂彦王（坂戸毘古王）は世代が重なります。『日本書紀』では狭穂彦王は垂仁天皇の皇后狭穂姫《さほひめ》と謀って反乱を起こしたと語られますが、姫は同母の妹と言います。系図からは狭穂彦王が世襲名等でない限り世代が合いません。

また『古事記』は狭穂彦王の出自を、開化天皇の皇子の日子坐王《ひこいますのきみ》の子だと記します。「開化天皇記」の日子坐王の系譜は素戔嗚尊《すさのおのみこと》や倭建命の系譜に並ぶ大系図ですが、要するに玉勝山代根古命（孝元天皇）と開化天皇から始まる「三王家の王朝」の末裔を統合したのが日子坐王の系譜である様です。狭穂彦王や日子坐王については後述します。

甲斐国に戻りますが、この地には丹後国との繫がりが見える神社が散見されます。金櫻《かなざくら》神社（山梨県山梨市歌田）では、一説に景行天皇の御代に狭穂彦王三世孫の臣知津彦公の御子である塩見定尼が、甲斐国の国造に任ぜられた際に丹後国の天の橋立より橋立明神を勧請し斎祀したと伝えます。因みに橋立明神とは伊奘諾尊《いざなぎのみこと》、伊弉冉尊《いざなみのみこと》です。また神社では地主神として天照大神《あまてらすおおみかみ》、大己貴命、少彦名命が配祀されており、まさに狭穂彦王の祖先の「タニハ王朝」の神が勢揃いと言えますので、王の出自を強く示唆すると言えます。この他にも山梨県では狭穂彦王の一族を多く祭ります。

甲斐国一宮の浅間《あさま》神社の祭神はサクラの姫こと木花開耶姫命です。この姫は再三ですが孝霊天皇の娘と重なる存在です。同国の二宮は美和神社（山梨県笛吹市御坂町二之宮）となりますが、創建由来は大和国の大神神社から景行天皇の頃に甲斐国造の塩海足尼が勧請を行ったことといわれています（『甲斐国志』等）。勧請元の大神神社は、この一族の祖先が三輪山で天照大神を祭ったことを考えると、狭穂彦王の子孫が開拓地に御祖神を奉斎するのは自然な姿です。甲斐の社ととれる甲斐奈《かいな》神社（山梨県甲府市中央）の社記には、土本毘古王が甲斐国の疎水工事を行った際に、白山大神を甲斐奈山に祭ったとあります。

このように甲斐の国には丹後の神々が時系列で並び、タニハの小京都の様相を呈していますす。これはこの一族が、甲斐国で繁栄した歴史を多くの神社が体現していると言えるでしょう。

金櫻神社　　金櫻神社　美和神社　浅間神社　　甲斐奈神社

橋立明神（伊奘諾尊、伊奘冊尊）―天照大神―大己貴命―木花開耶姫命―狭穂彦王―塩海足尼

さてこの「三王家の王朝」の血の融合の帰結とも言える狭穂彦王の末裔が東国に進出した姿を見てきましたが、狭穂彦王は「記紀」では垂仁天皇と戦う姿で描かれます。何故戦うかと言えば、ご想像の通り、垂仁天皇側がもう一方の王朝だからとなります。

都怒我阿羅斯等の来日

「三王家の王朝」の天皇の象徴とも言える崇神天皇の寿命について、『日本書紀』は「天皇の御命はお短かった」と記します。しかし、天皇は百二十歳だといいますから垂仁天皇の百四十歳よりは短いが景行天皇の百六歳よりは長いにもかかわらず、景行天皇は短命だとも記されません。

崇神天皇が短命となったのは天神地祇の祭り方が、根源的でなく枝葉に留まったためと『日本書紀』は述べます。「崇神天皇紀」は複数世代間を記している物語なので、要するにこれは「三王家の王朝」が短命だったことを暗示しているのでしょう。短命になった理由を歴史に求めるなら、先ほどの「三王家の王朝」の血の融合の帰結と言える狭穂彦王が、何故戦わざるを得なかったかを探れば、その根源の一つが見えてきそうです。

狭穂彦王が戦った相手は垂仁天皇で、これはもう一方の王朝と推測されますが、この天皇から数世代に渡り「記紀」はその暗号を諡号に隠しています。垂仁天皇の後から天皇を挙げると、景行天皇、成務天皇、仲哀天皇ですが、それぞれ和風諡号は、大帯日子《おおたらしひこ》淤斯呂和氣《おしろわけの》天皇《すめらみこと》、若帯日子天皇《わかたらしひこのすめらみこと》、帯中日子天皇《たらしなかつひこのすめらみこと》（『古事記』）と、全て諡号に「垂」が内包されています。この「垂」は垂迹などに使われる漢字ですが、天界の様な世界から「現世」に降って来た意味と捉えられます。つまり何処からか「垂」の一族が降臨して来たと伝える暗号となります。

「垂らし」を内包する一連の天皇の初代に位置付けられる「垂仁天皇紀」を開くと、その出自と即位の記事の直ぐ後から始まるのが、朝鮮半島南部の任那《みまな》からやって来たという、任那王蘇那曷叱智《そなかしち》の帰国です。

蘇那曷叱智は先代の崇神天皇時代に来日して、帰国する際に垂仁天皇より赤絹を賜ったと記されただけで彼の記載は終わります。その直後に述べられるのが、これまた崇神天皇の御代に来日して垂仁天皇から赤絹を賜った都怒我阿羅斯等《つぬがあらしと》となりますから、要するに二人は同じ人物か一族と伝えているようです。

都怒我阿羅斯等は朝鮮半島南部の意富加羅国《おおからこく》の王子で、またの名を于斯岐阿利叱智干岐《うしきありしちかんき》といい、越前国一宮の氣比神宮《けひじんぐう》が鎮座する福井県敦賀市の地名の角鹿《つぬが》は、都怒我阿羅斯等が越国の笥飯浦に碇泊した故事がその地名の由来と『日本書紀』は記します。帰国の際に都怒我阿羅斯等は垂仁天皇より彼の本国である意富加羅国を弥摩那国《みまなのくに》とあらためる様に申し付けられます。これらの内容を纏めると左記になります。

【名】	【来日】	【贈り物】	【本国】
蘇那曷叱智	崇神天皇時代	赤絹	任那
都怒我阿羅斯等	崇神天皇時代	赤絹	弥摩那

一目瞭然ですが『日本書紀』は蘇那曷叱智と都怒我阿羅斯等を同一人物と想定して描いているのが分かります。天皇紀はその天皇の事績を記しますが、「垂仁天皇紀」は渡来人から始まり渡来人で終わります。結論から言うと、これは垂仁天皇自身の事績となります。要するに垂仁天皇の降臨は「ミマナ」からであり、それは都怒我阿羅斯等だと言うことです。今のところは垂仁天皇は「ミマナ」から来た人物ではないか、という推論をもとに話を進めましょう。

都怒我阿羅斯等は帰国後に「白い石」を得ますが、その「白い石」を自宅の寝室に置いておくと、石は「美しい乙女」になったといいます。都怒我阿羅斯等は乙女と結ばれようとしますが、彼が出かけている間にこの「美しい乙女」はいなくなってしまいます。追いかけて行き尋ねたところ、乙女は日本国に行っており難波（現在の大阪府）で比売語曽社《ひめこそしゃ》の神となったか、或いは、豊国《とよのくに》の国前郡《くにさきぐん》（大分県の国東半島）の比売語曽社の神となったといい、『日本書紀』は都怒我阿羅斯等の物語を閉じます。

比売碁曽神社の阿加流比売と二人の夫

都怒我阿羅斯等に続けて新羅の王子の天日槍《あめのひぼこ》の来日へと『日本書紀』の記事は推移します。来日後に但馬国（兵庫県豊岡市）に留まったことを記す『日本書紀』ですが、来日の由来を『日本書紀』は語りません。それは『古事記』に記されており、天日槍命は母国にいる時に「赤い玉」を手に入れ、自宅の床に置くと「赤い玉」は「美しい乙女」に変わり、その「美しい乙女」と結婚します。結婚後、「美しい乙女」は天日槍命に尽くしますが、慢心した天日槍命は妻を罵ります。怒った妻は自分の祖国に帰ると言い放ち出て行きますが、その妻が向かった祖国とは難波（大阪府）でした。妻は比売碁曽神社の阿加流比売《あかるひめ》になったとも記されます。その後に天日槍命は妻を追って来日しますが、難波の渡り神が遮ったために、その地には入れぬまま但馬に留まったと『古事記』は語り、その由来を締めます。

先程の都怒我阿羅斯等は任那へ帰国後に「白い石」から生まれて「美しい乙女」になった比売語曽社の女神を追って再来日しています。その後に『日本書紀』「垂仁天皇紀」が記す天日槍命は「赤い玉」から生まれ、「美しい乙女」になった比売碁曽神社の阿加流比売を追って来日します。都怒我阿羅斯等と天日槍命が追いかけて来た「美しい乙女」はどちらも

「ヒメコソ神社」の女神ですので、二人はほぼ同一人物になりますが、「ヒメコソ神社」の女神を追って来た世代も、どちらも垂仁天皇世代になります。また『日本書紀』は天日槍命は来帰（帰って来た）と記しますので、その前に登場する人物（都怒我阿羅斯等）と観念上では同一人物でしょう。

このほぼ同一人物である二人の話を繋げると、都怒我阿羅斯等は崇神天皇の時代に任那から敦賀に来日し、垂仁天皇の時に一旦帰国します。任那で結婚した天日槍命は妻である「ヒメコソ神社」の女神、難波の阿加流比売を追って再来日しますが、難波には入れずに但馬に留まったと言うことになります。つまり「美しい乙女」を中心点に置くと、都怒我阿羅斯等＝「美しい乙女」＝天日槍命となりますので話が繋がります。

『日本書紀』には天日槍命の系譜が載り、以下となります。但馬国の出嶋《いずし》の人太耳《ふとみみ》の女麻多《また》烏《お》を娶って、但馬《たじま》諸助《もろすく》を生んだ。諸助は、但馬《たじま》日《ひ》楢杵《ならき》を生んだ。日楢杵は、清彦（きよひこ／すがひこ）を生み、清彦は、田道間守《たじまもり》を生んだと記されます。

天日槍――但馬諸助――但馬日楢杵――清彦――田道間守

『日本書紀』の「垂仁天皇紀」は、この都怒我阿羅斯等と天日槍について述べることから始まります。その後に沙穂彦王の乱や、いくつかの事柄を述べた後に、天日槍命の曾孫である清彦が家宝である宝を垂仁天皇に献上する話を載せるなど、天日槍命の末裔について詳細に語ります。言うなれば「垂仁天皇紀」は天日槍命の物語ですが、最後には天日槍命の末裔の田道間守の業績を語ります。

田道間守は天皇に命じられて非時《ときじく》の香菓《かぐのこのみ》を探しに常世国《とこよのくに》へ遣わされます。この麗しい名前の「非時の香菓」は橘と言うとあり、それは今で言うところのミカンに当たると言われています。この蜜柑こと「橘」は天日槍命の一族を示すキーワードになっていきますので頭に入れておいてください。

「非時の香菓」を取りに行った田道間守が十年後に帰ってくると、天皇は既に亡くなっていたといいます。それを聞き嘆き悲しんだ田道間守は自ら命を絶ったと『日本書紀』は語り、「垂仁天皇紀」を閉じます。

これを纏めると『日本書紀』の「垂仁天皇紀」は、任那からやって来た一族の蘇那曷叱智＝都怒我阿羅斯等＝天日槍命で始まり、その子孫の田道間守で終わります。要するに「垂仁天皇紀」は、前後を占めている新羅の王子を主題にしている訳です。

垂仁天皇は天日槍命

「垂仁天皇紀」は天日槍命から始まり、その末裔の田道間守で締められていましたが、その垂仁天皇の陵墓である菅原伏見東陵《すがわらのふしみのひがしのみささぎ》には、宝来山古墳《ほうらいさんこふん》（蓬莱山古墳）（奈良県奈良市尼ヶ辻町）が現在比定されています。古墳の周りは水で満たされており、これを周濠と言いますが、この中には小さな嶋が浮かんでいます。これは陪塚（ばいちょう／ばいづか）といい、古墳の被葬者にとても近い人物が被葬者であることが多く、通常は身内になります。垂仁天皇の陵墓、宝来山古墳の陪塚の被葬者は天日槍命の子孫の田道間守とされています。普通に考えると田道間守が、その先祖の墓の陪塚に眠るとなるでしょう。

垂仁天皇＝天日槍命——田道間守

この田道間守を祭る神社が兵庫県豊岡市に鎮座する中嶋《なかしま》神社（三宅）です。その神社名「中嶋」の由来は、垂仁天皇陵の周濠の「中に有る嶋」から来ていると言います。

垂仁天皇陵は水で満たされた周濠内に二つの嶋が有りますが、一つは田道間守が眠る小島と、もう一つは垂仁天皇陵である宝来山古墳です。宝来山古墳の宝来山とは、中国の神仙思想に説かれる三神山の一つである蓬莱山のことです。蓬莱山は東方の海上にあって仙人が住み、不老不死の霊薬があると信じられている山です。天日槍命の子孫の田道間守が垂仁天皇のために、「非時の香菓」を探しに行った常世国とは蓬莱山です。水で満たされた周濠内の中嶋には、天日槍命の末裔が眠り、大中嶋の蓬莱山古墳の被葬者は、小島の近親者が眠ることになります。これ以上の説明は要らないのではないでしょうか。
『日本書紀』「垂仁天皇紀」の最後の文章は、「田道間守は、三宅連の始祖である」で終わりますが、三宅とは宮家です。天日槍命の系図は天日槍、但馬諸助、但馬日楢杵、清彦、田道間守と続きます。「垂仁天皇紀」の最後に登場する田道間守は「守」と宮家から臣下になった称号が付与されます。また、垂仁天皇の垂は「たれる」ですが、垂れるとは何処かしらから降ったと言うことの比喩ですから、何処からかと言えば、「任那」からとなります。

文献から当たれば、垂仁天皇が天日槍命だと伝える文献があります。垂仁天皇の和風諡号は活目入彦五十狭茅天皇ですが、『新撰姓氏録』が載せる田遅《たじ》麻守命《まもりのみこと》の子孫の三宅連の出自には「新羅国の王子天日桙命の後也、或説が言うには、活目入彦命（垂仁天皇）を祖とする」とあります。要するに二人は同人と記します。

他の文献では『但馬故事記』「出石郡故事記」によると天日槍命は「稲飯命《いないのみこと》の五世孫」だとあります。稲飯命は神武天皇の長兄で、『新撰姓氏録』に命の子孫新良貴《しらき》が記されます。

右京皇別　新良貴　彦波瀲武草葺不合尊男稲飯命之後也是出於新良国。即為国主。

纏めると鸕鷀草葺不合尊の子の「新羅王の祖」稲飯命は天日槍命の祖先となります。恐らく、『但馬故事記』の「稲飯命の五世孫」とは恐らく左の様なイメージとなりそうです。

稲飯命――〇――〇――〇――〇――天日槍命
神武天皇――綏靖天皇――安寧天皇――懿徳天皇――開化天皇――志理都彦命
　　　　　　　　　　　　　　　　　　　　垂仁天皇――景行天皇

もう一つこれと重なるのが『海部氏勘注系図』に記される伝えです。系図で開化天皇の次の世代は志理都彦命《しりつひこのみこと》になり、ここに「一云」として稲飯命（稲井命、稲日命）は挙げられます。『但馬故事記』の「稲飯命の五世孫」は稲飯命とは女系で繋がっているとなりそうです。

開化天皇――志理都彦命（稲飯命）――姫――天日槍命の子孫
　　　　　　　　　　　　　　　　　＝
垂仁天皇＝天日槍命――――――――天日槍命の子孫

活目入彦五十狭茅天皇と天之日矛

垂仁天皇の和風諡号は活目入彦五十狭茅天皇ですが、五十は「多く」や「大きい」等の意味でしょうから「多くの茅」または「大きな茅」を持つと捉えられる名です。『日本書紀』

は天照大神が天石窟に入ってお隠れになった場面で、天鈿女命《あまのうずめのみこと》が天香山《あまのかぐやま》の真坂樹を蔓《かずら》にし、手に茅を纏《ま》いた矛をもちながら天石窟の戸の前に立って舞い踊り神懸ったと記しますので、「茅」とは矛を巻く物だと分かります。ここから茅と矛はセットと捉えられますので、垂仁天皇は「多くの矛」または「大きな矛」を持った天皇と見做せます。『古事記』は天日槍命を天之日矛と表しますが、要するに活目入彦五十狭茅天皇とはこれを表した諡号でしょう。『日本書紀』は日矛について、天照大神が天石窟に入ってお隠れになった時に、紀伊国の日前《ひのくま》神宮、國懸《くにかかす》神宮（和歌山県和歌山市秋月）の神の石凝姥《いしこりどめ》を鍛冶として日矛を作らせたと記します。神宮の御神体は「鏡」で、石凝姥が作ったのは「日矛」ですから、ここから日矛と鏡は同体だと分かります。

垂仁天皇以降の天皇には、垂、帯（たらし）が諡号につく世代が垂仁天皇を含めて四代続きます。垂仁天皇の次代は景行天皇、大足彦忍代別天皇《おおたらしひこおしろわけのすめらみこと》（『日本書紀』）、大帯日子淤斯呂和氣天皇（『古事記』）。その次代天皇が成務天皇、稚足彦天皇《わかたらしひこのすめらみこと》（『日本書紀』）、若帯日子天皇（『古事記』）。その次代天皇は仲哀天皇、足仲彦天皇《たらしなかつひこのすめらみこと》（『日本書紀』）、帯中日子天皇（『古事記』）と四代に渡り「垂」を内包する天皇が続きます。仲哀天皇の次は応神天皇となり、応神天皇にはタラシはつきません。「垂」が付いた表記で、それぞれ並べます。

垂仁天皇——大**帯**日子淤斯呂和氣天皇——若**帯**日子天皇——**帯**中日子天皇

これらの天皇の名前が内包する「垂」、「帯」は朝鮮半島の恐らく任那から垂れて来たことの暗示と捉えられそうです。

天日槍命の王朝と纏向珠城宮

朝鮮半島の恐らく任那からやってきた天日槍命こと垂仁天皇は、何処を拠点としたのでしょうか。垂仁天皇の和風諡号の活目入彦五十狭茅天皇の「入彦」ですが、『但馬故事記』によるとこれは「入り来る彦」の意味とあり、これを垂仁天皇に当てはめると新羅国から活目に来た人となります。活目が何処かを考える手がかりが『先代旧事本紀』「天孫本紀」にあります。

饒速日尊《にぎはやひのみこと》の子の宇摩志麻《うましま》治命《じのみこと》が娶った姫が、この「活目」と同じ字の活目《いくめ》邑《むら》の五十《い》呉桃《くるみ》の娘、師《し》長姫《ながひめ》であると記されています。「天孫本紀」はまた、命の父の饒速日尊は長髄彦《ながすねひこ》の妹の御炊屋《みかしきや》姫《ひめ》を娶ったと述べますが、長髄彦の勢力地は生駒山です。『伊勢国風土記逸文』にも長髄彦は「胆駒長髄」と記されており、長髄彦は生駒山におり饒速日尊は生駒山の姫を娶ったとなります。

饒速日尊が天降った地と言う河内国の川上の哮峰《いかるがのみね》は、生駒山系の磐船神社（大阪府交野市私市）の側です。饒速日尊の子の宇摩志麻治命が娶った活目邑の師長姫も、「いくめ」と、「いこま」の音が近いですから、どうやら同じ地の名でありそうです。

これを裏付けるのが「天孫本紀」と重なる系譜を伝える因幡の『伊福部臣古志系図《いふくべのおみこしけいず》』です。宇摩志麻治命の子の彦湯支命《ひこゆきのみこと》の条に、母は伊古麻《いこま》村の五十里見命《いそりみのみこと》の女、河長媛《かわながひめ》と注記されており、彦湯支命の母は宇摩志麻治命の妻、師長姫の「活目」と河長媛の「伊古麻」は出身地で繋がりますので、活目邑は生駒村でしょう。

「活目」とは「生駒」でありこれを垂仁天皇の和風諡号に当てはめれば活目入彦五十狭茅天皇は、「生駒」にやって来た五十狭茅天皇となります。以後、天日槍命（垂仁天皇）を開祖とする王朝を「天日槍命の王朝」と記します。

この「生駒」を冠する生駒山を御神体とする社が、往馬《いこま》大社（奈良県生駒市壱分町）です。祭神は伊古麻都比古神《いこまつひこのかみ》、伊古麻都比賣神《いこまつひめのかみ》で、生駒山に一族の神を投影した彦姫神の他に、天日槍命の末裔を祭ります。神功皇后である気長足比賣尊《おきながたらしひめのみこと》を中心に、その母、葛城高額姫命《かつらぎのたかぬかひめのみこと》、その父、気長宿称王命《おきながすくねおうのみこと》、その子、譽田別尊《ほんだわけのみこと》、その夫、足仲津比古尊《たらしなかつひこのみこと》と、天日槍命の子孫が並びます。

「生駒」に入ったと思われる垂仁天皇は、何処に侵入したのでしょうか。これを解く鍵が垂仁天皇の宮居の名前にありそうです。垂仁天皇の皇居は纏向珠城宮《まきむくたまきのみや》ですが、言うまでもなくあの有名な巻向遺跡の「マキムク」の地です。つまり、生駒の地から当時のヤマトの首都に侵入して王朝を建てたのでしょう。

この大和国に入るまでのルートを追ってみましょう。一族の都怒我阿羅斯等は天日槍命より恐らくやや世代が前の人物だと思われますが、まずは長門国、出雲国と日本海を進み、気比神宮（福井県敦賀市曙町）の摂社角鹿《つぬが》神社で祭られていることからこの地に至ったと推測されます。また能登半島では今でも半島からの漂着物が流れ着きますが、久麻加夫都阿良加志《くまかぶとあらかし》比古《ひこ》神社でも神を祭りますのでこの地にも至ったのでしょう。

都怒我阿羅斯等が一旦弥摩那国に帰国した後に来日した天日槍命は、比売語曽社で繋ぐと豊国の国前郡から難波へと瀬戸内海を通り、途中の播磨国《はりまのくに》の宍粟邑《しさわむら》と淡路島の出浅邑《いでさむら》を賜った伝説からこの地を占領したと思われますが、その後には山城国の菟道河《うじがわ》（宇治川）をさかのぼって、近江国吾名邑《あなのむら》（滋賀県米原市箕浦付近）、さらに若狭国を経て西へ向かい最後は但馬国で住居を定めたと言います。要するにこれは「三王家の王朝」の勢力圏と重なりますのでその地を蹂躪して、皇居は三輪山の麓に定めたということになりそうです。

天日槍命は王朝の開祖ですが、『日本書紀』は天日槍として、一度も「命」の尊称をつけて記すことはしません。しかし天日槍命を祭る出石《いずし》神社（兵庫県豊岡市出石町宮内）等では、天日槍命と尊称である「命」を付けて祭ります。これは万世一系で系譜を繋ぐ『日本書紀』の編纂方針を暗示する事例の一つと言えるかもしれません。

珍彦と志理都彦命

「天日槍命の王朝」が大和国に侵入する前に大和国に君臨していたのは、「三王家の王朝」でした。侵入され都を占領されてしまいましたが、それを暗示させる名が、開化天皇の後に『海部氏勘注系図』の本宗上に記される志理都彦命です。この「シリツヒコ」については『新撰姓氏録』に大和国神別、大和宿禰、出自神知津彦命也とあります。この人物は神武東征時に豊予海峡の速吸《はやすい》の門に現れたと言う人物で別名を珍彦《うずひこ》（宇豆彦）といい、また所謂東征の水先案内をした功により椎根津彦《しいねつひこ》の名を賜わり、倭 直《やまとのあたい》部の始祖になったと『日本書紀』は記します。『古事記』では吉備国の速吸の海峡で出会い、賜った名前も槁根津日子《さおねつひこ》と若干異なります。また容姿は、亀の甲羅に乗って釣りをしながら鳥が飛び翔るような恰好でやって来たと、亀に乗り釣竿を持つ御伽噺の浦島太郎と同じ姿で描かれます。『海部氏勘注系図』では、この人物は倭宿禰《やまとのすくね》として記されますが、「宿禰《すくね》」は臣下の称号です。恐らくはその地に宿って根を張ったとの意味でしょう。

『先代旧事本紀』「天孫本紀」に足尼《すくね》の号の説明があり、宇摩志麻治命が神武天皇の側に仕えた時に初めて名付けられた称号だと伝えられ、また四世孫の大木食命《おおきけのみこと》の記事では、天皇の側近くに仕えたため、はじめは足尼となり、ついで宿禰となって大神をお祭りしたと記され、宿禰の号はこのとき初めて起こったとあります。『先代旧事本紀』によれば足尼と宿禰は異なる様ですが、何にせよ「宿禰」は天皇の側近くに仕えたため名乗った臣下の称号です。

志理都彦命は珍彦であり倭宿禰でありますが、要するに天皇の位から落ちている暗示なのでしょう。


建稲種命（開化天皇）――志理都彦命（珍彦、椎根津彦、槁根津日子、倭宿禰）

奈良県磯城郡田原本町には志理都彦命の名にとてもよく似た多坐弥志理都比古《おおにいますみしりつひこ》神社が鎮座します。社名の中に志理都比古が内包されるこの神社の現在の祭神は神八《かむや》井耳命《いみみのみこと》とされていますが、本来は神社名にある弥志理都比古を祭る神社と考えるのが自然です。

現在の祭神の神八井耳命は神武天皇の長子でありながら弟に皇位を譲ったことから、「身を退いた」という意味で「ミシリツヒコ」となったと言います。

また平安時代に多朝臣常麻呂が国司に提出した『多神宮注進状』では社の祭神を以下の二座としています。

珍子《うつのみこ》　賢津《さかつ》日《ひ》霊神尊《このみこと》　皇像瓊玉坐　天忍穂耳尊、河内国高安郡春日部坐宇豆御子之社と同神
天祖《あまつおや》　賢津《さかつ》日《ひ》孁神尊《めのみこと》　神物圓鏡坐　天疎向津媛命、春日部坐天照大神之社と同神

珍子《うつのみこ》は宇豆御子《うずのみこ》と同神と有ります。どちらもとても大切な神ですが、簡単に説明するなら、「タニハ王朝」の天忍穂耳尊《あめのおしほみみのみこと》と対偶神（妻）の天疎向津媛命《あまさかるむかつひめのみこと》（天照大神）を祭るとは、この王朝の御祖神の男神、女神を祭っているとなり、「ミシリツヒコ」が先祖神を奉斎しているのでしょう。また天疎向津媛命は天照大神の荒御魂で瀬織津姫命《せおりつひめのみこと》ですが、この神が神道の秘事で隠される神なのかはこの一族の盛衰と関係するのでしょう。

二人の倭宿禰命と珍彦

志理都彦命こと珍彦、倭宿禰は『海部氏勘注系図』において、同世代だと記されます。また倭宿禰とは言うなれば倭（大和）に根付いた人で、臣下の称号でした。つまり個人名ではないので、系図には複数人書き記されます。

前著で検討済みですが、系図で最初に現れる倭宿禰は彦火明命《ひこほあかりのみこと》、天香語山命、天村雲命の次に続く世代ですが、この後の三代倭宿禰命、笠水彦命《うけみつひこのみこと》、笠津彦命《うけつひこのみこと》は後の世代に回り、建《たけ》田《た》勢命《せのみこと》が天村雲命の後でした。

彦火明命――天香語山命――天村雲命――**倭宿禰命**――**笠水彦命**――**笠津彦命**――建田勢命

※太字が異世代へ振り替えられる。

これが何処に付け替えられるかといいますと、分注に手がかりが潜んでいます。三世孫（天村雲命）の倭宿禰命の分注には、神武天皇の時代に家宝の息津鏡《おきつかがみ》と邊津鏡《へつかがみ》を献従《けんじゅう》して仕えたとあり、この倭宿禰のまたの名を天御蔭命だと伝えます。天御蔭命は三上氏の系図では天津彦根命の子として記されます。

倭宿禰命の名が次に記されるのが、日本得玉命《やまとえたまのみこと》世代です。日本得玉命は孝霊天皇でしたが、神武天皇と重なる世代で、次の笠水彦命の注釈には神渟名川耳天皇《かんぬなかわみみのすめらみこと》の御代に倭宿禰の又の名の天御蔭鏡をもって奉斎したとあります。

倭宿禰命——**笠水彦命**——**笠津彦命**

神武天皇——綏靖天皇——安寧天皇——懿徳天皇——開化天皇（建稲種命）——崇神天皇

ここまでを纏めると、神武天皇に付き従った倭宿禰命は天津彦根命の子ですから、玉勝山代根古命の系統となります。この神武天皇は熊野入りをした神武天皇です。

次に系図に現れる倭宿禰命は、珍彦で志理都彦命です。

建稲種命（開化天皇）——志理都彦命（珍彦、椎根津彦、槁根津日子、倭宿禰）

これらの一連の流れを検討すると、珍彦が大和国から豊予海峡や吉備へと、西へ向かった理由は「天日槍命の王朝」の侵入が原因のようです。珍彦は臣従した訳ですが、その相手とは、「天日槍命の王朝」と恐らくそれと組んだ吉備勢力となりそうです。

前著でも検討しましたが、「物部氏の王朝」祭祀は石上《いそのかみ》神宮で行われていました。その神宝を司っているのが五十瓊敷入彦命です。言うなれば、国家祭祀を引き継いでいる五十瓊敷入彦命は皇位を継承していると捉えられる人物で、崇神天皇と重なる伝承を持ちました。『海部氏勘注系図』では志理都彦命の後に川上眞稚命《かわかみまわかのみこと》が続きます。系図はまた、川上眞稚命は五十瓊敷入彦命の御子だと記しますので志理都彦命が五十瓊敷入彦命なのでしょう。五十瓊敷入彦命が皇位を継承している姿として国史に描かれるのはやはり意味があったと言えそうです。五十瓊敷入彦命は「記紀」には垂仁天皇の子として挙げられますが、それは垂仁天皇の子世代だからです。本来はこの本流と言える「三王家」の天皇で、所謂開化天皇の次世代に当たる崇神天皇とは五十瓊敷入彦命でしょう。

開化天皇——崇神天皇
建稲種命——志理都彦命（五十瓊敷入彦命）——川上眞稚命

垂仁天皇――景行天皇

日子坐王の系譜

身を退いた天皇（退位）を暗示させる「ミシリツヒコ」（志理都彦命、五十瓊敷入彦命）は、侵入者の垂仁天皇こと天日槍命に追い出されます。その姿は瀬戸内海の案内人珍彦として「記紀」に臣下として記されます。垂仁天皇の皇居が纏向珠城宮で有ることから、ミシリツヒコは敗れて首都の大和国から撤退せざるを得なかったと推測されます。この「ミシリツヒコ」の親が開化天皇ですが、開化天皇の子には謎の皇子と言われる日《ひ》子坐王《こいますのみこ》（彦坐王）がいると言います。

『古事記』は速須佐之男命、大国主神《おおくにぬしのかみ》、大歳神《おおとしのかみ》、倭建命など重要人物の系譜を載せますが、その内の一人が日子坐王です。この日子坐王の系譜は「開化天皇記」に記されます。開化天皇は所謂「欠史《けっし》八代《はちだい》」の天皇に当たり、「記紀」はその事績を伝えませんが、何故かこの「開化天皇記」は日子坐王の系譜だけで埋め尽くされています。開化天皇の皇子という日子坐王ですが、系譜には子として狭穂彦王が記されます。先述ですが、この狭穂彦王のモデルは綏靖天皇世代に当たりました。要するに「開化天皇記」が載せる「日子坐王の系譜」とはこの王家の系譜を纏めて伝えているものとなり、日子坐王は個人名では無いのでしょう。

【日子坐王の系譜（イメージ図）】

綏靖天皇――安寧天皇――懿徳天皇――開化天皇――崇神天皇

日子坐王――狭穂彦王――○――○――開化天皇――**日子坐王**――狭穂彦王

日子坐王は『日本書紀』での表記は彦坐王とされますが、開化天皇の皇子であるにも関わらず「王」と記されるのは、このためと思われます。

日子坐王は世代間を移動しており、簡単に言えば個人名ではない訳ですが、この王の名前を分析するとより明確になります。

日子坐王は『古事記』によると若倭根子日子大毗々命（開化天皇）の皇子ですが、その天皇の名に内包される「日子」は文字通り解釈すれば日の子、つまりは太陽の御子となります。「日子」を名に持つ一族は、その名から太陽を崇拝していと推測できますが、一族の太陽神と言えば天照大神でしょう。

この「日子」にカナを振りますと、「ヒコ」、「ビコ」になります。「日子」を和風諡号に内包する天皇は、初代神武天皇の神倭伊波礼毘古命《かむやまといわれびこのみこと》の毘古（ビコ）から始まり、二代目の綏靖天皇の神沼河耳命《かんぬなかわみみのみこと》を除き十三代続き、応神天皇の品陀和氣命《ほむだわけのみこと》で途切れます。初代から十四代までの天皇家にとって大切な名称と思われる「日子」ですが、この名称を受け継いでいるのが日子坐王です。

日子坐王の名は、「日子」、「坐」、「王」の三つの言葉に分解できます。「日子」は先程の太陽の御子で天照大神の子孫とも言える称号でした。残る「坐」ですが、この「坐」の用例で参考になるのが、神社名に含まれる「坐」です。

他田坐天照御魂《おさだにますあまてるみたま》神社、村屋座彌冨都比賣《むらやにますみふつひめ》神社、和爾坐赤阪比古《わににますあかさかひこ》神社、鏡作坐天照御魂《かがみつくりますあまてるみたま》神社など神社名には「坐」を含む神社が多く見られます。この中で例えば和爾坐赤阪比古神社なら、地名「和爾」、動詞「坐」、人名（固有名詞）「赤阪比古」、普通名詞「神社」に四分割できます。「赤阪比古」が「和爾」に「坐」る「神社」です。

これを日子坐王に当てはめますと、「日子」、「坐」、「王」は三分割でしたので、一つ足りません。不足箇所は何処になるかと言えば「日子」は「和爾」の位置、「坐」は「坐」、「王」は称号で普通名詞ですから、「神社」の位置です。残るは「赤阪比古」ですが、これに該当する人名（固有名詞）がないことが分かります。

組み直すと、誰か分からないXが「日子」に「坐」る「王」となり、主語がない事に気づきます。つまり、日子坐王は「日子坐X王」と、日子王で有るが、その王が誰かは語っていません。Xには複数の王名を入れられますので、これは個人名ではないとなります。

それを暗示させるのが『海部氏勘注系図』です。系図はこの皇統と後裔一族の系譜を伝える物ですが、もし日子坐王が個人名、または特定の人物の称号等ならば、系譜本宗を表す中央線上に日子坐王は記されるでしょうが、そこには、王の名前は記されません。僅かに十一世孫に「一云彦坐王」、「亦云、彦坐王」と大田田命《おおたたのみこと》の箇所に記される程度です。異世代間で現れる日子坐王は要するに、複数の人物を仮託した名称となりそうです。

五十瓊敷入彦命と河上之摩須

個人名ではない日子坐王は、誰がモデルの一人になっているのでしょうか。『海部氏勘注系図』の本宗上に記される志理都彦命は五十瓊敷入彦命と同一人物で、天皇に即位していたと思われます。五十瓊敷入彦命が日子坐王だとの推測を可能にする資料が『新撰姓氏録』です。

五十瓊敷入彦命は狭山池《さやまいけ》（大阪府大阪狭山市岩室）を造ったと『古事記』に記されますが、狭山堤神社（大阪府大阪狭山市半田）の祭神でも有ります。その由来は五十瓊敷入彦命の狭山池造営にあったとします。この池の尻に居を構えた豪族が『新撰姓氏録』に伝わる池後臣《いけしりのおみ》ですが、一族は天彦麻須命《あめのひこますのみこと》の後裔だと言います（『大阪府全志』）。狭山池で円環を作ると五十瓊敷入彦命＝狭山池＝天彦麻須命となり、また天「ヒコマス」命に「イ」を着けると「ヒコイマス」王となります。どうやら二人は近い関係の様ですが、検討が荒いので詰めてみましょう。

天彦麻須命の名を分解すると天族（海族）の「天」、「彦」は先述の日子ですからそれを除くと麻須命です。この麻須命と大変よく似た名前を持つ人物が、丹波の河上之摩須です。河上之摩須は『古事記』に丹波道主命《たんばのみちぬしのみこと》（丹波比古多多須美知能宇斯王《たんばひこたたすみちのうしのみこ》）の妻の河上之摩須郎《かわかみのますのいら》女《つめ》の父だと記されます。麻須命と河上之摩須を比べると、河上が接頭しています。

五十瓊敷入彦命＝狭山池＝「河上」麻須命

五十瓊敷入彦命と「河上」麻須命が同人なら、五十瓊敷入彦命も「カワカミ」に纏わる人物となりそうです。『日本書紀』には命は茅渟《ちぬ》の菟砥《うと》の川上宮で剣一千口を作られたと有り、そこで政治を行っていたと思われます。また「一説では、五十瓊敷皇子が茅渟の菟砥の河上におられ」とあり川上＝河上だとも分かります。ここまでの検討で「河上」五十瓊敷入彦命と「河上」麻須命は同一人物であると言えそうですが、二人の勢力地、河内の五十瓊敷入彦命、丹波の河上之摩須を考慮すると、日本海、琵琶湖、淀川水系、大和を抑える正に大王と見ることが可能な範囲を統治していたとなるのではないでしょうか。

再三ですが、五十瓊敷入彦命と崇神天皇は重なる存在です。狭山池の記録は『古事記』では「垂仁天皇記」に記されますが、『日本書紀』では崇神紀六十二年に、河内の狭山の埴田（大阪狭山市半田と言われる）の水が少ないので池溝を掘ったと狭山池の建造を伝えます。これについては、皇子時代の事績が「崇神紀」に記されるのは矛盾がないことは先述の通りです。

さて『海部氏勘注系図』には志理都彦命の子として川上眞稚命が記されます。この命の名に川上が接頭するのは、その名を受け継ぐ者として自然な形と捉えられます。

志理都彦命（五十瓊敷入彦命＝河上之摩須）――川上眞稚命

丹波道主命と川上一族

国中に「瓊」、つまり国魂を敷き広めた暗示を名に含む正に大王と言える五十瓊敷入彦命について、もう少し考察して行きましょう。命が河上之摩須ならば、丹波道主命の妻の河上之摩須郎女の父となります。『海部氏勘注系図』には川上眞稚命は「一云、道主命」と命が丹波道主命だと明かしますので、川上眞稚命（丹波道主命）は、五十瓊敷入彦命の娘婿としての御子となります。日子坐王は丹波道主命の親ですから、五十瓊敷入彦命は岳父となります。先述ですが『海部氏勘注系図』は大田田命に「亦云、彦坐王」と記し川上眞稚命＝丹波道主命の父を明かしますので、こちらが二人目の日子坐王になります。また「古記云」として建《たけ》五十《い》賀《が》都命《つのみこと》、大田田命、彦《ひこ》田《た》田《た》隅命《すのみこと》（丹波道主命）と続くと記します。建五十賀都命は日本武尊こと建飯片隅命と同世代です。この世代には「一云」として大御氣主命《おおみけぬしのみこと》が記され、これは中臣《なかとみ》連の祖と言う伊賀津臣命《いかつおみのみこと》とその父の御食津臣命《みけつおみのみこと》と重なるのでしょう。話を戻しますと、丹波道主命こと川上眞稚命の別名は建稲種命と明かし、これは男系で権威が遷った時の暗示ですが、建稲種命（開化天皇）系統からのそれを示しています。

建飯片隅命（倭建命）　　　　（建稲種命）
建五十賀都命——大田田命（日子坐王）——丹波道主命（川上眞稚命）—丹波大矢田彦命
＝
建稲種命（開化天皇）—五十瓊敷入彦命——河上之摩須郎女

本宗（天皇）と並行している倭建命、日子坐王、丹波道主命と続く系譜は、和邇《わに》（丸迩）氏の系譜と重なります。和邇氏は孝昭天皇の皇子の天足彦国押人命《あまたらしひこくにおしひとのみこと》を祖とする一族で、命の子孫と伝わる日子国意祁都命《ひこくにおけつみこと》の妹の意祁都比売命《おけつひめのみこと》が開化天皇の妻になり、その子が日子坐王だと言います（『古事記』）。しかし、『古事記』は意祁都比売命の子の日子坐王が娶った妻の一人は母の妹の袁祁都比売命《をけつひめのみこと》だとも記しますので、日子坐王が特定人物だとおばと結婚したとなりますが、日子坐王は特定人物ではないので安心できそうです。『古事記』が姉妹だと伝える意祁都比売命と袁祁都比売命ですが駿河浅間大社宮司家所蔵という『和邇系図』では、日子国意祁都命の子の伊富都久命《いふつくのみこと》の分注に「妹意祁都依比賣は、日子坐王妃、山代之《やましろの》大《おお》筒木《つつき》真若王《まわかのみこ》等の母也」とあり、おばと姪の関係になると言います。

建甕槌命の一人と伝わる若津保命は伊冨利部《いふりべ》氏（伊福部氏）を祭る伊富利部神社で祭られることからも、和邇氏の伊富都久命はこの一族と思われます。また丹波道主命こと川上眞稚命の七代前は孝安《こうあん》天皇世代になりますが、『海部氏勘注系図』は、川上眞稚命世代の七代前が彦国押人命だと記すのは、和邇氏と婚姻の結果を伝えるものとも言えそうです。

【和邇氏との婚姻のイメージ図】

建飯片隅命（倭建命）　（建稲種命）

建五十賀都命——大田田命——丹波道主命——丹波大矢田彦命

（日子坐王）　（川上眞稚命）

＝

意祁都依比賣

天足彦国押人命—数代—日子国意祁都命—伊富都久命

※天津彦根命、天之御影神と続く五百木部氏

意祁都比売命

＝

孝安天皇――数代―開化天皇――日子坐王――河上之摩須郎女
（五十瓊敷入彦命）

丹波道主命（比古多々須美知能宇斯王）の母は天之《あめの》御影神《みかげのかみ》の娘の息長水依比売《おきながのみずよりひめ》だと『古事記』は記しますが、先ほどの検討では意祁都依比賣でした。二人が内包する「依」がこの謎の鍵となります。山代大筒木真若王の母は、『古事記』では袁祁都比売ですが、『和邇系図』では意祁都「依」比賣でした。『但馬故事記』によると日子坐王が娶ったのは、天之御影神の子の袁祁都比売で山代大筒木真若王の母だとも言います。天之御影神の子は息長水依比売と袁祁都比売で、山代大筒木真若王の母は袁祁都比売と意祁都「依」比賣です。つまりこれを繫ぐと一連の人物は同一人物となります。どうやら、この姫の御子と言う山代大筒木「真若」王とは、丹波道主命こと川上「眞稚」命のとなりそうです。

天之御影神――息長水「依」比売＝袁祁都比売（『但馬故事記』）＝意祁都「依」比賣（『和邇系図』）――山代大筒木真若王

かぐや姫と竹野姫

先ほどの系図は先述の時空を超える姫カグロヒメの系図と重なりますが、開化天皇の子孫には「黒」ではない迦具夜比売命《かぐやひめのみこと》がいると『古事記』は記します。かぐや姫までの系譜は、旦波の大県主、由碁理《ゆごり》の娘の竹野比売との間に比古由牟須美命、その子に大箇木垂根王《おおつつきたりねのみこ》があり、その娘が姫となります。

かぐや姫は竹の中から生まれますが、その父という大箇木垂根王の名の「箇木」とは筒になっている木です。「箇木」とは竹と捉えられますが、その子が竹の姫のかぐや姫であるのは矛盾しません。大箇木垂根王とよく似る名前の人物が、先ほどの意祁都依比賣の子と言う大筒木真若王ですが、こちらも「箇木」ですから、その子がかぐや姫であるとするのは自然です。この推定で二人を並べると、その親の比古由牟須美命と日子坐王が同一人物となりそうです。

倭建命（建飯片隅命）―若建命――ナカヒコ――カグロヒメ

建五十賀都命――日子坐王――大筒木真若王

開化天皇――比古由牟須美命――大箇木垂根王――迦具夜比売命

＝

由碁理――竹野姫命

実はこれは国史である『日本書紀』に「（丹波）道主王は彦坐王の子である。一説によれば、産湯産隅王の子であるという」とあり、二人は同一人物のようですが、そうなると系図で齟齬が出るのが、由碁理とその娘の竹野《たかの》姫《ひめ》命です。

『海部氏勘注系図』には丹波道主命こと川上眞稚命は由碁理の子とあり、また同世代に妹として載る竹野姫は川上之摩須郎女だと言います。因みに妹《いも》は「男が女を親しんでいう語。主として妻、恋人」の意で、古代では妻や恋人も表しました。要するに世代に差異が有るのが、またも時空を超える姫、竹の姫こと竹野姫命でありそうです。

倭建命（建飯片隅命）――若建命――ナカヒコ――カグロヒメ

建五十賀都命――日子坐王（比古由牟須美命）――大筒木真若王（大箇木垂根王）――迦具夜比売命

川上眞稚命（丹波道主命）

＝

建稲種命（開化天皇）――五十瓊敷入彦命（由碁理）―竹野姫命、川上之摩須郎女

もう少し、比古由牟須美王と、日子坐王の子の筒木の二人と丹波道主命を深掘りしましょう。『古事記』では比古由牟須美王の子として、大箇木垂根王、讃岐《さぬき》垂根王《たりねのみこ》の二人の王を挙げます。また日子坐王の子としては山代大箇木真若王を挙げます。

開化天皇――産湯産隅王――大箇木垂根王
開化天皇――日子坐王――山代大箇木真若王

垂仁天皇の皇后の狭穂姫と、その兄という狭穂彦王が垂仁天皇に対して反乱を起こした物語が描かれますが、敗れた狭穂姫は亡くなり、自らの後継の皇后として『日本書紀』では丹波道主命の娘の五人の姫を推薦します。『古事記』の同様の場面では兄比売と弟比売の二人を推薦しており、『古事記』では丹波道主命の娘は四人となっています。『古事記』は大箇木垂根王と讃岐垂根王の子を、この二人の王の娘は五人と、娘の名も記さずにただ姫の人数だけを語りますが、どうやらこれは五人と言う数字が一致する大箇木垂根王と丹波道主命は同一人物だと言う暗示の様です。要するに丹波道主命は大和国より北へ進出しますが、その隣接地は「箇木」の王の名前に接頭する、山代（山城）国です。

日子坐王――――川上眞稚命、大筒木真若王、大箇木垂根王――**迦具夜比売命**

（比古由牟須美命）　（丹波道主命）　（カグヤヒメ）
　　　　　　　　　　　＝
五十瓊敷入彦命（由碁理）―竹野姫命、川上之摩須郎女

一連の検討を纏めると、丹波道主命こと川上眞稚命は迦具夜比売命の父で、山代国の筒木に地盤が有るとなります。迦具夜比売命は二つの系譜を統合した先にいる姫であることを頭に入れておいて下さい。また姫の父は大筒木垂根王で、姫のおじは讃岐垂根王です。御伽噺のかぐや姫を育てた竹取の翁の名は讃岐の造ですので、物語はこの系譜を仮託して伝えた物でしょう。

「三王家の王朝」の後継者、丹波道主命（川上眞稚命）が天皇位を継承していると思われますが、何故に五十瓊敷入彦命の直系の男子が相続を出来ずに、丹波道主命（川上眞稚命）が、この系統からの竹野姫命こと川上之摩須郎女を嫁取りをして本宗を継いだのでしょうか。どうやら秘密はタニハの覇者になったと言う丹波道主命の事績に有りそうです。

振り返りですが、志理都彦命（五十瓊敷入彦命＝河上之摩須）は垂仁天皇の侵入により珍彦として西に援軍を求める姿で描かれていました（実際は臣従と思われます）。この同じ世代で大和国から北の山城、丹波国に向かったのが、その名の通り丹波道主命です。この命が何故北へ向かったかを追って行きましょう。

第三章　分裂と争乱の四世紀　垂仁天皇と日子坐王の一族

八咫烏と賀茂（可茂）神社

丹波道主命《たんばのみちぬしのみこと》こと川上眞稚命《かわかみまわかのみこと》は山代国の箇木と、それに繋がる淀川水系が一族の勢力地と思われます。また、その名からも命は最終的には丹波へと進みますが、これは五十瓊敷入彦命の勢力地と重なります。

山代国の箇木は継体《けいたい》天皇が宮を置いたという京都府京田辺市の筒城宮跡伝承地（多々羅都谷）の辺りでしょう。この筒城宮について、京都府向日市に鎮座する向日《むこう》神社（向日町北山）の縁起を記した『向日《むこう》二《に》所《しょ》社御《ご》鎮座《ちんざ》記《き》』に注目すべき記事が有ります。そこには纒向珠城宮《まきむくたまきのみや》で天下を治めた天皇の時代に、筒城行宮《つつきのかりみや》から向日神社に巡幸したと載せます。「記紀」に垂《すい》仁《にん》天皇が山城国に宮を置いた記録は有りませんが、つまりこれが伝えるところとは、「纒向珠城宮で天下を治めた天皇の時代」に、いわゆる垂仁天皇ではない天皇がこの地を訪れた巡幸記録と言うことでしょう。

「天日槍命《あめのひぼこのみこと》の王朝」に大和国を占領された「三王家の王朝」は北へ向かっていますが、それは本貫地タニハへの帰還であり、その中継地が山城国です。

志理都彦命の名から、この代で大和国から退いていることを暗示する「三王家の王朝」ですが、元を辿れば「物部《もののべ》系王朝」の熊野からの大和入りを導いたのは八咫烏《やたがらす》の一族でした。この一族は「三王家の王朝」が大和国から退く際も、守るように行動を共にしています。

この八咫烏は『新撰姓氏録』にその出自が記されます。「山城国神別、賀茂県主、神魂命孫武津之身命之後也」と有り、賀茂県主の祖は武津《たけつ》之《の》身命《みのみこと》といいますが、同じく武津之身命を祖とする「山城国神別、鴨県主、賀茂県主」の条では、神武天皇が道に迷っていた時に案内した功績があり命が天八咫烏の称号を最初に名乗ったと記されています。この八咫烏こと武津之身命を祭る神社が、京都府京都市の山城国一宮の通称下鴨神社として知られる賀茂御《かもみ》祖《おや》神社です。賀茂御祖神社での表記では、賀茂《かも》建角身命《たけつのみのみこと》となっています。『山城国風土記逸文』には賀茂御祖神社が山城国に鎮座するまでの由緒が記されていますので、現在の地名に直してご紹介します。

可茂の社は最初に大和国の葛木山の峯に宿ります。次に葛城山の峯から次第に居所を遷したとあり、まずは山代国の岡田の賀茂へ、さらに山代河沿いに川を下って桂川と鴨川との合流地に到着します。その後に鴨川を遡り、久我国《くがのくに》の北山の麓に鎮座されたのが賀茂御祖神社だと伝えます。

八咫烏と号する賀茂（可茂）神の社は、最初に葛木山の峯に宿ったといい、現在の奈良県御所市に鎮座する高鴨神社（鴨神）が比定されます。高鴨神社は金剛山東山麓に鎮座しますが、金剛山はかつて高間山、高天《たかま》山《やま》や葛城嶺《かづらきのみね》と言われていました。神社由緒によるとカモ族の神社は賀茂、鴨などの京都を含め全国の賀茂神社の総社と言います。また御所市には高鴨神社、葛木御《かつらぎみ》歳《とし》神社、鴨都《かもつ》波《ば》神社と鴨神社が三社有り、標高の高い南の高鴨神社から、それぞれ北の平野部に鎮座して行ったとも伝えます。

その後、風土記では葛木山の峯から北上し山城国岡田の賀茂へと遷ったと記しますが、京都府木津川市には岡田《おかだ》鴨《かも》神社（加茂町）がありそれに比定されます。次は「山代河沿いに川を下り」となりますが、山代河は岡田鴨神社の側を流れる川で、現在の木津川が比定されますので、木津川を下って西に向かったことになります。次の桂川と鴨川との合流地は、保津峡から流れて淀川に合流するまでが桂川で、木津川と桂川との合流地点から桂川を少し遡ると鴨川との合流地点が有ります。そこから鴨川を遡ると賀茂御祖神社の鎮座地となります。

金剛山↓御所市の平野部↓京都府木津川市加茂町↓木津川を淀川の合流地まで下る↓桂川を遡る↓桂川と鴨川の合流地に至る↓鴨川を遡る↓賀茂御祖神社

向日神社と賀茂別雷神

『山城国風土記逸文』は山城の賀茂神社について興味深い伝説を伝えます。八咫烏こと賀茂建角身命の娘の玉依日売《たまよりひめ》が鴨川で川遊びしていると、赤い矢が川上から流れて来ました。姫は不思議に思いながらも家に持ち帰って寝床に挿し置くと、玉依日売は身ごもり男子を生んだと言います。

男の子が成長し大人になった後に、祖父の建角身命は多くの扉がある広い建物をつくり、そこに神々を集めます。建角身命は神祭りのために、酒を醸造して昼夜七日間に渡りお祭りを行いました。お祭りの中で建角身命は孫に「お前の父と思う人に此の酒を飲ませなさい」と語りかけると、孫は酒坏を捧げて天に向いて奉ろうとし、そのまま屋根の瓦を突き破って天に昇って行ったと言います。

風土記は孫の名前は可茂別雷命《かもわけいかづちのみこと》と、玉依日売と赤い矢の子の名を明かします。また、その名は祖父である建角身命の名に因っていると続け、赤い矢は乙訓《おとくに》郡の社に鎮座する火雷命《ほのいかづちのみこと》であったと、可茂別雷命の父名を語ります。この話は倭迹々日百襲姫命《やまとととひももそひめのみこと》と三輪山の神の婚姻伝説とよく似た丹塗り矢伝説です。

話を纏めますと建角身命の娘が玉依日売で、赤い矢は玉依日売の夫でした。夫となった赤い矢は乙訓郡の社に鎮座する火雷命で、二人の子である可茂別雷命は賀茂御祖神社の側を流れる鴨川の上流の通称上賀茂神社と呼ばれる賀茂別雷《かもわけいかづち》神社（京都市北区上賀茂本山）の祭神です。賀茂別雷神社では賀茂別雷大神《かもわけいかづちのおおかみ》として祭られています。

赤い矢に喩えられた賀茂別雷神大神の父、火雷命は、乙訓郡の社に鎮座する神だと風土記は伝えます。旧乙訓郡は今の向日市、長岡京市、京都市の一部になりますが、この火雷命を祭神とする神社が向日神社です。その由緒によると向日神社は元々は向日山に鎮座しており、それぞれ上ノ社、下ノ社と呼ばれていましたが、上ノ社が向神社、下ノ社が火雷神社です。

上ノ社では大歳神《おおとしのかみ》の御子の御歳神《みとしのかみ》を祭神とします。鎮座地の向日山は御歳神が登られた時に、この山を名付けたと伝わり、その縁起により御歳神を向日神として祭ることになったと言います。また御歳神はこの地で、長年に渡り御田作りを奨励されたと伝わります。下ノ社の火雷神社は、神武天皇が大和国橿原より山城国に遷り住まれた時に神々の土地の故事により、向日山麓に社を建てて火雷大神《ほのいかづちのおおかみ》を祭られたのが創立の由来と言います。

養老二年（七一八）に社殿を改築して新殿を遷座した際に、火雷大神の妃神である玉依姫命と、創立の縁《えにし》により神武天皇が併祭され、建治元年（一二七五）に下ノ社が荒廃したため社を上ノ社に併祭し、それ以降は四柱を向日神社の神として祭っているといいます。

長いので纏めます。御歳神がまず向日山と名付け、そこに鎮座したのが上ノ社の向神社。その後に神武天皇が大和国橿原より山城国に遷り住まれて、この土地の故事により、向日山麓に社を建て火雷大神を祭ったのが下ノ社の火雷神社となります。「記紀」には神武天皇が大和国から山城国に遷った由来は記されませんが、向日神社の縁起では現在の向日市の乙訓郡向日の地に住んだことになります。大和国橿原で即位した神武天皇は八咫烏こと武津之身命が大和国に引き入れ案内した天皇ですが、恐らくは神武天皇が山城国に遷ったとは、この子孫を指していると思われます。

神武天皇の子孫と賀茂別雷大神

向日神社は御歳神が上ノ社を開き向神社と名付けられ、下ノ社は神武天皇が大和国橿原より山城国に遷り住まれた時に、この土地の故事により火雷神社が祭られたのでした。この土地の故事とは、『山城国風土記逸文』の丹塗り矢伝説でしょう。

風土記で赤い矢に喩えられた火雷命は、賀茂別雷大神の父であり乙訓郡の社に鎮座する神だと伝えますので向日神社の下ノ社の火雷神社です。この丹塗り矢伝説とそっくりな伝説が三輪山の神の婚姻伝説で、神武天皇の皇后の媛蹈鞴五十鈴媛命《ひめたたらいすずひめのみこと》の誕生譚になります。媛蹈鞴五十鈴媛命は『古事記』では富登多多良伊須須岐比売命《ほとたたらいすすきひめのみこと》で、別名は比売多多良伊須気余理《ひめたたらいすきより》比売《ひめ》です。

『古事記』によると三島の湟咋《みぞくい》の美しい乙女、勢夜陀多良比売《せやだたらひめ》に三輪山の神の大物主神が見惚れたと物語は始まり、神は朱塗りの矢に姿を変えてその美しい乙女が大便をする時に溝の上流から流れ下って乙女の陰部を突いたといいます。当然、乙女はびっくりして、そして立ち上がり、走り、慌てふためきましたが、その矢を持って行き床の傍に置くと、その矢はにわかに立派な若い男に変身し乙女と結婚したと伝え、二人の間に生まれた子が神武天皇の皇后であるといいます。

　神武天皇と三輪山の神の化身「丹塗り矢」の子である皇后との間に生まれたのが、その後の天皇ですから、火雷神が「丹塗り矢」の化身であるならば、神武天皇の子孫となります。

【古事記】

三島湟咋――勢夜陀多良比売――富登多多良伊須須岐比売命――**神武天皇の子孫**

　　　　　＝　　　　　　　　＝

　　　大物主神（丹塗り矢）　神武天皇

【山城国風土記逸文】

建角身命――玉依日売――可茂別雷命

　　　　　　＝

　　火雷神（**「丹塗り矢」を受け継ぐ神武天皇の子孫**）

「丹塗り矢」は三輪山の神である大物主神が起源で、「丹塗り矢」伝承とは、その子孫であることを伝えるお話でしょう。火雷神が「赤い矢」で表されているのは「丹塗り矢」大物主神の子と、それを娶った神武天皇の裔だと示していると思われます。

火雷神の子の賀茂別雷大神を祭る賀茂別雷神社のお札には、「賀茂皇大神」と天皇と関わり合いが深くなければ畏れ多い「皇」が入っていますが、これは賀茂別雷大神は皇統だと伝えている証左と言えるのではないでしょうか。

賀茂別雷大神の父の山城国に遷り住んだと言う、神武天皇の子孫は誰に該当するのでしょうか。振り返りですが『向日二所社御鎮座記』には、纒向珠城宮で天下を治めた天皇の時代に筒城行宮から向日神社に巡幸したと有りました。纒向珠城宮とは垂仁天皇世代です。「記紀」に垂仁天皇が山城国に宮を置いた記録がないと言うことは、いわゆる垂仁天皇ではない天皇がこの地を訪れた巡幸記録のようでした。またこの「天日槍命の王朝」の垂仁天皇世代は、「三王家の王朝」の開化《かいか》天皇世代でした。

建稲種命（開化天皇）——志理都彦命（五十瓊敷入彦命）——川上眞稚命
垂仁天皇————————景行天皇

『向日二所社御鎮座記』の巡幸記録が正しければ建稲種命《たけいなだねのみこと》こと開化天皇の記録と言えそうです。これを証明する資料が『海部《あまべ》氏《し》勘注系図《かんちゅうけいず》』です。開化天皇が巡幸し、それが『山城国風土記逸文』が伝える、「丹塗り矢」を受け継ぐ神武天皇の子孫であるとすると、その子の志理都彦命が賀茂別雷大神でありそうです。『海部氏勘注系図』は志理都彦命の亦名は迦毛別雷神と明かします。父世代の建稲種命（開化天皇）の妹又は配偶者の位置には宮簀姫命《みやすひめのみこと》が置かれますが、ここには一云玉依姫と火雷神の妻の名が記され、風土記と一致しますので伝説はこれらの人物の投影でしょう。

建稲種命（開化天皇）——志理都彦命（亦名、迦毛別雷神）
宮簀姫命（一云玉依姫）

向日市の火雷神社は式内社の乙訓坐火雷神社《おとくににいますほのいかづちのかみのやしろ》ですがこれには、もう一社論社が有ります。平安時代に記された『延喜《えんぎ》式《しき》』の九、十巻である「神名帳《じんみょうちょう》」に記された神社のことを式内社と言いますが、平安時代からその後現代までの間に戦火や川に流されるなど、元の鎮座地から遷座している場合が多く有り、そのために現在までに残った複数の候補のうちでどの社が『延喜式』編纂当時の元宮かが不明になっている場合が多く、確定ができない場合はそれぞれが論社となります。

乙訓坐火雷神社の論社は角宮《すみのみや》神社（京都府長岡京市井ノ内南内畑）です。祭神は火雷神、玉依姫命、建角身命、活目《いくめ》入彦《いりびこ》五十《い》狭《さ》茅尊《ちのみこと》の四柱です。『角宮神社略誌』によれば社伝として「延暦四年二月一三日、桓武天皇勅して、玉依姫命、建角身命、活目入彦五十狭茅尊の三神を火雷神と共に鎮め給わった」と、火雷神が最初に祭られていた地に桓武天皇の時代になって玉依姫命、建角身命、活目入彦五十狭茅尊の三神が合わさったと伝わります。

本来は火雷神こと開化天皇を祭る所が、纒向珠城宮で天下を治めた天皇の時代に行幸があった故に活目入彦五十狭茅尊故を祭っているのかもしれません。延暦四年は七八五年に当たりますが、この時には『日本書紀』は完成しており、同時代に天皇は一人しかいてはならない概念になっていますから同時代に天皇が複数いた場合は、この時代であれば活目入彦五十狭茅尊一人に収斂しなければならなかったと推測できます。

山背大国不遅の娘、綺戸辺

振り返りですが、「記紀」が伝える開化天皇から雄略《ゆうりやく》天皇までの世代は十世代ですが、稲荷山古墳から出土した稲荷《いなり》山古墳《やまこふん》出土金錯銘鉄剣《しゅつどきんさくめいてっけん》の系譜は八代でした。この不足分の二代は、『上宮記逸文《じょうぐうきいつぶん》』と照らし合わせると、開化天皇と垂仁天皇が世代で重なることが原因でした。

倭建命	―息長田別王	―杙俣長日子王	―息長真若中比売						
建稲種命	―志理都彦命	―川上眞稚命	―迦具夜比売命						
伊久牟尼利比古大王	―伊波都久和希	―伊波智和希	―伊波己里和氣	―麻和加介	―阿加波智君	―乎波智君	―布利比彌命		
オホヒコ	タカリスクネ	テヨカリワケ	タカヒシワケ	タサキワケ	ハテヒ	カサヒヨ	ヲワケ		
開化天皇	崇神天皇	垂仁天皇	景行天皇	成務天皇	仲哀天皇	応神天皇	仁徳天皇	履中天皇	雄略天皇
垂仁天皇	景行天皇	成務天皇	仲哀天皇	応神天皇	仁徳天皇	履中天皇	雄略天皇		

『上宮記逸文』は活目入彦五十狭茅尊（伊久牟尼利比古大王《いくむにりひこのおおきみ》）の子として磐衝別命《いわつくわけのみこと》（『古事記』石衝別王、『上宮記逸文』伊波都久和希）を伝えます。この命は『日本書紀』に三尾君の始祖、『古事記』に羽咋君、三尾君の祖と有りますが、三尾は現在の滋賀県高島市に、羽咋は能登国羽咋郡（石川県羽咋市）に当たり後裔氏族は近江から北陸へ勢力を伸ばした一族となります。つまり垂仁天皇（活目入彦五十狭茅尊）の一族は次の世代で、大和国から近江へと北上していると見えます。同世代の景行《けいこう》天皇もこれに倣いますが、後述します。

磐衝別命の同母妹の石衝毘売命《いわつくひめ》はまたの名を、布多遅能伊理毘売命《ふたじいりひめのみこと》（両道入姫皇女）といい、二人の母と垂仁天皇のエピソードが『日本書紀』に記されます。

物語は垂仁天皇三十四年の春に天皇が山背に行幸されたことから始まります。側近から山《やま》背大国不遅《しろのおおくにのふち》の娘の綺戸辺《かにはたとべ》は美人で評判らしいと聞いた天皇は彼女を迎えに行くことにしましたが、その途中で瑞兆が現われるのを期待しました。すると行宮に至る途中で河の中から大亀が出て来たのです。天皇が矛を挙げて亀を刺すとたちまち石になってしまったといいます。その後に綺戸辺は後宮に入ったと話を閉じます。

ここで押さえるべき点は、大「亀」と「綺戸辺」です。要約するとこの話は、垂仁天皇が山城国で嫁取り（征服）していることの比喩でしょうが、「亀」で表される人物と言えば直ぐに思いつくのが、「亀」に乗って神武天皇を案内した珍彦《うづひこ》でしょう。また、この一族は「亀」に乗る浦島太郎を伝承に持つなど「亀」が暗示となります。

もう一方の「綺戸辺」はその名に内包される「カニ」が鍵となります。先述の丹波道主命こと大筒木真若王の子は迦邇米雷王《かにめいかずちのみこ》といい、名前の中に「カニ」を持ちます。王は山城国の朱智《しゅち》神社（京都府京田辺市天王高ケ峯）の祭神です。朱智神社は延喜式に綴喜郡鎮座と記される式内小社で、父の大筒木真若王の名前にも含まれている「筒城」にある筒城宮の背後の山上に鎮座します。また、この地は木津川に睨みを利かせられる絶好の要衝です。

綺戸辺や迦邇米雷王の「カニ」を考える上で参考になるのが、尾張《おわり》国の式内社の和爾良《かにら》神社です。愛知県には幾つかの和爾良神社がありますが、和爾良《わにら》と書いて「カニラ」と読みます。この和爾良神社はワニ氏一族を祭神としています。要するに綺戸辺や迦邇米雷王の「カニ」とは和邇（わに）氏の「ワニ」だと言うことです。

日子坐王――大筒木真若王（丹波道主命、川上眞稚命）――迦邇米雷王

乙訓と竹野姫とかぐや姫

「亀」の一族であり和邇氏である相手と戦った垂仁天皇ですが、先ほど検討した、この時代の「三王家の王朝」の天皇は、筒城行宮から向日神社に巡幸していました。これらを鑑みると、この王朝と「天日槍命の王朝」が戦って嫁を取る、つまり垂仁天皇側が勝利した記録を仮託した物語のようです。先程の垂仁天皇が矛を挙げて亀を刺し、それが瑞兆となる話は、戦勝と、その後に嫁取りをした比喩でしょう。

綺戸辺の父と言う山背大国不遅の「淵」を考える手掛かりは、垂仁天皇の妻となったと言う丹波の四女王の一人の円野比売命《まとのひめのみこと》を述べた場面に有ります（『古事記』）。円野比売命は容姿がとても醜いという理由で故郷の家もとに送り返されますが、姫はそれに恥じて山城国の相楽《さがら》まで来た時に木の枝に首を吊って死のうとします。その後、乙訓《おとくに》に着いた時に、とても

けわしい淵に落ちて死んだといいます。また、後の乙訓はその由来で、堕国と名付けられ、後の弟国となったと『古事記』は語ります。

記事から「山城国の淵」とは乙訓のとてもけわしい淵と読み取れますが、綺戸辺の父の山背大国不遅とはその地の有力者でしょう。自身は「亀」で表され、娘の名から氏族は「和邇氏」と分かります。「亀」と「和邇氏」の天皇が、筒城行宮から乙訓の向日神社に行幸していますので、これが該当するのではないでしょうか。

【垂仁天皇の嫁取りイメージ】

垂仁天皇――磐衡別命
＝
建稲種命（開化天皇）――綺戸辺

磐衡別命の母は綺戸辺（弟苅羽田刀弁）は、和邇氏の女子という意味で個人名ではないでしょうが、『先代旧事本紀《せんだいくじほんぎ》』「天皇本紀」では命の母の名を真砥野媛《まとのひめ》と伝えます。この真砥野媛を、『日本書紀』は狭穂姫《さほひめ》が亡くなる際に自らの後継にと推薦した丹波道主王《たんばのみちぬしのおおきみ》の五人の娘の一人だと述べますが、真砥野媛こと綺戸辺は丹波道主命より前の世代の人物と推定されます。

先ほどの『古事記』の円野比売命「マトノヒメ」は醜い容姿を恥じて結局は乙訓で亡くなり、その地は堕国、弟国（乙訓）となったと地名譚に繋げられていましたが、これと類似する文章が『日本書紀』には有ります。垂仁天皇が娶ったという丹波の五人の姫の中には、あのかぐや姫こと竹の姫と同じ名前の竹野《たかの》姫《ひめ》がおり、それが該当します。『日本書紀』は五人の中で日葉酢媛命《ひばすひめのみこと》を皇后として立て、三人を妃とされたと記します。残りの竹野媛は容姿が醜いので本国に返されたと「マトノヒメ」と同様の流れで語ります。続いて竹野媛はそれを恥じて葛野《かずの》で、みずから輿より落ちて死なれた、また弟国（山城国乙訓郡）はこの姫が落ちた故事の堕国が訛ったとも記します。二人の姫、「マトノヒメ」と竹野媛には、自身が堕ちた故に堕国であり、その後に弟国（乙訓）になったという共通点が有ります。思い返せば竹野姫は竹の姫で、要するにかぐや姫です。この姫は時空（世代）を超えるのが常ですので、「マトノヒメ」と竹野姫はこの世代ではなく丹波道主命の子ではないと伝えているのでしょう。もしくは丹波道主命とはもっと大きく捉えられるとも言えるのでしょう。

両道入姫皇女と稲依別王

垂仁天皇は綺戸辺こと真砥野媛を娶りましたが、その子が磐衝別命と石衝毗売命（布多遅能伊理毗売命）です。この姫を『日本書紀』の表記に倣うと、両道入姫皇女となります。この両の道に入った姫とは意訳すれば二つの道に入る、つまりは「二王家」の統合の結び目の姫と捉えられそうです。ここでのポイントは、二王家間を繋いでいる姫が「フタジイリヒメ」ということです。この固有名詞ではないと思われる「フタジイリヒメ」は、その様に推定すると系譜の謎の糸が解されて行きます。

「記紀」によると姫の夫は日本武尊《やまとたけるのみこと》で、二人の御子は『古事記』では帯中津日子命《たらしなかつひこのみこと》（仲哀天皇）の一柱。『日本書紀』では稲依別王《いなよりわけのみこ》と、次に足仲彦天皇《たらしなかつひこのすめらみこと》（仲哀天皇）となります。「フタジイリヒメ」が同一人物だとすると、御子の数に矛盾が生じます。『日本書紀』が同じ姫から生まれたと記す稲依別王は、『古事記』ではよく似た名前の布多遅比売《ふたじひめ》が生んだ子と言います。

『古事記』
布多遅能伊理毗売　帯中津日子命　一柱。
布多遅比売　稲依別王　一柱。

『日本書紀』
両道入姫皇女　稲依別王と次に足仲彦天皇。

並べてみれば一目瞭然で、「フタジイリヒメ」は固有名詞ではなく、別々の姫が稲依別王と帯中津日子命を生んでいるとなりそうです。

布多遅比売が生んだという稲依別王は倭建命《やまとたけるのみこと》の妻でしたが、これは武甕槌命《たけみかづちのみこと》こと倭建命の系列が該当しそうです。ここで系列と述べたのには訳があります。『海部氏勘注系図』には二箇所に稲依別王が記されますが、一つ目が志理都彦命世代です。

建稲種命――志理都彦命
倭建命――日子坐王――大筒木真若王――迦邇米雷王
垂仁天皇――石衝毘売命――稲依別王

系譜を並べると分かりますが、稲依別王は石衝毘売命の子ですので、志理都彦命世代とは一代合いません。志理都彦命世代には倭宿禰《やまとのすくね》が記されますが、系図には倭宿禰の亦の名は倭建命だと伝えます（丹波国海部直力の左側）。つまり、武甕槌命と倭宿禰が二代、倭建命（日本将軍）と呼ぶべき存在だと系図は語ります。纏めると次の様な形になると思います。

倭建命――日子坐王（**倭建命**）――丹波道主命（大筒木真若王）――迦邇米雷王
＝
垂仁天皇――**石衝毗売命**――稲依別王

「両」方の「道」に入ったとは垂仁天皇と倭建命こと日子坐王《ひこいますのみこ》の二つの系統と言えそうです。また二つの道で融合した「天日槍命の王朝」と丹波道主命の二つの勢力は連合（もしくは傘下入り）したと考えられそうです。

話が混み合いますが『古事記』では布多遅比売は意富多牟和気《おおおたむわけ》の子とあります。一般的に意富多牟和気は『先代旧事本紀』「国造本紀」で淡海国造《おうみのくにのみやつこ》と載る、彦坐王の三世孫の大陀牟夜別《おおたむやわけ》と同一人物だといいます。淡海国造は琵琶湖東岸を支配した一族で、その地には建部《たてべ》神社が鎮座します。神社由緒では日本武尊東征の帰路に「近江国造の祖意布多牟和気の女、布多遅能伊理比売を娶り稲依別王生まれ」とあり、それに従えば世代は数世代下がります。稲依別王も一つの人物の投影かというと疑いたくなりますが、いずれにしても二つの勢力の結合点に当たる姫が「フタジイリヒメ」のようです。

日子坐王――○――○――意富多牟和気――布多遅比売
＝

景行天皇――――日本武尊――稲依別王（犬上君、建部君等祖）

日子坐王と玖賀耳御笠

日本将軍こと倭建命の投影の一人と思われる日子坐王の事績は、『古事記』「崇神記《すじん》」に王を丹波国に派遣し玖賀耳御笠《くがみみのみかさ》を殺させたと載ります。そして討たれた玖賀耳御笠には「記紀」としては珍しく敬意を払い、「これは人の名である」とわざわざ追記します。

日子坐王は丹波に遠征しますが、『日本書紀』では四道将軍が丹波に派遣されており、日子坐王の子の丹波道主命の事績として記されます。各文献に記載されている内容を比較すると『古事記』の日子坐王の丹波派遣が正しいようです。

日子坐王に殺された玖賀耳御笠は陸耳御笠《くがみみのみかさ》の名で『丹波国風土記残欠』や『但馬故事記』に記されます。また山城国乙訓郡近辺には、久我国があったと思われるのも留意が必要です。

陸耳御笠は風土記では丹後と若狭境にある青葉山にこもる土蜘《つちぐも》として記されます。この「土蜘」は他の歴史書にも現れますが、勝者からして賊に当たる名称として使われる蔑称です。この賊と言う陸耳御笠が日子坐王に攻められて転戦する姿が風土記に描かれ、それによると戦線は青葉山から大江山へ、その後に北上し海岸の由良《ゆら》港（宮津市由良）へと到達します。

陸耳御笠はまずは丹後と若狭の境にある、青葉山（京都府舞鶴市／福井県大飯郡高浜町）で迎え撃っているようですが、そこから敗れて西の大江山へ向かい、そこでも敗戦を喫し北へ逃れています。青葉山で日子坐王軍を迎え撃って西に逃れていますから、日子坐王軍は東からタニハへ入って来ているようです。また、『但馬故事記』を開くと、但馬国でも両者が戦いを繰り広げる様子が描かれています。これら転戦の範囲からも、玖賀耳御笠が丹波、但馬国と広域に勢力を保って居るのが分かりますので、御笠がただの賊ではないのは容易に判断出来ます。

　玖賀耳御笠の名ですが賊でありながら御笠と敬意を持った称号を付与されます。この「御」付きで記された「笠」ですが、玖賀耳御笠が本拠地を置いた、丹波では「笠」の名を帯びる神が大切に祭られています。「笠」神は『海部氏勘注系図』にも載り、始祖彦火明《ひこほあかりの》命《みこと》から数えて四世孫に笠水彦命《うけみつひこのみこと》、五世孫には笠津彦命《うけつひこのみこと》の二神に「笠」が接頭します。『丹波国風土記残欠』にも笠水彦命、笠水姫命《うけみつひめのみこと》は海部直《あまべのあたい》が斎祭《いつきまつ》る神とあり、神は今でも笠水神社（京都府舞鶴市公文名）に鎮座し祭られています。

「笠」を「ウケ」と読ませますが、生命の根源で有る水を受ける道具として「笠」が崇拝されたが故に、それが神聖視されたと思われます。この「笠」が接頭する笠水彦命、笠水姫命は水を司る神です。始祖彦火明命は火の神なのはその名から分かりますが、両者は水と火の、農業に必須な要素の属性を持っていると言えるでしょう。水は生命の根源でも有りますが、それほど重要な概念と繋がる「笠」を玖賀耳御笠は、その名に帯びているとなります。

玖賀耳御笠は「笠」を名に持ち、また「御」を着けるべき対象として相応しい、丹波、但馬、恐らくは山城国も含めた大首長となるはずですが、『古事記』等の文献では、討たれる「賊」として描かれます。賊であるはずの玖賀耳御笠は「御」の形容詞付きで語られていますから、要するにこれは本来は賊ではなかったのでしょう。

陸耳御笠が日子坐王に降伏しようとしますが許されず討伐される場面で、『海部氏勘注系図』にも登場する日本得玉命《やまとえたまのみこと》の名が記されます。日本得玉命は『海部氏勘注系図』に、先程の四世孫、笠水彦命の後の世代の八世孫として記されますが、日子坐王や丹波道主命は十三、十四世孫に当りますので、八世孫の日本得玉命とは異なる人物となります。日本得魂命は大和の国魂を得ている大和大国魂神と捉えられ、これは言い換えれば、日本国王の称号と捉えられます。転戦しているのは日子坐王ですので、王が天皇としてやって来ていると、受け止められるのではないでしょうか。

丹波道主命のタニハ征服

『丹波国風土記残欠』や『但馬故事記』からは、玖賀耳御笠は丹後国、但馬国と広域で日子坐王軍と交戦しており、また山城国に有ったと思われる久我国は一説には丹波国桑田郡をも勢力下に入れていると言います。これらを考慮すると、玖賀耳御笠はそもそも丹波大県主（丹波王）ではと思われますが、その称号を『古事記』で与えられた由碁理《ゆごり》は川上眞稚命の父でした。川上眞稚命は丹波道主命ですので、結局は同族が内部分裂を起こしてタニハを征服している姿を描いたのが、日子坐王とその子、丹波道主命が行った征服譚なのでしょう。また広域に転戦している玖賀耳御笠が一つの人格を反映したものなのかは後ほど検討します。

丹後国と但馬国の境に位置する熊野郡には式内社の神谷《かみたに》神社が鎮座し、通称を神谷太刀宮《かみたにたちのみや》と称しますが、全国で唯一丹波道主命を主祭神とする社だと言います。御神体は丹波道主命の佩刀の国見《くにみ》の剣《つるぎ》で、国見とは征服の比喩ですが、太刀宮南方に所在する村岳《むらおか》神社（京都府京丹後市久美浜町奥馬地）には興味深い伝承が残っています。

古書によると村岳神は太刀宮の臣下で社地撰定を命じられましたが、良地があることを隠して報告したところ、後に露見します。太刀宮は憤り剣を抜いて村岳神を追い、村岳神は逃れて大石の影に隠れますが、太刀宮は誤って大石を切ったといいます。その後に村岳神は講和を願って大根を下物として和睦の宴を開き、それ以後は神谷太刀宮の例祭に大根を奉納する習わしになったと伝わります。

伝承は丹波道主命がこの地に入った様子を伝えていますが、神谷神社のもう一方の主祭神の八千矛神《やちほこのかみ》は大国主命です。神社境内奥には荘厳な磐座が有り、こちらが本来の御神体だと思われますが、一連の経緯を追うと丹波道主命は国見（征服）をしたが故に、現在こちらで主祭神として祭られているとみるのが、推論として正しいのではないでしょうか。後述しますが、この近辺の支配者を時系列で記すと、吉備津彦命《きびつひこのみこと》（大国主命）、武甕槌命、丹波道主命となります。

やや話は複雑ですが、日子坐王の子には伊理泥王《いりねのみこ》がいます。伊理泥王は大筒木真若王の同母兄弟といい、娘の「丹波《たんばの》」阿治佐波毗売《あじさわひめ》は大筒木真若王の嫁となったと『古事記』には異世代婚として書かれます。国史が異世代婚を記す時は相変わらずですが、その蓋然性は低いです。

『但馬故事記』には日子坐王と共に転戦をする伊理泥王の姿が度々描かれます。遠征先の地の但馬国には赤渕《あかぶち》神社（兵庫県朝来市和田山町枚田上山）が鎮座し、その祭神は赤渕宿禰ですが『但馬故事記』によると、この赤渕宿禰とは伊理泥王であると言います。これは恐らくは戦後の論功行賞により伊理泥王はこの地を賜り宿禰となったのでしょう。

『但馬故事記』は伊理泥王の姫の「丹波」阿治佐波毗売の「アジサワ」とは但馬に由来するといい、山代大筒木真若王に嫁いだ姫に接頭する「丹波」とは、資料を信ずるならば但馬になりそうです。丹波に遠征した日子坐王と共に転戦した伊理泥王は同世代と思われますが、この書を信ずるならば丹波に居した後に娘が生まれていると推測されますので、姫が山代大筒木真若王に嫁いだ伝承と繋げると自然に考えれば、伊理泥王は山代大筒木真若王と同世代ではなく一世代前の人物でしょう。先述ですが要するに日子坐王は個人名では有りませんので、そうなると伊理泥王の父という日子坐王は、遠征を行った日子坐王とは別人物になるのではないでしょうか。

「天日槍命の王朝」の侵入から起こったリアクションが「三王家の王朝」の大和国からの撤退、山城国などへの北上へと繋がりました。その後の日子坐王と重なる世代には、かつての同族の地のタニハを抑えに行き、その結果として、次の世代に当たる人物が丹波道主命の称号が与えられるとなるのでしょう。

日子坐王――川上眞稚命（丹波道主命）――丹波大矢田彦命
＝
志理都彦命――竹野姫命、川上之摩須郎女

右記の系譜の丹波道主命こと川上眞稚命が本宗家の志理都彦命（五十瓊敷入彦命）の娘の川上之摩須郎女を嫁取り（征服の証）をするとは、この歴史的経緯の一部を反映しているのではないでしょうか。

日子坐王の但馬国進出と比古汝茅

丹波道主命の一族は丹波を征服した後には但馬に進出して行きます。『海部氏勘注系図』は丹波道主命こと川上眞若命の次世代には、川上出石別命《かわかみいずしわけのみこと》を記します。但馬国出石（豊岡市出石町）の「出石」を名乗っていることから、この世代には但馬国に進出し影響力を持ったようです。

『但馬故事記』は、日子坐王に対して部下達が刀《と》我禾鹿《がのあわが》宮《ぐう》にて「朝して其徳を頌す」と記します。この「朝して其徳を頌す」を意訳すれば、「朝する」とは朝廷に参内する、「頌す」はその人の功績などをほめたたえる、ですから、部下が朝廷に参内し日子坐王を褒め称えたとなります。刀我禾鹿宮《とがあわがのみや》は兵庫県朝来市の但馬国一宮の一つ粟鹿《あわが》神社（山東町粟鹿）に当たり祭神の一柱が日子坐王ですが、要するに日子坐王は天皇として振る舞ったということです。彼らの意識の中では「天日槍命の王朝」に禅譲をしていませんので、自らが皇位の正統な継承者となるのは当然です。また、この朝来市の由来は、この故事によると言います。

粟鹿神社の鎮座地の但馬国朝来郡は但馬国と播磨国《はりまのくに》の境であり、「朝廷」を開いた日子坐王の勢力がこの地まで及んでいたとの推測が可能です。

日子坐王、丹波道主命の一族はワニ氏でしたが、『播磨国風土記』には丸部臣等の始祖の比古《ひこ》汝茅《なむじ》が、成務天皇の御世に国の境界を定めるために播磨へやって来たと伝えます。吉備比古、吉備比売の二人がお迎えに参上し、そこで比古汝茅が吉備比売と結婚して生んだ子が印南《いなみの》別嬢《わきいらつめ》だと言います。この比古汝茅と思われる人物が、『和邇系図』が伝える彦汝命です。

彦汝命の次世代に続く人物は、兄弟の大口納命《おおくたみのみこと》の子の大難波宿禰命（難波根子建振熊命《なにわねこたけふるくまのみこと》）になります。これと同様の事を伝える系図が『海部氏勘注系図』です。系図には川上眞稚命、丹波大矢田彦命と続き、丹波大矢田彦命には一云として難波根子建振熊宿禰とありますので、二つの系図の末尾が揃います。また難波根子建振熊宿禰の「建振熊宿禰」ですが、これは個人名ではなく称号のような名称で、この後何代か続きます。

日子坐王から丹波道主命に続く系統は、伊福部（いおきべ／いふくべ／いふきべ）、（五百木部、廬城部、伊福吉部）です。愛知県一宮市の伊富利部《いふりべ》神社（木曽川町門間字北屋敷）の祭神は若都保命《わかつほのみこと》ですが、伊福部がその祖神として命を奉斎したのがその起源だと伝えます。若都保命は『海部氏勘注系図』では、倭建命（建飯片隅命）、日子坐王（大田田命）の数世代前に「一云、建甕槌命」として記されますが、『和邇系図』の伊富都久命《いふつくのみこと》が伊富利部（伊福部）と通じるのは、これに当たるのでしょう。

伊富都久命─彦国葺命──彦汝命──大難波宿禰（父は彦汝命の兄弟大口納命）
倭建命──日子坐王──丹波道主命──丹波大矢田彦命（難波根子建振熊宿禰）
垂仁天皇──景行天皇──成務天皇

時系列として自然な考えとしては、『播磨国風土記』が述べる「丸部臣等の始祖である比古汝茅を遣わして、国の境界を定めさせられた」とは、丹波国（丹後国）から但馬国へと勢力を拡大した日子坐王の子の丹波道主命と世代が重なる比古汝茅が、国境を接した播磨国に堺を定めに来た、ということになりそうです。

丹波道主命は但馬国の西の因幡国にも勢力を伸長しています。『先代旧事本紀』「国造本紀」には、成務朝に彦坐王の子の彦多都彦命《ひこたつひこのみこと》が国造へ任命されたと記されます。彦坐王の子は丹波道主命となりますが、『海部氏勘注系図』でも川上眞稚命は彦田都國見命《ひこたつくにみのみこと》と有りますから二人は同一人物でしょう。

稲背入彦命と御諸別命

「天日槍命の王朝」側ですが、垂仁天皇とその子磐衝別命の動きをみると近江や能登半島に進出している事から、垂仁天皇の次世代の景行天皇世代では北進していると捉えられます。

この王朝は垂仁天皇の纒向珠城宮、景行天皇の纒向日代宮《まきむくひしろのみや》と二代に渡り皇居を大和国の纒向の地に構えました。纒向日代宮の目と鼻の先に鎮座する神社が穴師坐兵主《あなしにますひょうず》神社ですが、こちらの神社を追うとこの王朝が北進する過程が見えて来ます。

滋賀県野洲市に鎮座する兵主大社《ひょうずたいしゃ》（五条）の由緒によると、景行天皇は皇子の稲背入彦《いなせいりひこの》命《みこと》に命じて大和国穴師の穴師坐兵主神社（奈良県桜井市穴師）に八千矛神を祀らせ、これを

「兵主大神」と称して崇敬したと有ります。

景行天皇の大和国穴師から高穴穂宮《たかあなほのみや》への遷都に伴い、兵主神社も近江国滋賀郡穴太《あのう》に移ります。稲背入彦命は高穴穂宮に近い穴太（滋賀県大津市穴太）に社地を定めてその地で奉斎したといいます。『日本書紀』では稲背入彦命は播磨《はりま》別《わけ》の祖とありますが、神社の由緒では、欽明天皇の時代に播磨別らが琵琶湖を渡って東に移住するのに伴って再び遷座して、養老二年（七一八）に現在の地に社殿を造営して鎮座し、以降の神職は播磨別の子孫が代々世襲していると伝えます。

兵主大社の由緒によると大和国の穴師兵主神は八千矛神を奉斎し、滋賀の兵主大社は稲背入彦命が創建しているといいます。垂仁天皇の纒向珠城宮、続く景行天皇の纒向日代宮から近江高穴穂宮への遷都が行われたとなりますが、僅か二世代の期間で「天日槍命の王朝」は大和国から近江に遷都しなければならなかったのでしょうか。

登場人物の中心にいる稲背入彦命を見てみましょう。『日本書紀』では景行天皇が五十《い》河《かが》媛《ひめ》を娶って神櫛皇子《かみくしのみこ》と稲背《いなせ》入彦皇子《いりびこのみこ》を生んだと有ります。『古事記』には父母に関する記載はなく、垂仁天皇の皇女である阿耶美津比売命《あざみつひめのみこと》の結婚相手として述べられています。稲背入彦命は遷都を命じられ、また子孫は代々氏神である兵主大社の神職を勤めるほどの重要人物にも関わらず、事績の記載は全く有りません。系譜も稲背入彦皇子は景行天皇の子ですが、妻は景行天皇の父である垂仁天皇の娘と有り世代が離れた、一見奇妙な系譜を伝えます。系図に記すと下記になります。

垂仁天皇――景行天皇――――稲背入彦命
垂仁天皇――阿耶美津比売命

基本に帰ります。父と言う景行天皇は合わせて八十人の子（王）の親と『古事記』は伝えます。これは要するに、別家系の王子も景行天皇の子になっている証でしょう。取り敢えずは父は考慮せずに進めます。

稲背入彦命の母は五十河媛で、命は播磨別の始祖と伝えられます。この播磨別は『新撰姓氏録』は、命の子の御諸別命《みもろわけのみこと》が稚足彦天皇《わかたらしひこのすめらみこと》の御代に針間《はりま》別《わけ》を給わり、そこから播磨別が始まったと伝えます（右京皇別、佐伯直）。また『先代旧事本紀』には針間国造《はりまのくにのみやつこ》は成務朝の御世に、稲背入彦命の孫の伊許《いこ》自別命《じわけのみこと》を国造に定められたとも記されます。

この播磨国に根を張っている、稲背入彦命の子の御諸別命ですが『新撰姓氏録』には幾つかの後裔氏族が載ります。

和泉国皇別　珍県主　佐代公同祖　豊城入彦命三世孫御諸別命之後也
和泉国皇別　葛原部　佐代公同祖　豊城入彦命三世孫大御諸別命之後也

摂津国皇別　韓矢田部造　上毛野朝臣同祖　豊城入彦命之後也　三世孫弥母里別命孫現古君。

各氏族は御諸別命は豊城入彦命《とよきいりひこのみこと》三世孫と伝えます。『日本書紀』は豊城入彦命の孫として彦狭嶋王《ひこさしまのみこ》を、その子として御諸別王を挙げます。つまり御諸別命の父で重ねると稲背入彦命と彦狭嶋王は重なり、同人となります。宇佐家古伝に菟狭津媛《うさつひめ》を娶ったのは天種子命《あめのたねこのみこと》ではなく神武天皇で、その子が御諸別命と言います。要するに神武東征として「記紀」に記され宇佐に入ったのは彦狭嶋王を名乗っていた稲背入彦命となりそうです。それは珍彦（志理都彦命、崇神天皇）世代ですから、所謂初代の神武天皇から五世代は後の話を、神武天皇世代として「記紀」は載せている事になります。

（景行朝）　　（成務朝）
神武天皇――御諸別命

播磨稲日大郎姫と神櫛皇子

神武天皇に付き従っていたのは天種子命でしたが、この子孫が繁栄した地が近江国北部の伊香郡《いかぐん》です。

伊香郡には名神《みょうじん》大社の伊香具《いかぐ》神社（滋賀県長浜市木之本町大音）が有り、伊香津臣命《いかつおみのみこと》を祭ります。祭神の伊香津臣命は、『近江国風土記逸文』の羽衣伝説に登場する「伊香刀美」との同一説がある人物で、神社由緒によると神武天皇に仕えて宰相の役割を果たしたといいます。また伊香具坂《いかぐざか》神社（滋賀県長浜市木之本町古橋）では天種子命を祭ります。先述の検討では、天種子命、伊香津臣命は中臣《なかとみ》氏ですが、元を辿れば天津彦根命の系統で、「三王家の王朝」を構成する一派でした。伊香郡の「イカ」は稲背入彦命の母という五十河媛の「イカ」と音が通じますので、著者は五十河媛の「イカ」は伊香津臣命等に接頭する「イカ」ではないかと推定しています。

前著で検討済みですが、稲背入彦命こと彦狭島命の「彦狭嶋」は、これは吉備津彦命を表す称号でも有り、各文献で異なる世代に現れることから世襲の称号だと思われました。

播磨国（針間）は稲背入彦命の後裔の本貫地で有りましたが、同一人物の彦狭嶋命は、宇自鹿臣（針間牛鹿臣）の祖と言います（『古事記』）。この宇自鹿臣（宇自可臣）は、『先代旧事本紀』によると、稚武彦命《わかたけひこのみこと》の裔だと言いますが、稚武彦命は『古事記』では若《わか》日《ひ》子《こ》建《たけ》吉備《きび》津《つ》日《ひ》子命《このみこと》と記されるので、その名から吉備津彦命だと分かります。この稚武彦命は宇自鹿臣の領地でもある播磨に渡る人物として描かれます。要するに、稲背入彦命は彦狭嶋命であり吉備津彦命を襲名しているとなります。

宇自加臣は、『日本三代実録《にほんさんだいじつろく》』に「宇自加臣吉人賜姓笠朝臣。彦狭嶋命之後也」と載ります。この笠朝臣《かさのあそん》は、『新撰姓氏録』には「右京皇別、笠朝臣同祖。稚武彦命孫の鴨別命の後」と有り、宇自加臣は彦狭嶋命と稚武彦命（若日子建吉備津日子命）の裔だとなります。この針間牛鹿臣を中心に円環にしますと、彦狭嶋尊＝針間牛鹿臣＝若日子建吉備津日子命（稚武彦命）となります。どうやら、四国側では彦狭嶋命、吉備国側では吉備津彦命を名乗っていたようです。

これから分かるのは、吉備津彦命は固有名詞ではないので、瀬戸内海に勢力を張った吉備津彦命が稲背入彦命の父となりそうです。

五十河媛
＝
吉備津彦命（彦狭島命）――稲背入彦命（吉備津彦命、彦狭島命）――御諸別命
――神櫛皇子（讃岐国造）

吉備津彦命、彦狭島命こと稲背入彦命の世代ですが、「宇佐家古伝」はこの神武天皇は景行天皇の兄と伝えていましたので、志理都彦命世代が該当しそうです。

吉備津彦命（彦狭島命）――稲背入彦命（吉備津彦命、彦狭島命）――御諸別命
建稲種命（開化天皇）――志理都彦命――川上眞稚命
垂仁天皇――景行天皇

稲背入彦命は『古事記』の稲瀬毗古王に比定され、垂仁天皇の娘の阿耶美津比売命を娶ったといいます。これによれば、垂仁天皇の子の景行天皇とは義兄弟になります。稲背入彦命と景行天皇が義兄弟になるもう一つの可能性は、稲背入彦命の姉妹が景行天皇の妻となる場合です。

景行天皇の皇后は播磨稲日大郎姫《はりまのいなびのおおいらつめ》（『古事記』針間伊那毗能大郎女）で、父親は若建吉備《わかたけきび》津日子《つひこ》だと『古事記』は明かします。この播磨稲日大郎姫の世代を『海部氏勘注系図』では志理都彦命世代だと記しますので、姫と稲背入彦命とは世代が重なります。その父はどちらも吉備津彦命ですので、兄弟の蓋然性が高いと言えます。また先ほどの検討で稲背入彦命の一族は播磨国を地盤にしていましたが、姫の名が播磨を冠することも、それを高める証左と言えるでしょう。

播磨稲日大郎姫
神櫛皇子（讃岐国造）
吉備津彦命――稲背入彦命（吉備津彦命）
＝
阿耶美津比売命
垂仁天皇――景行天皇

五十日帯彦命と成務天皇

五十《い》日帯彦命《かたらしひこのみこと》という一般的には全く知られていない人物がいます。この命の名前は王者の後継者に相応しい名詞で構成されており、接頭する「五十日」は、石上《いそのかみ》神宮で国家と物部氏の祭祀を司った伊《い》香色謎命《かがしこめのみこと》、伊《い》香色雄命《かがしこおのみこと》が同様に「イカ」が接頭するのを見ても大変大きな意味を持つものです。次の「帯」は「天日槍命の王朝」の象徴であり、「彦」は日子と書けますが、日の御子と天照大神《あまてらすおおみかみ》の子孫を意味し、その名は各王家の統合とも捉えられます。これを考えると最後の尊称は、「命」ではなく、何故に「尊」ではないのかと首を傾げたくなる名前です。この五十日帯彦命は、「記紀」では垂仁天皇と山代大国之淵《やましろのおおくにのふち》の娘の苅羽《かりは》田《た》刀《と》弁《べ》の御子だと記されます。『新撰姓氏録』では異伝を残し景行天皇の子で、又の名を神櫛別《かみくしわけの》命《みこと》だと記します。この神櫛別命は讃岐公と酒部公の祖先だと言います。

右京皇別　讃岐公　大足彦忍代別天皇皇子五十香彦命、亦名神櫛別命之後也続日本紀合
右京皇別　酒部公　同皇子三世孫足彦大兄王之後也
和泉国皇別　酒部公　讃岐公同祖　神櫛別命之後也

景行天皇の子の中で「神櫛」の名を持つのが、景行天皇の皇后の播磨稲日大郎姫との間の皇子の神櫛王です。『古事記』によると神櫛王は木国の酒部阿比古《さかべのあひこ》、宇陀の酒部の祖と、先ほどの神櫛別命と同様に酒部の祖と伝わります。二つの酒部の祖を、『古事記』と『新撰姓氏録』で比べると、神櫛王、神櫛別命と二人の間には「別」が入っている事に気付きます。二人の神櫛王、神櫛別命は恐らくは別人で、神櫛別命は神櫛皇子から「別」れたと捉えるのが自然でしょう。稲背入彦命の兄弟と伝わる神櫛皇子がいましたが、この皇子の子（別れた）が神櫛別命となりそうです。

これを伝えるのが「本木・元木氏」に載る系譜です。同書によると神櫛皇子の子が五十日足彦命だと記しますので、この説の一つの支えと言えるでしょう。

神櫛皇子の櫛ですがこれは大変大きな示唆を含んだ語です。櫛には霊力が宿ると言われますが、これに「神」が付与されると連想されるのが、櫛笥《くしげ》に入る神、三輪山の大物主神でし

ょう。大物主神は孝霊《こうれい》天皇の皇女の倭迹迹日百襲姫命との聖婚伝説を残しますが、姫は吉備津彦命の兄弟でも有りました。三輪神とはこの一族の神ですが、その象徴の一つが「櫛」です。

吉備津彦命こと稲背入彦命の兄弟と言う神櫛皇子の「櫛」とは三輪山神の櫛で、櫛を大切にする性別を素直に考えればその性別は皇女となりそうです。この皇女の神櫛から別れた王の神櫛別王は、吉備津彦命の娘の播磨稲日大郎姫の御子ですから、神櫛皇子と播磨稲日大郎姫の二人は同一人物でしょう。三輪山は御諸山と言いますが、稲背入彦命の子の御諸別命が、その名を受け継いでいるのは一つの証左と言えます。

五十日帯彦命について『丹後旧事記』は、五十日足彦尊を天皇への尊称の「尊」で呼び、尊は「垂仁天皇と薊瓊入媛との皇子で成務天皇の別名である」と伝えます。ここでは母は薊《あざ》瓊入媛《みにいりひめ》（『古事記』阿耶美能伊理毗売命）となっており、『先代旧事本紀』も同様に伝えます。苅羽田刀弁は固有名詞ではありませんので、薊瓊入媛がその本名でしょう。先述ですが、薊瓊入媛の娘が稲背入彦命に嫁いだ阿耶美津比売命です。

五十河媛の「イカ」を継ぎ、「天日槍命の王朝」の血の継承の印である「帯」を同時に受け継ぐ五十日帯彦命の系譜は、左記と並べるのが自然です。

五十河媛　　阿耶美津比売命

吉備津彦命──稲背入彦命（吉備津彦命）────御諸別命
＝　　　　　＝
　　　　　　播磨稲日大郎姫（神櫛皇子＝讃岐国造）
　　　　　　＝
垂仁天皇──景行天皇──五十日帯彦命（神櫛別皇子）（成務天皇）
＝
薊瓊入媛（苅羽田刀弁）

磐衝別命は景行天皇の一人か

五十日帯彦命は石田君の始祖（『日本書紀』）で、春日の山君、高志の池君、春日部の君の祖（『古事記』）といいます。『日本書紀』はわざわざ石田君の始祖と記しますが、この氏族は『新撰姓氏録』にも載らない謎の氏族です。

山代大国之渕の娘、苅羽田刀弁の一族と言う五十日帯彦命は、『延喜式』に山城国、久世郡鎮座と載る石田《いわた》神社の比定社（京都府八幡市岩田茶屋ノ前）で現在祭られています。命はまた、越国の開拓神としても北越の各地で祭られます。

新潟県三条市の五十嵐神社（飯田）は式内社の伊加良志《いからし》神社の比定社ですが、五十日帯日子命を祭り、神社由緒では天皇から越の国の開拓をまかされて頸城《くびき》地方、上田郷（南魚沼）、そして下田郷の開墾を行い、最後はこの地で亡くなり舞鶴の丘に葬られたといわれています。

五十日帯彦命を祭る石田神社は越前国に敦賀郡と坂井郡の二社がありいずれも式内社です。敦賀郡の社は廃絶したともいわれますが、福井県敦賀市三島町の八幡神社が、それに比定され、現在は気比神宮《けひじんぐう》のほど近くに鎮座します。創建の由来は、応神天皇が気比神宮に参拝に訪れた際に、浦人が砂を盛り、地を清めて、行宮にした地によると伝えます。この地の氏人の祖神は石田君之祖の五十日帯彦命で社家石井家の祖神です。

五十日帯彦命を追うと、山城、越前、越後国などで痕跡を見つけられます。同じ「帯」の一族、垂仁天皇の皇子磐衝別命の勢力地は近江、能登と、これを縫うように隣合っています。先ほどの五十日帯彦命を祭る石田神社は「イシダ」ではなく、磐衝別命と通じる「イワタ」なのは偶然ではないと思われます。

これを表したのが『新撰姓氏録』です。『新撰姓氏録』は五十日帯彦命と神櫛別命は同一人物とは伝えていましたが、書はまた「右京皇別、羽咋公、同天皇皇子磐衝別命之後也。亦名、神櫛別命なり。続日本紀に合えり」と、磐衝別命とも同一人物だと記します。

垂仁天皇――景行天皇――五十日帯彦命（神櫛別皇子）（成務天皇）
　　　　　磐衝別命

系譜を並べると、磐衝別命は景行天皇世代ですので神櫛別命（五十日帯彦命）よりは一代上がりそうですが、そうなると五十日帯彦命の父の景行天皇とは、磐衝別命となりそうです。

丹後半島の竹野川が日本海と合流するその地には開化天皇の妃と『古事記』が伝える竹野媛命を祭る竹野神社（京都府京丹後市丹後町宮）が鎮座します。竹野媛命はその名の通り、かぐや姫でした。このかぐや姫を祭る神社の側を流れる竹野川を挟んだ対岸の地は間人《たいざ》と言います。この難読地名の由来は諸説ありますが、間の人とは著者の妄想を追加する事が可能なら、月の女神と人の間の人、かぐや姫の暗示ではないでしょうか。神社に隣接する古墳に日本海三大古墳の一つ神明山古墳が有り、被葬者は伝説によると丹波道主命とも言われていま す。竹野媛命の夫は丹波道主命とする先ほどの検討が正しいなら、自然な比定となりそうです。

丹後半島にはこの他に、日本海側では最大規模の古墳の網野《あみの》銚子山《ちょうしやま》古墳、蛭子山《えびすやま》古墳があり、いずれも四世紀末から五世紀初頭頃の築造と推定されています。同時期の天皇陵に比定される奈良県の佐紀《さき》盾列《たてなみ》古墳群にも劣らない、百九十から二百メートルの規模を持つ古墳です。その天皇陵に匹敵する神明山古墳に隣接する竹野神社へ至る竹野川下流手前には、岩木（京都府京丹後市丹後町）の地名があり丹生《にう》神社が鎮座します。

『丹後国竹野郡誌』によると丹生神社の祭神は罔象女神《みつはのめがみ》で水の神です。『丹哥府志《たんかふし》』には、丹生神社の鎮座地「岩木」の元の名は磐撞と言ったとあり、竹野郡磐撞の里は垂仁天皇と真砥野媛の間の子の磐撞別命《いわつくわけのみこと》に由緒があると言います。その具体的な由縁は『丹後旧事記』に「日本旧事記垂仁天皇第三の妃真到野姫《まとのひめ》の御子稲別尊の兄なり。順国志竹野郡磐種の里より貢を入れる」と記されます。『丹後旧事記』は磐撞別命を磐種別尊と記しますが、この書が引く『先代旧事本紀』では真砥野媛の子は磐撞別命、稲別命《いなわけのみこと》の二名ですので磐種別尊は磐撞別命と分かります。この丹波道主命の本貫地から「天日槍命の王朝」の磐撞別命に貢を入れると伝えられるこの由緒を普通に考えると磐撞別命、またはその一族が丹波道主命を征服、または屈服させたと捉えるのが自然でしょう。

磐衝別命は『上宮記逸文』が伝える系譜の一方の主役と言え、言い換えればこの一族の血が求められたとも表現出来ます。これは磐衝別命が天皇に匹敵していた姿から来るのかもしれません。

左近の桜、右近の橘

稲背入彦命が大和国の穴師坐兵主神社で八千矛神を奉斎し、近江国の兵主大社を創建した由緒を見ると、その動きは景行天皇と重なりました。また大和国からの遷座先の近江国は、もう一方の景行天皇と思われる磐衝別命の本貫地でした。

大和国の穴師兵主神社の創建年を『大和志料』は『元要記』から引き、崇神天皇六十年と記しています。大和国穴師から近江国滋賀郡穴太への遷座は、景行天皇の高穴穂宮への遷都と重なりますが、何故短期間の間に大和国から近江国へ移動しなければならなかったのでしょうか。

穴師坐兵主神社の摂社には相撲神社が有ります。相撲神社は相撲の発祥の地と伝わり、当《たぎ》摩蹶《まのけ》速《はや》と野《の》見宿禰《みのすくね》が対戦したのが創建の由来と言います。『日本書紀』「垂仁天皇紀」には、当摩蹶速は当摩邑出身と有りますが、当摩邑とは當麻寺がある今の奈良県葛城市當麻の当たりです。当摩蹶速は力自慢を誇っており、対戦者を募っていたところ、挑戦者として出雲の野見宿禰が選ばれ、倭直《やまとのあたい》の祖である長尾市《ながおち》が呼びに派遣されます。二人は相撲を取りますが、まずそれぞれ足を挙げて蹴とばしあい、次に野見宿禰が当摩蹶速のあばら骨を折り、最後には野見宿禰が当摩蹶速の腰を踏み折って殺したとあります。その後に野見宿禰は当摩蹶速の土地を奪ったと話を閉じます。

当摩蹶速は相撲に負けて殺され領地を奪われますが、この話は実際は戦争をした姿を相撲で例えているのでしょう。相撲神社の由緒から、戦いは穴師の地で行われ、「垂仁天皇紀」に記された時代ですから、迎え撃ったのは本拠地を穴師に置いていた「天日槍命の王朝」の勢力となりそうです。天日槍命の系譜は、但馬《たじま》諸助《もろすく》、但馬《たじま》日《ひ》楢杵《ならき》、清彦（すがひこ／きよひこ）、田道間守《たじまもり》と続きます（『日本書紀』）が、この中で当摩蹶速の当摩の名を持つ姫が清彦の妻の當摩《たぎま》之《の》咩斐《ひめ》です。

『日本書紀』の記事の「相撲に負け、殺され領地を奪われた」は、当摩蹶速の穴師からの撤退を意味し、穴師坐兵主神社から近江国へ遷座の理由は、どうやら別勢力に敗れたからとなりそうです。

野見宿禰を呼んできた倭直の祖である長尾市は、「崇神天皇紀」に、倭大国魂神を祭る神主として登場し、その後に「垂仁天皇紀」では天日槍の来日時に尋問をするために派遣される場面で活躍します。この長尾市の祖先は椎根津彦《しいねつひこ》ですが神知津彦と同名のため神知津彦＝志理都彦命の一族に当たります。

倭建命――日子坐王――川上眞稚命（丹波道主命）――丹波大矢田彦命

建稲種命――志理都彦命（市磯長尾市）

「三王家の王朝」が野見宿禰に援軍を要請している姿を、『日本書紀』は描いていると思われます。『日本書紀』は野見宿禰と当摩蹶速の戦いの直後に、垂仁天皇が丹波道主王の娘五人を娶る話へと続き、二つの勢力が結びついたことを語ります。

『日本書紀』「垂仁天皇紀」に、天日槍の曾孫の清彦が「但馬の宝」を献上する話を記します。清彦は出石の小刀の献上だけは渋りましたが、結局は献上することになり神府《みくら》に入れられました。しかし、不思議にも小刀が勝手に清彦の屋敷に帰り、恐れ慄いて諦めた天皇は献上を免除したといいます。最終的に小刀は淡路島に落ち着いて祭られていると話は締められますが、この話は清彦世代で敗れたことを物語っていると思われます。「垂仁天皇紀」は清彦の子の田道間守が常世国《とこよのくに》へ不老長寿の実とされる非時《ときじく》の香菓《かぐのこのみ》を探しに行く話で終わりますが、この永遠の命の元は「橘」というと伝えます。「橘」は蜜柑といわれますが、これは「天日槍命の王朝」の象徴です。

平安宮内裏の紫宸殿の前庭に植えられている木は「左近の桜、右近の橘」です。木花咲耶《このはなさくや》姫《ひめ》を思い返すまでもなく桜は「タニハ王朝」から続く王朝の象徴、「橘」は「天日槍命の王朝」の象徴です。天皇の御所の前に植えられた桜と橘は、二つの系統が天皇の先祖だと今に伝える木々と言えるのではないでしょうか。

第四章　滅びゆくタニハ王朝と浦島太郎の物語

吉備津彦命の末裔の角鹿国造と都怒我阿羅斯等

垂仁《すいにん》天皇の末裔（「天日槍命《あめのひぼこのみこと》の王朝」）は、吉備津彦命《きびつひこのみこと》と婚姻で融合し、日子坐王《ひこいますのみこ》、丹波道主命《たんばのみちぬしのみこと》の一族は本宗家の本貫地のタニハ（後の丹後国）に進出しました。

五十河媛　　阿耶美津比売命
＝　　　　　＝
吉備津彦命――稲背入彦命（吉備津彦命）――御諸別命
　　　　　　＝
　　　　　播磨稲日大郎姫（神櫛皇子＝讃岐国造）
垂仁天皇――景行天皇――五十日帯彦命（神櫛別皇子）（成務天皇）
＝

薊瓊入媛（苅羽田刀弁）

想定した右の系図をみると垂仁天皇と吉備津彦命が互いに嫁を取り融合しています。この想定系図でなくとも、景行天皇の皇后の播磨稲日大郎姫《はりまのいなびのおおいらつめ》は若建吉備津日子《わかたけきびつひこ》の子ですから同様です。

若建吉備津日子——播磨稲日大郎姫

＝

垂仁天皇——景行天皇——日本武尊

この二つの一族、天日槍命と吉備津彦命の末裔の融合を考える上で興味深い伝承を持つのが角鹿国　造《つぬがのくにのみやつこ》家です。角鹿国造は越前国一宮の氣比《けひ》神宮《じんぐう》（福井県敦賀市曙町）の社家を務めた一族ですが、系譜は孝昭《こうしょう》天皇の子の孝安《こうあん》天皇から始まり、大吉備津日子命から日子《ひこ》刺肩《さしかた》別命《わけのみこと》（孝霊《こうれい》天皇の子とも伝わる）、次に角鹿国造と伝わる建功狭日命《たけいさひのみこと》と続きます。命については『先代旧事本紀《せんだいくじほんぎ》』「国造本紀」に「成務朝の御代に吉備臣の祖、若武彦命の孫の建功狭日命を国造に定められた」とあります。

さて『角鹿国造家萬松院角鹿氏系図』には、建功狭日命は都怒我阿羅斯等《つぬがあらしと》の二十代後裔と記されます。以前見てきたように、都怒我阿羅斯等は天日槍命の祖先と思われました。建功狭日命が都怒我阿羅斯等の二十代後裔が事実とすると、初代の神は相当代数が遡ることになります。いずれにしてもこれは天日槍命の一族と女系で繋がるということで、嫁を取ったということでしょう。『先代旧事本紀』では建功狭日命の祖先は吉備の若武彦命《わかたけひこのみこと》でしたが、播磨稲日大郎姫の父も若建吉備津日子でした。これを勘案すると吉備津彦命と天日槍命が融合したのは、この世代となりそうです。

垂仁天皇――阿耶美津比売命
＝
稲背入彦命（吉備津彦命）――建功狭日命
御諸別命
若建吉備津日子――播磨稲日大郎姫
＝
垂仁天皇――景行天皇――日本武尊

角鹿国造は建功狭日命でしたが、神功皇后と戦った将軍に「イサヒ」をその名に内包する、難波の吉師部の祖の伊佐比宿禰《いさひのすくね》がいます（『古事記』）。『日本書紀』には同様に、神功皇后と戦った吉師の祖は五十狭茅宿禰《いさちのすくね》として記されます。

五十狭茅宿禰のその名は、「五十狭茅」で構成されますが、これは垂仁天皇の和風諡号、活目《いくめ》入彦《いりびこ》五十《い》狭《さ》茅天皇《ちのすめらみこと》と同じです。活目入彦五十狭茅天皇は天日槍命と言えますが、角鹿国造と同様の名前の五十狭茅宿禰がこれと重なるのは、天日槍命の末裔である事を示しているのではと思われます。以前の検討で「茅」は日矛に通じましたが、それを受け継ぐ五十狭茅宿禰はそれなりの意味を含みます。

建功狭日命（イサヒ）（角鹿国造）
伊佐比宿禰（イサヒ）（『古事記』）、**五十狭茅**宿禰（『日本書紀』）
活目入彦**五十狭茅**天皇（垂仁天皇）

吉備津彦命と都怒我阿羅斯等の子孫が奉斎する氣比神宮には桃太郎伝説が伝わります。系図を開けば当然ですが、吉備津彦命が御伽噺の桃太郎の原型です。神社の主祭神の伊《い》奢《ざ》沙別《さわけの》命《みこと》は、気比大神または御食津大神とも称されます。神は吉備津彦命と深い関わりが有りますが、詳述は後ほどにします。また社は「ケヒ」神宮と読みますが、備前国《びぜんのくに》一宮の吉備津彦神社を見ると異なる読み方がある事が分かります。吉備津彦神社の元は気比太神宮と言いましたが、「吉備」の元が「気比」ですから、これを勘案すると「気比」は「キビ」と読めそうです。「気比」を「キビ」と読む気比神社は和歌山県の気比神社（和歌山紀の川市猪垣）を始め何社か有ります。気比が訛って吉備になったのか、その逆かは分かりませんが、同様の意味のようです。要するに気比の大神とは吉備の大神と捉えられます。

五十狭沙別命（伊奢沙和気大神）と笹神

前著で検討済みですが、吉備津彦命は伯耆、出雲国へ進出していましたが、その姿は建御《たけみ》名方神《なかたのかみ》と重なりました。簡単に言ってしまうと孝霊天皇の子は、大己貴命（大国主神）の子となります。『但馬故事記』「出石郡故事記」は、この大己貴命が出雲国より伯耆、稲葉国を開いた後に但馬国に入ったと伝えます。

但馬国北部の、丹後国との東の境には氣比神社（兵庫県豊岡市気比字宮代）が有り、祭神は敦賀の気比神宮と同じ五十狭沙別命《いささわけのみこと》です。また因幡国の側の伊伎佐《いきさ》神社は『但馬故事記』に、伊伎佐山に粟鹿大神《あわがのおおかみ》（彦坐命《ひこいますのみこと》）と五十狭沙別大神を祀ったと記されます。また五十狭沙別大神を美伊県《みいのあがた》の伊伎佐山に祭り、椋椅部首《くらはしべのおびと》を神人《みわびと》とし祝部《はふりべ》を定めるとありますので、「イキサ」に祭られた神とは五十狭沙別大神となります。また「イキサ」については、日子坐王が但馬を征討した時に、當藝利彦命《たぎりひこのみこと》が陸耳を刺し殺した場所故にその海を勢刺海《いきさのうみ》となったと伝え、勢刺を伊伎佐と読むと伝えます。ここから勘案すると、日子坐王が討った陸耳御笠《くがみみのみかさ》とは五十狭沙別大神でありそうです。

香美町の丹生《にゅう》神社（兵庫県美方郡香美町香住区浦上）では吉備津彦命と丹生《にう》津姫命《つひめのみこと》を祭ります。『但馬故事記』はその由来を「吉備津彦命、多遅麻若倭部を領して、舟生に居す」と「丹生」ではなく「舟生」と記されますが丹生神社は水神の罔象女神《みづはのめ》を祭ることが多く、これを考慮すると海神と捉える事が出来るかもしれません。

丹生神社の東方の國主《くにぬし》神社（美方郡香美町香住区安木）では大国主命を祭ります。『但馬故事記』によると、創建の由来は安来我孫《やすぎのあびこ》が社殿を造営し、祭祀を行い奉った事に始まるといいます。また安来我孫は天八現津彦命《あまのやあきつひこのみこと》の子孫だと述べます。天八現津彦命は日本を表す大《おお》日本豊秋津洲《やまととよあきつしま》に末広がりの「八」を付け、その上に「天」が接頭する非常に大きな名ですが、つまりこれは天皇を暗に示すものでしょう。前著で検討しましたが、天八現津彦命は結局「孝」が接頭する天皇、孝昭、孝安、孝霊、孝元《こうげん》天皇とその子孫に通じる神でした。先ほどの大国主神が出雲国より伯耆、稲葉国を開いた後に但馬国に入ったとの伝説と繋げれば、安来我孫の安来とは出雲国安来（島根県安来市）から、この地に入り国主となったと見るのが蓋然性が高い推論となるのではないでしょうか。

我孫氏ですが『新撰姓氏録』では後裔氏族を三氏挙げ、その祖先は天八現津彦命と豊城入彦命の二人とされます。我孫氏は孝昭天皇に比定される天八現津彦命の子孫の豊城入彦命の後裔となるのでしょう。

豊城入彦命はその名の通り豊国に入り来る人物ですので、豊国に入った事績がある大原足尼命と稲背入彦命の二人が豊城入彦命に該当しそうです。『新撰姓氏録』で豊城入彦命からの代数が合わないのは、世代の異なるこの二人を基準点にしているからではないでしょうか。大原足尼命は出雲国大原郡に由来を持つと考えられ、豊城入彦命の候補者ですから安来我孫氏の祖先は、この命が該当するのではないでしょうか。

摂津国　未定雑姓　我孫　豊城入彦命男八綱多命之後也
和泉国　未定雑姓　我孫公　公　豊城入彦命男倭日向建日向八綱田命之後也
摂津国　神別　地祇　我孫　大己貴命孫天八現津彦命之後也

天八現津彦命が西から但馬国に入って来た伝承から、出雲国に君臨する孝霊天皇末裔の吉備津彦命が東へ勢力を伸ばし、但馬国の東端まで到達したと推測されますが、そこには気比神社が鎮座します。その東の丹後国の久美浜には丹波道主命が征討した大国主神を祭る神谷太刀宮がありますが、その伝説は陸耳御笠こと五十狭沙別大神の物語と重なりそうです。また大国主神は越の国（北陸）に進出する伝承を持ちますが、その北陸道総鎮守と称される気比神宮や、先ほどの気比神社が「キビ」神社と読めるのは偶然ではなく必然でしょう。

気比神社の祭神の五十狭沙別命（伊奢沙和気大神）の名の五十狭沙（イササ）の「イ」は、五十で表されるなどの美称で「ササ」は「笹」に通じます。孝霊天皇を祭る樂樂福《さ さ ふく》神社（鳥取県日野郡日南町宮内）の由緒では天皇は幼少時に「樂《さ》樂清有彦命《さきよありひこのみこと》」と称し、また「笹福《ささふく》」と号されたと伝えますので天皇は笹神です。言うまでもなく「笹」は竹の葉で、孝霊天皇を始め「孝」が接頭する「タニハ王朝」の一族は、竹を神聖視しています。その子孫の竹の姫こと かぐや姫が月に帰るというのは、この王朝の物語と重ね合わせているのでしょう。

但馬国の東端には気比神社が所在しますが、その側の楽《さ》々《さ》浦湾《うらわん》は、樂樂清有彦命の幼名の「笹」に由来すると思われます。気比神社の祭神の五十「笹」別命は、「笹」神こと孝霊天皇が別けた子と捉えられますから、吉備津彦命がそれに該当すると考えるのは避けることの出来ない推考です。

また吉備津彦命の別名の五十《い》狭芹彦命《させりひこのみこと》の五十《い》狭《さ》と五十狭沙別命は音通しますので、神を「イザサワケ」命とお呼びするよりも、笹と通じるイササワケ命が良いのではないかと感じます。

事代主神と笹神の神徳

笹神についてもう少し迫ってみましょう。笹を縁起物とする神事といえば兵庫県の西宮神社の「十日えびす」ではないでしょうか。えびすさまは民間信仰では七福神の一人と習合して日本国中で祭られています。西宮神社は日本に約三千五百社ある、えびす神社の総本社で、えびすさまの力が最も高まると言う一月十日には「十日えびす」と呼ばれる大祭が行われます。大祭は十日を中心に九日から十一日までの三日間に渡って行われ、この大祭の授与品が、「福笹」です。

「福笹」は、笹にえびすさまのお札を始め鯛や小判などの福々しい飾り（吉兆）を付けた縁起物で、この「福笹」は、えびすさまのご神徳を表した物だと言います。「笹」は竹の葉ですが、「竹」は他の木に比べて驚異的な速さで成長します。昔の人がこの成長力を目の当たりにして「竹」に特別な力を感じ、それに霊的な要素を重ね合わせて行ったのも首肯出来るでしょう。

えびすさまは今宮戎神社（大阪市浪速区恵美須西）を始めとして事代主神《ことしろぬしのかみ》として祭られます。事代主神は国譲りの話で、美保の岬に行き釣か鳥猟を楽しんでいたと言います（『日本書紀』）。この釣りをしている姿が後世にえびすさまとなって行きます。

えびす神社には、西宮神社を始めとした蛭子命《ひるこのみこと》、事代主神、少彦名命の三柱の系統がありますが、別々の神ではなく全て同じ神格でしょう。一柱目の蛭子命（蛭児）は『日本書紀』に陽神の伊奘諾尊《いざなぎのみこと》と陰神の伊奘冉尊《いざなみのみこと》が最初に生んだ子神として書かれています。この神は手足のなえた児であるといい、それ故に葦船にのせて流されてしまいます。

二柱目の事代主神は、前著で検討済みですが、複数人が事代主神を名乗りますので個人名ではありません。古代の統治者は武力の主と、信仰を司る主の二者に分かれると伝えられます。例えば『日本書紀』「垂仁天皇紀」に、垂仁天皇が皇子である五十瓊敷命と大足彦尊《おおたらしひこのみこと》に「おまえたちは、それぞれほしいと思うものを言いなさい」と尋ねる場面が有りますが、兄の五十瓊敷命は「弓矢」を、弟の大足彦尊は「皇位」を得たいと、それぞれ望みます。そこで天皇は五十瓊敷命には弓矢を、大足彦尊には天皇の位を授けたと記します。五十瓊敷命は弓矢ですから武力を与え、大足彦尊には皇位を授けましたが天皇の仕事は古来、祭祀を行う事ですから、それを得るとは祭祀権を得たという事です。つまりこの伝承は武力と祭司の分離を伝えています。

　これに当てはめると大国主神は八千矛神《やちほこのかみ》の名を持ち、『日本書紀』に矛でもってこの国を平らげる功業を成し遂げたとある所からも、武力を司っているのが分かります。

　事代主神は『古事記』では八重言代主神《やえことしろぬしのかみ》とも記され「言代《ことしろ》」は、神の言葉を代わって伝える意味です。神はその「主」として表されていますから、祭祀を司っています。先ほどの伝承に当てはめれば、言代主神こそ皇位を継いでいるとなります。邪推すれば神の言葉を代わりに伝える行為とは、神から降りた神託を自らの意思に入れ替え、相手に伝えれば完全な権力になります。神の言葉として伝えれば武力の命令も出来ますので、言わば事代主命は大己貴命より上に立つ存在になります。要するに大国主神、事代主神は初代王権の「タニハ王朝」を表した神でしたが、『日本書紀』「神代上」ではこの事代主神が手足のなえた児（蛭児）とし船で流される話に置き換えられたのでしょう。

少彦名命と事代主神

三柱目の少彦名命は、「大己貴命と少彦名命とは力をあわせ、心を一つにして天下を経営された」神として『日本書紀』に登場します。先ほどの政教分離の法則に当てはめれば、大国主神（大己貴命）が武力を司れば、少彦名命は神の言代役となるのでしょう。

命の名前と同じ少彦名神社（大阪府大阪市中央区道修町）では、毎年十一月二十二、三日の両日に斎行される神農祭で事代主神の神格の「笹」の「五葉笹につるした張子の虎」が授与されます。事代主神の「笹」と少彦名命の「笹」との繋がりは『日本書紀』も匂わせています。

大己貴神《おおなむちのかみ》が国を平定したときに神は出雲国の五十狭狭（イササ）の小汀に着き、食事を摂ろうとします。その時に海上から鷦鷯（ミソサザイ）の羽を着物にした少彦名命が舟でやって来たと『日本書紀』は記しますが、その後に、わざわざ「鷦鷯、これを娑娑岐《ささき》という」と、注釈を入れています。ササキと言うのは、つまり「笹」の木で「竹」でしょう。また、大己貴神がついた浜、五十狭狭から「五十」を除くと「ササ」が残ります。少彦名命が着物にしたと言う鷦鷯とは鳥ですが、『日本書紀』では「笹」木を鳥にして煙に巻いていると言うことでしょう。

少彦名命が大己貴命と共に国造りをしたということは、各大国主神と共に少彦名命も複数人にいたとなります。『古事記』では神産巣日神《かみむすびのかみ》の子とされ、『日本書紀』では高皇産霊神の子とされるのは、神産巣日神（神魂命）の子孫は「タニハ王朝」の、高皇産霊神の子孫は「物部《もののべ》氏の王朝」の少彦名命を表していると思われます。これらから勘案すると、事代主神と少彦名命は同神と言えるでしょう。

事代主神は大国主神の御子神と言いますが、再三ですが大国主神は「タニハの神」で、その一族が信奉するのが竹です。孝昭天皇に比定される建田勢命《たけたせのみこと》と、その次代の建諸偶命の頭文字は、「建《たけ》」ですがこれは「竹」に通じます。『先代旧事本紀』や『海部氏勘注系図《あまべしかんちゅうけいず》』の建田勢命の前の世代には竹筒草命がいますが、この命は建筒草命とも記されます。これで「建」は「竹」で表記するのが分かります。竹筒草命の名前は竹の草と「笹」その物で、これは事代主神の霊力の顕現と重なります。その後に続く一族も名前に竹を受け継ぎますから、大国主神こと「タニハの神」の一族は、竹を信奉すると容易に想像出来ます。

事代主神は八尋熊鰐《やひろくまわに》に化身して三嶋の溝樴姫の元に通ったと『日本書紀』は記します。この事代主神が化身した大きいワニはワニ氏に通じますので、これが「タニハ王朝」の一族の比喩であるのは言うまでもないでしょう。島根県美保関町には事代主神が鰐に手を噛まれた伝説が残ります。この鰐が鰐に噛まれた伝説は、事代主神がその後に同族の和邇《わに》氏と争った歴史的経緯をそれに仮託した物ではないでしょうか。

かぐや姫と瀬織津姫命

「タニハ王朝」の始祖神は天火明命《あめのほあかりのみこと》、天香語山命、天村雲命と「天」の後に、「竹」田勢命などの竹の命が続きます。御伽噺のかぐや姫は、光り輝く竹の中から誕生しますが、最後には月に帰ります。この話を勘案すると、天から「竹」を伝って地に降り、月に帰るとなります。天は勿論太陽をも表しますが、系図の観念も神代に天火明命を始めとした天が続き、その後に、現人神となる人物に地を表す竹が続くのはこの表れだと思われます。

この一族が月を信奉する理由の一つは、天と月が陰陽で表裏一体だからでしょう。竹の上へと伸びるその生命力は月へと帰還する霊力と、彼らの宗教観は捉えたのかもしれません。

二代目の天香具山命《あめのかぐやまのみこと》の「かぐや」は、かぐや姫と通じます。命の名前の天香具山は大和三山一の聖山であり、『日本書紀』にはその山の金を使い天照大神《あまてらすおおみかみ》のみかたちを作るとあり大神そのものとも言えます。かぐや姫は月からやってきた月の姫ですので「かぐ」とは月ではないでしょうか。天香具山とは月山で、月を信奉するが故に付いた名と捉えられそうです。

これを証明するように天香具山には、「月の誕生石」と呼ばれる岩があります。現地の案内板には「花崗岩で円形黒色の斑点は月が使った産の跡と、小さな斑点は月の足跡と伝えられ古代より信仰する人多し」と有ります。これを伝える民話では、「月の誕生石」が赤ちゃんになり、お月様になったと言います。

また天香久山には「蛇つなぎ石」という大蛇を繋ぎ止める石（岩）もあります。山の頂上には國常立神社があり、祭神は国常立命で、その隣の社には雨の竜王とも呼ばれる高龗神《たかおかみのかみ》を祭ります。天香久山は竜王山とも称されますので、「蛇つなぎ石」は天と繋がる龍を留める岩なのでしょう。山頂に祭られている国常立命は詳述すると一冊の本が完成してしまうほど重要な神です。『日本書紀』では、天ができた後に地は定まり、天地の中間に生まれたのが国常立尊《くにとこたちのみこと》で、神は陽の気だけで化けているとも記されます。要するに、その名から国（地）を成り立たせた根源神となり、その神は陽の気で成り立っているとなります。

天香久山の南麓には天岩戸《あまのいわと》神社があり、そこには七本竹の伝説が残ります。『古事記』では天宇受売命は「笹」を手草に結びながら神懸り舞い踊りますが、この地の昔話では、手に持っていた笹は「七本竹」と呼ばれるようになったと伝わります。伝説では竹は、毎年七本生え七本枯れるといい、この話からは天香久山は竹の山とも捉えられます。

天香久山について纏めると、山は陰陽を司り、「月の誕生石」から生まれた月は太陽（陽）の反対の属性の陰であり、その山頂には天と繋がる陽の国常立尊が祭られます。左右に並ぶ、国常立尊と高龗神もまた陰陽を表し、竜神（高龗神）は天と地を結ぶ言わば乗り物で、それを繋ぎ止めるのが「蛇つなぎ石」ではないかと思われます。竹取物語を見ると天（陽）からやってきた姫（陰）は、竹の中に生まれますが、龍に運ばれたのではと想像したくなります。

かぐや姫が最後に月（陰）に帰るのは物語の必然ではないでしょうか。
神道の「大祓詞《おおはらえのことば》」で、水の力で穢れを流す神としてあげられる瀬織津命が、天と地の循環を司る龍神と繋がるのは自然な感覚です。

高山《たかやま》の末《すゑ》
低山《ひきやま》の末《すゑ》より
佐久那太理《さくなだり》に落《お》ち多岐《たぎ》つ
速川《はやかわ》の瀬《せ》に坐《ま》す
瀬織津比賣《せおりつひめ》と云《い》ふ神《かみ》
大海原《おおうなばら》に持出《もちい》でなむ

祝詞は（祓い清められた罪は）高い山、低い山から地に降りて、川を流れて、大海原に帰る、というこの海は「あま」であり、「天」に帰るということなのでしょう。瀬織津姫は天と地の中間の川に存在しており、その属性が龍神と重なるのは祝詞をみれば明らかではないでしょうか。また月へと繋がる霊力が宿る竹は天と地を繋ぐ同じ働きをしていますが、それを考えると、かぐや姫も瀬織津姫命《せおりつひめのみこと》を投影している一人と言えるのではないでしょうか。

天伊佐佐比古命と印南別嬢

吉備津彦命と笹に戻ります。どうやら日子坐王が討った陸耳御笠とは五十狭沙別大神のようでした。結局、笹神大神とは吉備津彦命となりますが、その別名には五十狭芹彦命がありました。丹波道主命の一族が入った但馬国一宮の粟鹿神社の主祭神の一柱は大国主神の御子の天美佐利命《あめのみさりのみこと》といいます。『粟鹿大明神元記《あわがだいみょうじんげんき》』には、この神が通行人の半分を殺す荒ぶる神と記され、祟る神と表現されています。これは神が日子坐王に征服されたので、祟っていると記されたのでしょう。

この地で征服されたのは陸耳御笠で、征服された大国主神の御子の吉備津彦命と天美佐利命とも重なりますが、これらは全て同一人物と思われます。吉備津彦命の別名の五十狭芹彦命のイサセリとミサリの音がよく似るのも偶然ではないでしょう。この荒ぶる神を鎮めるために社殿を建てて神を祭り、氏と神職を定めるにあたって大和国の大神明神の氏人を請うたとあり、大神神社の一族が神を鎮撫しています。『粟鹿大明神元記』では、大神神社社家の系譜にも載る大田々祢子の子孫が粟鹿神社の社家として続いていくと記されますが、『海部氏勘注系図』によると大田田命《おおたたのみこと》が「又云、彦坐王」と言いますので矛盾が有りません。

吉備津彦命と同一人物の彦狭島命の末裔の越智氏の『小千河野井門家系図』には、粟鹿や伊但馬など但馬国の粟鹿神社を思わせる人物が登場します。また系図の三並の分注には景行《けいこう》天皇世代とあるので、その世代で並べると粟鹿は開化《かいか》朝に当たり、彦狭島命こと吉備津彦命が但馬国に入ったのはこの時期ではないでしょうか。

小千御子―天狭貫―天狭介――粟鹿――三並――武熊――伊但馬
　　　　　　　　　　　　　　開化天皇―日子坐王―丹波道主命―丹波大矢田彦命
　　　　　　　　　　　　　　垂仁天皇―景行天皇

越智氏は阿波国《あわのくに》に由来する名前と思われる安波夜別命《あわやわけのみこと》から続く一族ですが、これを勘案すると粟鹿の「アワ」とは阿波国の事ではないでしょうか。

但馬国を征服した日子坐王の子の丹波道主命はどうやら成務天皇の御世に国の境界を定めるために播磨へやって来た丸部臣《わにべのおみ》等の始祖の比古汝茅《ひこなむじ》か、その近親者と思われます。吉備比古、吉備比売の二人がお迎えに参上し、そこで比古汝茅が吉備比売と結婚して生んだ子が印《い》南別嬢《なみのわきいらつめ》といいました。

伊富都久命――彦国葺命――彦汝命――大難波宿禰（父は彦汝命の兄弟大口納命）
開化天皇――日子坐王――丹波道主命――丹波大矢田彦命（難波根子建振熊宿禰）
垂仁天皇――景行天皇――成務天皇

『播磨国風土記』には、景行天皇が嫁取りにくる播磨の姫が記載され、それが比古汝茅の子の印南別嬢です。景行天皇の皇后という播磨稲日大郎姫と印南別嬢は同一人物ではとも言われますが、二人の父は播磨稲日大郎姫が若建備津日子、印南別嬢が丸部臣等の始祖の比古汝茅とそれぞれ異なり、世代も数世代離れます。『日本書紀』は播磨稲日大郎姫に注釈を入れて一説には稲日稚郎姫《いなびのわきいらつめ》というと記します。この稲日稚郎姫（『古事記』伊那毗能若郎女）は『古事記』に弟（妹）として記され、真若王《まわかのみこ》と日子人之大兄王《ひこひとのおおえのみこ》を生んだと言います。稲日稚郎姫と印南別嬢は音が非常に通じ合いますから同一人物でしょう。これを裏付けるのが、日《ひ》岡《おか》神社の社伝で天伊佐佐比古命《あめのいささひこのみこと》は姫のオジに当たるという伝承です。それに従えば、その名から吉備津彦命と推測される天伊佐佐比古命は姫の父ではなくオジになり、風土記の記載と合致しますので、景行天皇こと大帯日子命《おおたらしひこのみこと》（大足彦忍代別天皇《おおたらしひこおしろわけのすめらみこと》）、大足彦尊『日本書紀』、大帯日子淤斯呂和気天皇《おおたらしひこおしろわけのすめらみこと》『古事記』）が播磨国《はりまのくに》で娶った姫とは稲日稚郎姫でしょう。

丹波道主命（彦汝命）
＝
吉備比売——印南別嬢
吉備比古

成務天皇――仲哀天皇

印南別嬢は、主に今の加古川市に当たる賀古郡（加古郡）に住んでいた姫と伝わり、大帯日子命が姫に求婚しにやって来たといいます。また大帯日子命の播磨国への入国は摂津国からだと記され、「高瀬の渡」（高瀬神社＝大阪府守口市馬場町＝が比定地とされる）から、淀川を越えて摂津から播磨国へ、その後に明石の賀古郡印南へと向かったとあり、『播磨国風土記』には東から播磨国へ入った姿が描かれています。

この妻問いで大帯日子命が播磨にやってくると聞くと、印南別嬢は島に逃げてしまったと言いますので、大帯日子命の播磨入国は平和裡に行われたものではないようです（島の名は南毗都麻《なびつま》）。また島であった南毗都麻は現在では陸地になっており、その比定地は兵庫県高砂市荒井町です。

『播磨国風土記』は、その後に印南別嬢はこの地で亡くなり、墓を日岡に作って葬ったと述べます。日岡山には現在、宮内庁により播磨稲日大郎姫命の陵に治定されている日岡陵古墳があり、同山内には式内社の日岡神社（兵庫県加古川市加古川町大野字日岡山）が鎮座します。日岡神社は『延喜式《えんぎしき》』「神名帳《じんみょうちょう》」に「日岡坐天伊佐佐比古《ひおかにますあめのいささひこ》神社」と記される社で、祭神は神社名の天伊佐佐比古命です。

日岡神社には、亥巳籠《いみごもり》と言う神事が有ります。社伝によると、景行天皇妃であった稲日大郎姫命が双子の皇子を身籠られたときに、天伊佐佐比古命が安産を祈念して忌み籠もったことに由来していると言われています。また天伊佐佐比古命は桃太郎のモデルと言い、社伝では五十狭芹彦命だと言います。天伊佐佐比古命の名は「天」、「伊佐佐」、「比古」、「命」で構成されています。この内の「伊佐佐《イササ》」のイとは、例えば崇神《すじん》天皇の和風諡号の御間城入彦五十瓊殖天皇に含まれる「五十瓊（イニ）」のイと同様で美称です。それを「伊佐佐」から引くと「佐佐」が残り、吉備津彦命のササとは、要するに笹ですがこの名を帯びた太刀が胆狭《いさ》浅《さ》の大刀《たち》です。

吉備津彦の神剣と胆狭浅の大刀

『日本書紀』によると「天日槍命の王朝」の始祖、新羅の王子の天日槍が来日した時に持ってきた宝は、羽太《はふと》の玉、足高《あしたか》の玉、鵜鹿鹿《うかか》の赤石の玉、出石《いずし》の小刀、出石の桙《ほこ》、日鏡、熊の神籬《ひもろき》のあわせて七つであったと有ります。その後に天日槍は播磨国に碇泊し、先程の印南郡の西方に位置する宍粟邑《しさわのむら》（播磨国宍粟郡）にいた、と記します。天皇は三輪君の祖の大友主《おおともぬし》と、倭直《やまとのあたい》の祖の長尾市《ながおち》を播磨に遣わして、天日槍命に来日の目的を問いただします。市磯《いちしの》長尾市《ながおち》は倭大国魂神を祭る、現在の大和神社（奈良県天理市新泉町）の祭主ですが、倭国造倭直の系図には布留多麻乃命（振魂）、武位起命《たけいたてのみこと》、珍彦《うづひこ》と系譜に続く人物で簡単に言ってしまえば、「三王家の王朝」の一族です。つまりここで命を派遣した天皇は、崇神天皇こと志理都彦命（五十瓊敷入彦命）でしょう。

建稲種命――志理都彦命（市磯長尾市の世代）

『日本書紀』はこの記事の後に、何故か天日槍の宝を再度挙げ、今度は、先ほどより一つ多い八つであったと語ります。七つから八つに神宝は増えますが、その一つがその名に「ササ」を内包する胆狭浅の大刀です。

播磨国に碇泊した後に神宝が増えていますから、播磨国に滞在中に「胆狭浅の大刀」を手に入れたとなりそうです。「胆狭浅の大刀」は、神宝に加えられるほど重要な大刀だと『日本書紀』は主張しているとなります。この「胆狭浅の大刀」は「イササ」の神の剣ですから、天日槍が播磨国で大刀を譲り受けた相手とは、天伊佐佐比古命からとなるのが自然です。恐らくは「胆狭浅の大刀」はその名前から、「笹」神を奉ずる吉備津彦命の剣であり、言わば「タニハ王朝」の、その天皇である孝霊天皇から続く王権のレガリア（神宝）でしょう。

『播磨国風土記』には宍禾郡《しさわのこおり》で伊《い》和大神《わのおおかみ》と天日槍が戦う姿が幾度か描かれております。風土記には孝徳天皇の世に揖保郡《いひぼのこおり》を分けて宍禾郡を作ったとあります。宍粟郡は宍禾《しさわ》郡《ぐん》とも読みますが、この時代は海に面する揖保郡と内陸の宍粟郡は同じ郡域となります。この揖保郡の立野《たつの》の由来が風土記に載り、「土師弩美宿禰《はにしのみのすくね》が、出雲の国に行き通い、日下部の野で宿り、病気を患って死んだ。その時、出雲の国の人がやってきて並び立ち、人々は川の礫石を取り上げて運び渡して、墓の山を作った。だから、立野と名づけた。その墓屋を名づけて出雲の墓屋とした」と伝えます。

この土師弩美宿禰は「天日槍命の王朝」の人物を仮託した当摩蹶速《たいまのけはや》と戦った野見宿禰《のみのすくね》に当たると思われます。宿禰は播磨と出雲を行き通っていたと記されるので、野見宿禰の大和国入りは出雲国、播磨国、摂津国の経路であったと推測できます。

日下部の野で宿り、その地で亡くなり墓が建てられたと有りますが、日下部氏は物部氏と天津彦根命が融合した一族の末裔ですので、「三王家の王朝」に属します。長尾市が野見宿禰を呼びに派遣されるのは、『日本書紀』と風土記とを合わせて考察すると、本宗家側（三王家の王朝）の日下部氏と出雲国の勢力が結んでいたとなると思います。出雲国勢の本家と言える吉備津彦命こと稲背入彦命が「天日槍命の王朝」と婚姻を重ね、何故に背くの「背」が入れられているかはこれを案ずれば想像可能でしょう。

当摩蹶速と野見宿禰の物語で表現される戦いで倭で敗れた「天日槍命の王朝」は近江国に北進しますが、その後に西進して、景行天皇世代に播磨国へ侵入している姿を見ると、今度は逆ルートで押し返して、その国に侵入していることが一連の流れから繋がるのではないでしょうか。景行天皇と播磨別《はりまわけ》の始祖（『日本書紀』）という稲背入彦皇子《いなせいりびこのみこ》の動きが被るのは、両勢力が融合したとなるのでしょう。吉備津彦の神宝と言える「五十笹の大刀」（胆狭浅の大刀）を献上している姿から、これは「天日槍命の王朝」への臣従ではと思われます。

美濃国（岐阜県）の伊奈波《いなば》神社（岐阜県岐阜市伊奈波通り）は五十瓊敷入彦命を祭る社です。こちらの伝承では、五十瓊敷入彦命は朝廷の命により奥州を平定したが、命の成功を妬んだ陸奥守豊益の讒言により朝敵とされて伊奈波神社の地で討たれた、と伝わります。五十瓊敷入彦命を討ったと言う「陸奥守豊益」ですが、陸奥に行った豊国の一族とは、豊城入彦命を開祖とし、稲背入彦命（彦狭嶋王）、御諸別命《みもろわけのみこと》と続く一族です。この地で討たれ亡くなったという五十瓊敷入彦命の伝説は「三王家の王朝」の本宗家の滅亡の一端を今に伝えている物となるのでしょう。

豊城入彦命――八綱田命――稲背入彦命（彦狭嶋王）――御諸別命

建稲種命――志理都彦命（五十瓊敷入彦命）

※豊城入彦命の子に八綱田命を入れるのは『新撰姓氏録』に従います。

景行天皇は九州にも討伐を行っていると、『日本書紀』は記しますが、これは前の王朝の勢力地の一つを平定している姿でしょう。

磐衝別命の血

現在の日岡神社の主祭神は天伊佐佐比古命ですが『播磨国風土記』によると神社の祭神は、「大御津歯命の子、伊波都比古命である」とあり、風土記が記された時代の祭神は、現在の祭神ではないといいます。風土記はまた、印南別嬢の墓は薨去された際に日岡に作って葬り、その墓は比礼墓と言うと記します。この比礼墓のその名の由来は「印南別嬢の屍を掲げ持って印南川を渡った時、強いつむじ風が川下から起こってきて、その屍を川中に巻き込み、探したけれども見つからなかった。ただ、匣《くしげ》と褶《ひれ》とが見つかっただけだった。この二つの物を、その墓に葬った。それで、褶墓と名づけた」といい、遺体の代わりに匣と褶を印南別嬢の墓に葬った故とも伝えます。

日岡山の比礼墓の祭神は風土記を見ると、被葬者と、その墓を守っていく子であると考えるのが自然です。風土記では比礼墓に鎮座するのは大御津歯命《おおみつはのみこと》の子の伊波都比古命《いわつひこのみこと》でしたが、これに当てはめれば墓の被葬者は大御津歯命で、それを守っているのが伊波都比古命になります。話の流れからは大御津歯命とは印南別嬢で、その子が伊波都比古命でしょう。

この伊波都比古命の名前の都は「の」の意ですから「イワ」の彦です。この「伊波」を代々受け継いでいる一族が『上宮記逸文《じょうぐうきいつぶん》』に残る、磐衝別命《いわつくわけのみこと》の一族です。系譜は伊久牟尼利《いくむにり》比古大王《ひこのおおきみ》、伊波都久和希《いわつくわけ》、伊波智和希《いわちわけ》、伊波己里和氣《いわこりわけ》と「イワ」を継承しますが、磐衝別命を考えれば伊波とは磐となります。これらを勘案すると、印南別嬢の子の「伊波」都比古命は、その父の「磐」を継承しているとなりそうです。

五十河媛　　　阿耶美津比売命
＝　　　　　　＝
吉備津彦命――稲背入彦命（吉備津彦命）――御諸別命
　　　　　　播磨稲日大郎姫（神櫛皇子＝讃岐国造）
　　　　　　＝
垂仁天皇――景行天皇――五十日帯彦命（神櫛別皇子）（成務天皇）
＝　　　　磐衝別命
薊瓊入媛（苅羽田刀弁）

先述の検討では印南別嬢（稲日稚郎姫）の姉という播磨稲日大郎姫命の系譜は右記のようになりました。この系譜に現れる、五十日帯彦命《いかたらしひこのみこと》は『丹後旧事記』に成務天皇とあり、石はイシではなく「イワ」と読む石田《いわた》神社の祭神でしたので「磐」を受け継ぐ者です。また命は垂仁天皇から続く「帯」（タラシ）をも継承します。
播磨稲日大郎姫命の夫という景行天皇とは磐衝別命であると考えると自然な系譜に落ち着

き、その子孫の五十日帯彦命が「磐」を継承しているので系譜が繋がります。どうやら、その子孫も「帯」と「磐」を受け継いでいそうです。これが成り立つのが、景行天皇こと大帯日子命と印南別嬢の子の、「磐」の御子こと伊波都比古命です。

磐衝別命――五十日**帯**彦命―大**帯**日子命―**伊波**都比古命
　　　　　　　　　　　　　＝
　　　　　　　　　　　印南別嬢（大御津歯命）

印南別嬢は成務天皇の御代に播磨国にやって来た比古汝茅の子でしたが、丹波道主命自身か近親者の彦汝命でした。この一族は要するに倭建命《やまとたけるのみこと》を祖とする息長氏でしたが、『播磨国風土記』には、この息長氏と思われる息長命《おきながのみこと》が景行天皇と印南別嬢の仲人（媒酌）になったといいます。また息長氏は別名を伊志治《いしじ》といい、賀毛郡の山直《やまのあたい》たちの始祖であるとも記されます。

成務天皇こと五十日帯彦命は『古事記』に春日の山君、『新撰姓氏録』に「和泉国皇別の山公」、「摂津国皇別の山守」とあり、命は山の先祖だと伝わります。

印南別嬢はまた大御津歯命でしたが同じ「ミツハ、ミズハ」の名前の姫に、磐衝別命の子の磐城別の妹と言う水歯郎媛《みずはのいらつめ》がいます（『日本書紀』）。この景行天皇の妻の大御津歯命とよく似た水歯郎媛もまた、景行天皇の妻と言います。磐城別の親戚に磐梨別《いわなしわけ》がいますが、系図で代々その名を受け継いでいます。水歯郎媛の一族の磐城別も称号（領主）でそれが当てはまり、大帯日子命が継いでいると想定すれば、妹とはその一族の妻の意味となるのではないでしょうか。

日子坐王──丹波道主命（彦汝命、息長命、山直の始祖）
　　　　　　＝
稲背入彦命─吉備比売──印南別嬢（大御津歯命、水歯郎媛）
　　　　　　　　　　　＝
磐衝別命──五十日帯彦命─大帯日子命─伊波都比古命（「帯」「磐」「山」の継承者）
　　　　　（「磐」の継承者、「山」の始祖）
景行天皇　─成務天皇──仲哀天皇──応神天皇

系譜を纏めると伊波都比古命が「帯」、「磐」、「山」の全てを受け継いでいる姿が浮かび上がります。また命は「三王家の王朝」、吉備、「天日槍命の王朝」の全ての血の結合点ともなります。『上宮記逸文』が残す、継体《けいたい》天皇の女系の系譜が磐衝別命から続くのには、深い由緒があると言えるでしょう。

丹波道主命の娘たち

垂仁天皇が娶ったと言う丹波道主命の五人の姫の内、真砥野媛《まとのひめ》、薊瓊入媛《あざみにいりひめ》、竹野媛はすでに検討しました。残る二人の内の一人が渟葉田瓊入媛《ぬばたにいりひめ》（沼羽田之入毗売）です。姫の子は、『日本書紀』によれば鐸石別命《ねてしわけのみこと》（沼帯別命）と胆香足姫命《いかたらしひめのみこと》を、『古事記』では胆香足姫命は載せずに、伊賀帯日子命《いがたらしひこのみこと》を生んだとあります。『古事記』では沼羽田之入毗売の子は二柱と明記されますので、胆香足姫命と伊賀帯日子命はどうもわざと性別を変えて、ぼかしている可能性も有りそうです。

同じ渟葉田瓊入媛の子の伊賀帯日子命の兄弟の胆香足姫命は「イカ」足姫命と読みます。また八咫烏《やたがらす》の妻の伊賀古夜日売は伊可古夜比売《いかこやひめ》命と読みますので、伊賀帯日子命も「イカタラシヒコ」と読めます。これは五十日帯彦命と同様の読みです。

これは五十河媛《いかがひめ》、播磨稲日大郎姫と続く系譜と同じでしょうから、渟葉田瓊入媛は垂仁天皇の姫ではなく磐衝別命の妻が該当しそうです。鐸石別命の石を先ほどの石田神社のイワタと同様にイワと読むなら、「磐」の子となります。鐸石別命の子孫に「磐」を内包する磐梨別が続くのをみると、鐸石別命もこれを継承しているようです。磐梨別は磐穴師ではとの説が有りますが、「磐」を含むのはその説の傍証と言えるのではないかと思います。また、鐸石別命の子孫の代数は、その父と言う垂仁天皇から数えると一代分不足しますが、これは本来は垂仁天皇の子の磐衝別命が鐸石別命の父だからでしょう。余談ですが和気清麻呂《わけのきよまろ》などの和気氏は鐸石別命を祖とします。

磐衝別命
＝
淳葉田瓊入媛――胆香足姫命
伊賀帯日子命
鐸石別命――数代略――磐梨別

垂仁天皇と丹波道主王《たんばのみちぬしのおおきみ》の姫の婚姻譚は、狭穂姫《さほひめ》が亡くなる前に自らの後継として天皇に『日本書紀』では五人、『古事記』では兄比売、弟比売の二人を推奨する場面から始まります。『古事記』はその後に、丹波道主王の娘として比婆須比売命、弟比売命、歌凝比売命、円野《まとの》比売命《ひめのみこと》の四人を挙げますが、その内の二人は容姿不十分で返されますので、嫁入りしたのは二人となります。これと比べると『日本書紀』の五人の内、真砥野媛、竹野媛は時空を超えるので残りは三人で一人多いです。淳葉田瓊入媛は垂仁天皇の子と考えると、二人となるので狭穂姫の推奨人数と合います。ここまでの検討で垂仁天皇と丹波道主王の姫の婚姻とは、世代も人物も垂仁天皇とは異なる人物と姫との婚姻でしたので、これらは垂仁天皇を始めとする「天日槍命の王朝」の天皇が娶った姫たちの結婚を物語に仮託した物となります。

丹波道主命の姫の最後の一人は日葉酢媛命《ひばすひめのみこと》です。姫の長男は五十瓊敷入彦命で、次男が大足彦尊と言いますが、それぞれ五十瓊敷入彦命は「三王家の王朝」の崇神天皇、大足彦尊は「天日槍命の王朝」の景行天皇と重なる存在でした。また日葉酢媛命が丹波道主命の娘として皇后に立后されたのなら、その家系図の『海部氏勘注系図』に大きく記されてもよさそうですが、丹波道主命こと川上眞稚命《かわかみまわかのみこと》の子の川上日女命《かわかみのひめのみこと》の割注に小さい文字で「一云、日葉酢姫」と記されるのみです。この二代勢力の「三王家の王朝」と「天日槍命の王朝」の結び目と言える姫の本当の名前は何なのでしょうか。

迦具夜比売命と時空を超えて

振り返ると丹波道主命こと川上眞稚命の娘は、竹の姫との間の子の迦具夜比売命《かぐやひめのみこと》でした。姫の父は、竹をその名に冠する大筒木垂根王《おおつつきたりねのみこ》で、おじの讃岐垂根王《さぬきたりねのみこ》は竹取物語の讃岐の造と重なる人物でした。また迦具夜比売命は一字違いの迦具漏比売《かぐろひめ》と同一人物ですが、カグロヒメは景行天皇と応神天皇の妻といい、歴史を記す使命の国史が御伽噺を語っているのではと錯覚させる、言わば姫は時空（世代）を超える姫でした。また『古事記』の倭建命から息長《おきなが》田《た》別王《わけおう》、息長真《おきながま》若中比売《わかなかひめ》へと続く系譜も丹波道主命と同様の系譜であり、姫は迦具夜比売命と同一人物となりました。

息長田別王――杙俣長日子王――息長真若中比売
日子坐王――川上眞稚命、大筒木真若王、大箇木垂根王――**迦具夜比売命**
（比古由牟須美命）　（丹波道主命）　（カグヤヒメ）
＝
五十瓊敷入彦命――竹野姫命、川上之摩須郎女
（由碁理）

『海部氏勘注系図』には川上眞稚命の娘として川上日女命を挙げますが、姫は竹野日女命、大中日女、八小止女の名を持ち、そして小さな文字で「一云、日葉酢姫」とも記されます。この内の竹野日女命は竹の姫ですから、迦具夜比売命と大中日女は息長真若中比売と重なります。この姫の父の川上眞稚命は丹波道主命ですので、割注「一云、日葉酢姫」からも、丹波道主命の娘の日葉酢姫でもあるのでしょう。この全てが集結した点に存在する迦具夜比売命は、応神天皇の妻であり景行天皇の妻とも伝えられていましたが、その景行天皇とは大帯日子命でしょう。

倭建命――息長田別王――杙俣長日子王――息長真若中比売
日子坐王――川上眞稚命――**迦具夜比売命**
＝
景行天皇――五十日帯彦命――大帯日子命（景行天皇、応神天皇）

結局、迦具夜比売命は倭建命の曾孫ですが、倭建命が一人であるとすると矛盾が出る伝えでした。このかぐや姫の配偶者や、倭建命の妻を「ある妻」として伏せるなどは、複雑に隠された系譜を正確に記すと国史の根幹にある「万世一系」が崩れてしまうため、これだけの暗号をそこに埋め込んだわけで、編集者の意図は時空を超えてそれが開かれるのを期待していたのだと、肯定的に解釈出来るかもしれません。

迦具夜比売命の祖父の日子坐王が刀《と》我禾鹿《がのあわが》宮《ぐう》で朝廷を開く事績からも、王は「三王家の王朝」の後継王朝を開いていたと捉えられます。竹取物語のかぐや姫が多くの男性から求婚されるように、この血の帰結点と取れる迦具夜比売命を、大帯日子命が物語の男性陣の如く望むと想像するのは容易でしょう。

倭建命から子孫の息長真若中比売へ続く系譜は、『釈日本紀』に載る『上宮記逸文』の系図と重なります。その系譜には「凡牟都和希王娶、洷俣那加都比古女子、名弟比賣麻和加」

とありますが、弟比賣麻和加が息長真若中比売となります。また姫は凡牟都和希王《ほむつわけおう》と結婚したとも系譜は伝えます。

五十日帯彦命――大帯日子命（景行天皇、応神天皇）
＝
杙俣長日子王――息長真若中比売
＝
洼俣那加都比古―弟比賣麻和加
＝
凡牟都和希王―若野毛二俣王―大郎子―乎非王―汙斯王―乎富等大公王
（応神天皇）　　　　　　　　　　　　　　　　　　（継体天皇）

『上宮記逸文』が載せる系譜は凡牟都和希王から継体天皇までの五代に渡る物でした。この継体天皇は『日本書紀』が誉田天皇《ほむたのすめらみこと》、『古事記』が品太王《ほむたのみこ》と記す、所謂応神天皇の五世孫だと言います。つまりは『上宮記逸文』の凡牟都和希王が応神天皇となり、カグロヒメの夫の景行天皇と応神天皇と対応します。凡牟都和希王はホムツワケ王と読みますが、これと同じ名前を持つ王が垂仁天皇と狭穂姫の子という誉津別王《ほむつわけのみこ》です。

狭穂姫と誉津別王

誉津別王（『古事記』本牟智和気御子）の母の狭穂姫（『古事記』沙穂姫命）は垂仁天皇に反乱を起こしたという狭穂彦王《さほびこのみこ》の妹で、兄が籠城し敗れた際に狭穂姫も城が燃え盛る炎の中で一緒に亡くなります。「記紀」には皇子の誕生譚が載せられていますので追っていきます。

『古事記』では狭穂姫の子は狭穂彦王が籠城している稲城に入る段階では御子はまだ生まれておらず、稲城の中で狭穂姫は妊娠中の御子を産み、「もしこの御子を、天皇の御子とお思いなさるならば、引き取ってお育てくださいませ」と言って、籠城中の稲城の外に置き差し出します。『日本書紀』では狭穂姫は王子の誉津別命を抱いて稲城に入られたとありますから、御子は籠城前、最後に城が焼かれる前に生まれていいます。しかし『古事記』では「今、火が稲城を焼く時に、炎の中で生まれました。そこで、その御名は、本牟智和気御子《ほむちわけのみこ》と名付けましょう」と姫は不思議な言葉を残します。御子が炎の中で生まれた故に「ホムツワケ」と名付けると言うのは、この御子の誕生譚はお馴染みの、炎の中で生まれた穢れなき御子だと言う、「火中出生神話」の概念を表しているのでしょう。

「火中出生神話」は天津彦彦火瓊瓊杵尊が天降り、大山祇神の子とも言う鹿葦津姫《かしつひめ》（木花之開耶姫）と結婚した場面で語られた物語でした。この神話で生まれた御子が彦火火出見尊《ひこほほでみのみこと》でその系譜は、彦波瀲武鸕鷀草葺不合尊と続き、初代天皇と言う神武天皇に繋がりました。

同様に稲城が焼ける炎の中で生まれるとは、誉津別王も王朝の始祖的な存在に当たっていることの暗示となるのでしょう。神武天皇へと続く彦火火出見尊の「火中出生神話」は王朝交代を表していましたが、炎の中で生まれた誉津別王もそれと同じことを伝える物語となります。

先ほどの系図を纏めると、迦具夜比売命を娶るのが新王朝の開祖の炎から生まれた凡牟都和希王になります。

倭建命─息長田別王─杙俣長日子王──息長真若中比売
日子坐王──川上眞稚命───**迦具夜比売命**（**日葉酢姫**）
＝
景行天皇──五十日帯彦命──大帯日子命（景行天皇、**応神天皇**）
凡牟都和希王─若野毛二俣王─◯─乎富等大公王
（**応神天皇**）

この物語の中で、狭穂姫が夫の天皇を膝枕で寝かせている時に姫は涙を流して、その涙が寝ている天皇の顔に落ちる場面が描かれます。姫の涙が天皇の顔に落ちると、天皇は目を覚まして「私は、いま夢を見た。錦色の小蛇が、私の頸にまつわり、また大雨が狭穂より降ってきて顔を濡らす夢を見たのは、何の前兆なのだろうか」と夢の話を姫に語ります。姫によると錦色の小蛇は短剣で、大雨は姫の涙だと言います。

この夢に出て来る小蛇は、姫の出自の象徴と言える三輪山の蛇神ではないでしょうか。蛇神は龍神に繋がり、短剣が銀色に輝くと想像すると、銀の龍が雨を降らしたと物語は伝えていると著者は想像します。雨を降らす龍神は高龗神《たかおかみのかみ》と通じ、天香久山の山頂の神とも繋がります。沙穂姫の魂も龍に乗り天上へ帰ったことを思い浮かべると、姫もかぐや姫の一人で、水の神の瀬織津姫の一人とも言えるのかも知れません。

朝庭別王と王朝交代

迦具夜比売命の祖父の日子坐王は天皇として刀我禾鹿宮で朝廷を開いたと伝えられていましたので、その皇子の丹波道主命も同様に天皇だったと捉えるのが自然でしょう。これを暗示する名前を持つ王が、丹波道主命の子の朝庭別王《みかどわけのみこ》です。朝庭別王の名前は朝庭から別れた王となりますから、その前の世代（丹波道主命）まで朝廷を開いていたと、その名から捉えられます。言い換えれば、この世代で禅譲があった事を伝える名前と言えるでしょう。『海部氏勘注系図』でも丹波道主命に当たる川上眞稚命の子の丹波大矢田彦命を「亦云、朝庭別王」と記し、王の本来の名前を明かします。また朝庭別王は「三川の穂別が祖」とも伝わりますが、この詳細は後述します。

日子坐王――川上眞稚命――朝庭別王
　　　　　　　　　　　　迦具夜比売命（日葉酢姫）
　　　　　　　　　　　　＝
景行天皇――五十日帯彦命――大帯日子命（景行天皇、応神天皇）

朝庭別王の世代で禅譲（王朝交代）があったと記しましたが、この傍証が『丹後旧事記』に有ります。この書によると「天日槍命の王朝」の子孫たちが丹後国より貢を入れる（領地を持った）と記されますので、これは前王朝が新王朝に対する臣従の証と捉えられそうです。

鐸石別尊
順同志に日く當國竹野郡鐸石の里より始めて貢を入る故に此郷を名とす。
盤種別尊
順国志竹野郡盤種の里より貢を入る。
五十日足彦尊　成務天皇
順國志に余社郡板列の速石の里より奉貢。五十日の里より貢を入れる此里を後皇邑に割。

（『丹後旧事記』）

また同書に朝庭別王は「景行天皇の伯父王成務天皇の伯父王」と記されます。朝庭別王の父は丹波道主命で、垂仁天皇に嫁いだと言う日葉酢姫の兄弟ですので景行天皇の伯父王は容易に理解できます。もう一方の成務天皇の伯父王はどうでしょうか。一連の検討の結果で紡いだ系譜では、朝庭別王の義兄弟は景行天皇こと大帯日子命になり、その子が成務天皇の一人となり、その伯父王が成り立ちます。つまり、『丹後旧事記』は正しい伝承を伝えているとなります。

『古事記』

丹波道主命——朝庭別王
　　　　　　日葉酢姫
　　　　　　　＝
　　　　　　垂仁天皇——景行天皇

『丹後旧事記』

丹波道主命——朝庭別王
　　　　　　日葉酢姫

景行天皇――成務天皇

丹波道主命の娘の迦具夜比売命と重なる姫がもう一人います。それが長らく保留にしていました日本《やまと》武 尊《とたけるのみこと》の妻という弟橘媛《おとたちばなひめ》です。

弟橘媛と日本武尊

弟橘媛は倭建命の妻の一人で、御子は若建王《わかたけのみこ》でした。倭建命は言わば普通名詞で、景行天皇の妻がその曾孫になるという系譜の先頭の倭建命は、景行天皇の子という倭建命とは別人物となります。その子の若建王も、その名は倭建命の若様と言っているに過ぎませんので、複数人存在する倭建命の息子は全て若建王とも言えます。飯野真黒比売の夫という若建王の母は「一妻《あるみめ》」こと宮簀姫命《みやすひめのみこと》となり、弟橘媛の子ではないことも、これまで見てきました。

倭建命―息長田別王―杙俣長日子王―息長真若中比売
日子坐王――川上眞稚命――迦具夜比売命（日葉酢姫）
＝
景行天皇――五十日帯彦命―大帯日子命（**景行天皇**、応神天皇）
凡牟都和希王――若野毛二俣王―◯―乎富等大公王
（**景行天皇**）

大帯日子命こと景行天皇の次代は成務天皇となりますが、その和風諡号は若帯日子天皇《わかたらしひこのすめらみこと》（稚足彦天皇）と言います。若帯日子天皇とは、お気づきかと思いますが帯（つまり天日槍命の子孫）の若様と言っているに過ぎません。これは若建王と同じ構図となります。

若帯日子天皇の次代が仲哀《ちゅうあい》天皇です。足仲彦天皇《たらしなかつひこのすめらみこと》（仲哀天皇の和風諡号）は、日本武尊の第二子で稚足彦天皇には男の御子がいなかったので後嗣になったといいます（『日本書紀』）。『日本書紀』では皇后も宮の記載もない天皇であり、この天皇も言ってみれば「欠史」しているとも言えます。要するに「欠史」とは差し障りがあると、事績が消されると言うことでしょう。

一方『古事記』は成務天皇の妻と子を記し、妻が穂積臣らの祖先、建忍山垂根《たけおしやまたりね》の娘の弟《おと》財郎女《たからのいらつめ》で、御子が和訶奴気王《わかぬけのみこ》だと述べます。『日本書紀』ではいないはずの皇子が『古事記』には載ります。また『古事記』には皇居も記されており、景行天皇の事績に重なる稲背入彦命にゆかりの、近江国志賀の高穴穂宮《たかあなほのみや》で天下を統治したと有ります。

成務天皇の皇子だという和訶奴気王はとてもユニーク（唯一）な名前です。この珍しい「ワカヌケ」の名前を持つ人物が応神天皇（凡牟都和希王）の皇子の若野《わかぬ》毛《け》二俣王《ふたまたのみこ》です。結論から記せば、この「ワカヌケ」で音通する成務天皇の子の和訶奴気王と応神天皇の皇子の若野毛二俣王の二人は、同一人物になります。

この和訶奴気王の母は建忍山垂根の娘の弟財郎女でした。建忍山垂根の子孫は穂積臣でしたが、『日本書紀』「崇神天皇紀」に穂積臣氏の遠祖は、大水口宿禰《おおみなくちのすくね》であると記されます。大水口宿禰は『先代旧事本紀』に饒速日尊《にぎはやひのみこと》の四世孫として記され、また同書でも穂積臣の祖と記されます。穂積臣は物部氏ですが、その系譜を記した『亀井家譜』には大水口宿禰の後に建忍山宿禰命《たけおしやまのすくねのみこと》と続き、その娘として弟橘媛（『亀井家譜』弟橘比賣命）を挙げます。弟橘媛の父の建忍山宿禰命の分注には、弟財郎女の父と建忍山垂根と同様に「穂積臣矣」とあり、二人が共に穂積臣である事が分かります。

弟橘媛は景行天皇の子の日本武尊が夫ですから成務天皇世代です。成務天皇の妻の弟財郎女もまた成務天皇世代ですので、その父で同世代で並ぶ穂積臣の祖の建忍山垂根と建忍山宿禰は同一人物でしょう。建忍山垂根と建忍山宿禰は「垂根」と「宿禰」が異なる箇所ですが、「宿禰」とは垂れて根付いたの意味の称号でしょうから、これは敬称の違いです。

景行天皇――成務天皇―仲哀天皇
建忍山垂根（穂積臣らの祖先）―弟財郎女―和訶奴気王
大水口宿禰（穂積臣氏の遠祖）―建忍山宿禰（穂積氏）――弟橘媛
＝
景行天皇――日本武尊

子孫から遡ると、『亀井家譜』では建忍山宿禰の後に大木別垂根命、真《ま》津臣《つのおみ》、阿米臣と続きます。阿米臣の兄弟に田狭臣が記されますが、その田狭臣の割注には「雄《お》朝津《あさつ》間《ま》稚子宿禰《わくごのすくねの》天皇《すめらみこと》（允恭《いんぎょう》天皇）十一年三月」とあり、これを遡ると姫は応神天皇世代に該当します。若野毛二俣王は応神天皇の子で世代が合います。

大帯日子命（景行天皇、応神天皇、凡牟都和希王）
応神天皇――若野毛二俣王
＝
川上眞稚命――迦具夜比売命（日葉酢姫）
建忍山宿禰――弟橘比賣命

大木別垂根命――真津臣――阿米臣
　　　　　　　　　　　　田狭臣

仲哀天皇――応神天皇――仁徳天皇――允恭天皇

この系譜を眺めれば誰が日本武尊なのかが見えてきます。弟橘媛の夫が日本武尊ですから、それは大帯日子命となります。景行天皇は西は九州、東は関東へと遠征（巡幸）しますが、これが日本武尊の事績と重なるのは同一人物だからでしょう。以前述べましたように天皇の職務は祭祀で、物理的な統治に使う武力は別の者が担うのが観念上の役割分担でしたが、大帯日子命は自らそれを行った故に、「景を行う」がその謚号として与えられたのではないでしょうか。検討の結果、弟橘媛と弟財郎女は応神天皇の妻の迦具夜比売命となります。かぐや姫は系譜上も物語上も切望される姫です。それと重なる弟橘媛と弟財郎女のその名前は、「橘」が望む「財」（宝）の意味を込めた物と想像出来るでしょう。

若野毛二俣王と隼総別皇子

先ほどの系図では丹波道主命こと川上眞稚命と建忍山宿禰命（建忍山垂根）が同一人物となりましたが、『上宮記逸文』と同様の系譜を伝える『神皇正統記《じんのうしょうとうき》』を見ていくと、これが浮かび上がります。『神皇正統記』は南北朝時代の南朝公卿の北畠親房が著した歴史書ですが、そこでは『上宮記逸文』と同様に応神天皇から始まる継体天皇の出自を伝えます。応神天皇、隼総別皇子《はやぶさわけのみこ》、大迹王《おおとのみこ》、私斐王《しいのみこ》、彦主王《ひこぬしのみこ》、男大迹王《おおとのみこ》と記し、母は振姫と『上宮記逸文』と隼総別皇子の一人を除き同一人物を伝えます。

【上宮記逸文】
凡牟都和希王—**若野毛二俣王**—大郎子——乎非王——汙斯王——乎富等大公王（継体天皇）

【神皇正統記】
応神天皇——**隼総別皇子**——大迹王——私斐王——彦主王——男大迹王（継体天皇）

『上宮記逸文』と『神皇正統記』の伝える系譜の間で異なるのは、若野毛二俣王が隼総別皇子となる点です。二つの系譜は、その他が同一人物ですから、若野毛二俣王と隼総別皇子もまた同一となります。隼総別皇子は、女鳥王《めどりのみこ》を巡って仁徳《にんとく》天皇と争う皇子ですが、父は応神天皇、母は桜井田《さくらいた》部連男鉏《べのむらじおさい》の妹糸媛《いとひめ》です（『日本書紀』）。『古事記』では父は同じく応神天皇、母は桜井田部連の祖先の島垂根《しまたりね》の娘、糸井《いとい》比売《ひめ》と言います。この糸井比売の父の嶋根垂を伝える系図が『日下部系森家の系譜』です。系譜は彦坐王、日下《くさか》部嶋根《べのしまね》垂根命《たるねのみこと》、日下《くさか》部垂見宿《べのたるみのすく》禰《ね》と続きます。この日下部垂見宿禰は、亦の名を浦島太郎だと言い、また宿禰の長男は、嶋児だと系図は伝えます。『海部氏勘注系図』は男《お》垂見宿禰《たるみのすくね》の子は川上眞稚命だと伝えます。

応神天皇——隼総別皇子（若野毛二俣王）
＝
島垂根——糸井比売
日下部**嶋根垂根**命——日下部垂見宿禰（浦島太郎）——嶋児
男垂見宿禰——川上眞稚命
彦坐王——丹波道主命——迦具夜比売命（日葉酢姫）

建忍山宿禰命（建忍山垂根）とは丹波道主命だという姿が、より鮮明に浮かび上がったと思います。

糸井比売の後裔だと思われる氏族に糸井氏がいます。『新撰姓氏録』には糸井造が挙げられており、そこには三宅連同祖で、「新羅国人天日槍命之後也」と有ります。同祖とされる三宅連の始祖は、先述した天日槍命の子孫の田道間守《たじまもり》でした。要するに糸井氏は「天日槍命の王朝」の子孫となると思われます。

倭建命——息長田別王—杙俣長日子王—息長真若中比売

日子坐王——川上眞稚命——糸井比売（迦具夜比売命、日葉酢姫）

＝

垂仁天皇—景行天皇——五十日帯彦命—大帯日子命——糸井氏

凡牟都和希王—若野毛二俣王—◯—乎富等大公王

白鳥の二人

よく知られていますが日本武尊は亡くなった後に白鳥となって飛び立ちます。白鳥は最初の埋葬地の伊勢国の能褒《のぼ》野陵《ののみささぎ》から、倭国へ飛びます。その後に一旦は倭の琴弾原《ことひきはら》に留まり、さらに飛び去り河内に至り、最後は旧市邑《ふるいちむら》に留まったと『日本書紀』は伝えます。伊勢国の能褒野陵と、白鳥が留まった二つの地にも陵を作り、この三つの陵を白鳥陵と名づけたといい、能褒野で崩御された時の年齢は三十歳だとも記します。この白鳥伝説と三十歳という年齢を継ぐ皇子が、『上宮記逸文』にも載る凡牟都和希王（誉津別王）です。

誉津別王の物語は「記紀」共に、三十歳になっても「ものを言うことができなかった」、「成年になっても言葉が喋れなかった」として始まりますが、空高く飛んでいる「白鳥」を見て、「あれは何だ」と初めて言葉を発したといいます。それを聞いた父の天皇は喜んで、部下に「白鳥」を捕らえてくる様に命じます。ここから『日本書紀』と『古事記』とでは、内容が異なって来ます。

『日本書紀』は白鳥を出雲か但馬国に行って捕え、誉津別王はついにものを言うことができたとします。『古事記』ではこれとは異なり、紀伊国から播磨国、因幡国、但馬国、丹波国、近江国、美濃国、尾張国、信濃国、越国まで追って行き、最後は和那美《わなみ》の港で「白鳥」を捕獲して都に戻りますが、それでも王は「ものを言う」ことはなかったと言います。

父の天皇は落胆していましたが、その後のある日、「私の宮を、天皇の宮殿のように整備してくださるならば、御子は必ずものを言うでしょう」と夢でお告げを受けます。どの神のお告げか占った結果、これを告げたのは出雲大神で、本牟智和気御子《ほむちわけのみこ》が喋れないのは、その祟りだと判明します。そこで本牟智和気御子を出雲大神の宮に参拝させることとなり、共に日子坐王の子孫の曙立王《あけたつのみこ》と菟上王《うなかみのみこ》を副えて出雲に向かわせます。

出発前に天皇は曙立王に命じて誓約を行います。「この大神を拝むことで、誠に吉い効果が得られるというならば、この鷺巣の池の樹に住む鷺よ、誓約どおりに落ちよ」と言うと、その鷺は地に落ちて死に、次に「誓約どおり生きよ」と言うと、復活したと語ります。今度は、「甘樫丘の岬の葉の広い大きな白檮の木」を誓約どおり枯らし、また誓約どおりに蘇生させたといいます。

出雲に到着した一行は、出雲大神を参拝し終わって都へ帰り上る際に滞在先の仮宮で休んでいましたが、その時に本牟智和気御子は出雲の青葉の山を見て「この河下に青葉の山のようなものは、山のようであるが山ではない。もしかしたら出雲の石硐《いわくま》の曾宮に鎮座なさる、葦原色《あしはらし》許《こ》男大神《おのおおかみ》を祭り申し上げる神職の祭場なのか」と初めて言葉を話します。

その後、話は出雲の姫の肥長比売《ひながひめ》との一夜婚の話へと変わります。その一夜に御子が乙女をひそかに覗き見すると姫は蛇になっていて、驚いた御子は恐れをなして逃げてしまいます。肥長比売は傷ついて、海原を照らして船で追って来ますが、御子はそれを見ていっそう恐れ、山のくぼんで低くなった所から御船を引き越し、都へと上って行ったと、二人の婚姻生活を締めます。

都に戻った曙立王は天皇に「出雲大神を拝んだことによって、御子は物をおっしゃられました。それで、戻って参りました」と成果を報告し、それに天皇は満足して菟上王に、出雲大神の宮を造らせ、また御子のために、鳥《と》取部《とりべ》・鳥甘部《とりかいべ》・品遅部《ほむぢべ》・大湯坐《おほゆゑ》・若湯坐《わかゆゑ》を定めたと物語を閉じます。

幾つかの時代が異なる複数人の遠征譚を纏めたのが日本武尊の物語ですが、三十歳で亡くなった日本武尊が宮簀姫命の夫として描かれるのは、「三王家の王朝」を象徴としたものではないでしょうか。また伊吹山で日本武尊が敗れ亡くなりますが、息吹は伊福部氏に通じ、これは息長氏に繋がります。これはその末裔の丹波道主命への禅譲の比喩かも知れません。三十歳で白鳥になって飛び立つ日本武尊の姿は、それを見て三十歳で言葉を発した誉津別王に受け継がれます。

三十歳になっても言葉が喋れない誉津別王は「白鳥」をみて言葉を発しますが、原因は出雲大神の祟りだと言います。再三ですが出雲大神とは「タニハ王朝」の神で、これを鎮めたことによって誉津別王は話を始めました。

日本武尊は亡くなった後に白鳥となり魂は大空へ飛び立ちましたが、その白鳥を見て言葉を発したとは、魂を引き継いだ比喩でしょう。誉津別王は「記紀」によれば垂仁天皇の子ですので、「天日槍命の王朝」の皇子です。この伝説を歴史に当てはめるなら、「タニハ王朝」から続く王朝から、「天日槍命の王朝」への禅譲を仮託した物語と言えるのではないでしょうか。

天甕津比売命と天御梶日女命

本牟智和気御子に祟ったと言う神は出雲大神でしたが、『尾張国風土記逸文』では御子(『風土記』品津別皇子)が話せない原因は別の神だといいます。

七歳になっても言葉を発することが出来なかった。その理由を広く臣下に尋ねたが、はっきりと分かる者はいなかった。その後、皇后の夢に神が現れた。お告げに言う。

「我は、多具国の神で、名前を阿麻乃弥加都比女《あまのみかつひめ》という。我には祭祀してくれる者が未だいない。もし我のために祭祀者を当てて祭るならば、皇子は話すことができるようになるだろう。また皇子は長命になるだろう」

（『尾張国風土記逸文』）

風土記は『古事記』と似た話を伝えます。しかしここでは、『古事記』とは異なり阿麻乃弥加都比女が祟っているといいます。要するに、二つの書物を繋げれば、出雲大神と阿麻乃弥加都比女は非常に近い神となりますので、恐らく姫はその対偶神（妻）であろうと推測されます。

この多具国の神という姫は天甕津日女命《あめのみかつひめのみこと》とも書きますが、多具国は出雲国にあったと推定される地名で、島根半島の中央部の古名（島根松江市鹿島町講武附近）といわれます。『出雲国風土記』に多久社（島根郡）を見ることが出来、その比定社は多久《たく》神社（島根県松江市鹿島町南講武）で、天甕津比売命を祭ります。

先程、出雲大神と天甕津比売命は夫婦ではと推測しましたが、姫の夫は赤衾伊努意保須美《あかぶすまいぬおおすみ》比古佐倭気命《ひこさわけのみこと》といいます。この長く難解な名前に内包される「伊努」は風土記にも挙がる地名です。姫が「ああ、伊努さまよ」（原文は伊農、神亀三年に伊農と改めた）と夫の名前を呼んだことが、その地名の由来になったといいます。この地には現在でも伊努神社（島根県出雲市西林木町）があり、夫妻がその祭神です。また姫はこの地で薨去したと伝わり、『雲陽《うんよう》誌《し》』は姫を客明神《きゃくみょうじん》だと記しますので出雲国の外から来たとなります。

松江市の多久神社は天甕津比売命を祭りましたが、出雲市多久町の多久神社では阿遅須枳《あじすき》高日子命《たあかひこのみこと》の妻の天御梶日女命《あめのみかじひめのみこと》が祭神です。この二つの多久神社の祭神関係から、阿遅須枳高日子命は赤衾伊努意保須美比古佐倭気命であり、天御梶日女命は天甕津比売命となりますので、本牟智和気御子に祟ったと言う出雲大神は阿遅須枳高日子命となりそうです。

「記紀」によれば阿遅鉏高日子根神は、天稚彦命《あめのわかひこのみこと》の妻の下照姫《したてるひめ》の兄で、阿遅鉏高日子根神と、妹の夫の天稚彦命の二人は、葦原中国《あしはらのなかつくに》にいたときには仲が良かったといいます。しかし、何故か天稚彦命が亡くなった際に阿遅鉏高日子根神は怒り、その喪屋を切り倒し蹴飛ばしたと「記紀」は記します。これは一度は婚姻をして手を組んだ天稚彦命（三王家の王朝）と阿遅鉏高日子根神（吉備）が、後にその子孫同士の八《や》綱田《つなた》と沙穂彦や、五十瓊敷入彦命と豊城入彦命の末裔（吉備津彦命）が争った相克の戦いを仮託した話ではと思われます。

先述ですが出雲大神こと阿遅須枳高日子命の妻は天津《あまつ》羽《は》羽《は》神《がみ》でした。これに当てはめると天甕津比売命は天津羽羽神になります。

多久神社は丹後国（京都府京丹後市峰山町丹波）にもあります。こちらでは天女伝説が伝わり、その祭神は豊宇《とよう》賀《か》能《の》比《ひ》売命《めのみこと》です。姫は伝説によるとその姿は天女で、豊受大神の化身であるといいます。また農業を起こし、酒造りを教えたとも伝わります。『丹後国風土記逸文』に「天女酒を噛み造り、その酒を一杯飲めばすべての病が治る」と記され、後世には天酒大明神と称えられたといいます。

丹後国の多久の神とは豊受大神の分霊を火継（霊継）した女神のようです。多久の女神の「多久」は天忍穂耳尊《あめのおしほみみのみこと》の妻の栲幡千千姫命《たくはたちぢひめのみこと》の栲幡に通じ、織姫の比喩と思われます。

明治に神祇官御役所に提出した書によるとまた別伝があり、祭神は多《た》久《く》都玉命《つたまのみこと》とし、これは一般には天酒大明神と称する豊宇《とよう》賀《か》能《の》メ命《めのみこと》だといいます。多久都玉命は大伴氏の系譜で八《や》倉《くら》比《ひ》売《め》の夫の先代に現れることから近親になります。一連の多久の女神は、勘案するとタニハの女神と捉えられそうです。

安寧天皇の母は事代主神（伝承によれば阿遅鉏高日子根神）の娘の五十鈴依媛命ですが、その片塩浮穴宮《かたしおのうきあなのみや》跡に鎮座する石園座《いそのにます》多《た》久《く》虫玉《むしたま》神社のその名に、「多久」が含まれるのには留意が必要です。「虫」は「豆《づ》」の誤記で、本来の祭神は多久頭魂神との説が有ります。その説を採るなら、神社は「多久」の女神から続く織姫の一族を祭っていると言えそうです。

多久都玉命
天雷命――天背男命（天手力雄）―天日鷲命
＝
猿田彦大神―孝霊天皇―八倉比売（天照大神）―天甕津比売命
（多久の神、天津羽羽神、三嶋溝杭姫命）

建御名方神（乙彦命）―味鉏高彦根神―媛蹈鞴五十鈴媛命
＝　　　　　　　　　　（事代主神）　＝
多紀理比賣命　　　　　　　　　　　神武天皇（崇神天皇）

赤衾伊努意保須美比古佐倭気命と阿遅鉏高日子根神

誉津別王に祟る出雲大神の赤衾伊努意保須美比古佐倭気命を大胆に解釈すれば、接頭する「赤衾」は瓊瓊杵尊《ににぎのみこと》が地上に降臨する際に尊を覆いかぶせた真床追衾《まとこおうふすま》の衾に通じ王者の降臨を思わせます。「伊努」は「イの」とも読めます。この「イ」を「倭（井《い》）」と置き換えれば、「倭の」、すなわち「大和の」と捉えることができます。

保須美は「王住み」でしょうから意訳すれば赤衾倭王住彦別命となり大分、分かりやすくなりました。もう一つ考慮に入れれば命の先祖は孝霊天皇（大山祇神）に繋がりますが、「オオスミ」は、その娘の吾田鹿葦津姫《あたかしつひめ》（木花咲耶姫）の吾田の所在地である大隅国の大隅に通じるかもしれません。吾田鹿葦津姫は『日本書紀』に天甜酒《あめのたむさけ》を醸すと記されますので、丹後国の多久女神と同じ属性を持つことになります。

赤衾伊努意保須美比古佐倭気命の名前は倭（大和）から出雲に移り住んだ王の息子の意で

しょうが、同一人物と思われる阿遅鉏高日子根神は別表記で阿遅志貴高日子根神とも書きます。この内の志貴は大和国の磯城と思われ、孝霊天皇を始めとした祖先が統治していた地にも重なります。また、倭から出雲に来たのは孝霊天皇の子孫であると思い返せば、大倭根子《おおやまとねこ》日子《ひこ》国玖《くにく》琉命《るのみこと》こと建御名方神の子の大原足尼命（安波夜別命）が、阿遅鉏高日子根神に該当しそうです。

大原足尼命は『先代旧事本紀』によると、筑紫《つくし》豊国《とよくに》の国造らの祖で、著者は豊国に入った皇子こと豊城入彦命が該当すると考えています。豊城入彦命の母は八《や》坂振天某辺《さかふるあまいろべ》と言いますが、『海部氏勘注系図』では、乙彦命《おとひこのみこと》（孝元天皇）と、その次世代の大原足尼命（安波夜別命）の二世代が候補者として記されます。また豊城入彦命の兄弟に当たる、豊鍬入姫命《とよすきいりびめのみこと》も大原足尼命と同じ十世孫に記されます。味鉏高彦根神《あじすきたかひこねのかみ》と大原足尼命が同一人物となると、神武天皇と崇神天皇の皇后の、媛蹈鞴《ひめたたら》五十《い》鈴媛命《すずひめのみこと》と小止与姫が重なるとなります。

乙彦命（孝元天皇）の妻に比定した八坂振天某辺の親は大海宿禰《おおあまのすくね》といいます。『海部氏勘注系図』には宿禰の分注に「亦名、綿津《わたつ》見命《みのみこと》」とあり、その孫には「亦名、穂《ほ》高見命《たかみのみこと》」と記され、これは安曇氏（阿曇）の家系となります。

八坂振天某辺は安曇氏でしたが、その名が対応する建御名方神の后神の八《や》坂刀《さかと》売神《めのかみ》も安曇氏の姫だと言います。川會《かわあい》神社（長野県北安曇郡池田町会染）の社伝によると、八坂刀売神は綿津見神の娘であるといい、歴史学者の太田亮氏はこれは安曇氏の出だと言います。「八坂」

の姫の出身が揃いますので二人は同一人物でしょう。この安曇氏の姫とは宇佐の三女神ではないかと著者は推測しています。

孝元天皇（乙彦命、建御名方神）─味鉏高彦根神──────媛蹈鞴五十鈴媛命
‖　　　　　　　　　　　　　（大原足尼命、豊城入彦命）（小止与姫）
多紀理比賣命（八坂振天某辺、八坂刀売神）　　‖
（安曇氏）　　　　　　　　　　　　　　　　　神武天皇（崇神天皇）

宇佐の三女神と卑弥呼

阿遅鉏高日子根神の母は『古事記』によると、天照大神の子の三女神のうちの多紀理毗売《たきりびめの》命《みこと》です。姫は宗像の奥津宮《おきつみや》に坐すと言いますが、元は宇佐の神です。「宇佐家伝承」や宇佐神宮由緒では、三女神は宇佐から宗方へ遷ったと言います。これは、『日本書紀』にも、宇佐嶋に降臨したと有り、その後に海北（恐らく宗方）にいると記されることを見ても、三女神は宇佐由来の神だと分かります。

大分県宇佐市安心院《あじむ》町の三女《さんみょう》神社（下毛）の社伝によると、三女神はこの地に降臨したと

伝えます。また三女神は天照大神の命により三柱石《みはしらいし》に降臨したとも伝え、宇佐神宮では三女神の降臨地はお許山《もとやま》（大元山）だとしていますが、この三柱石がお許山の御神体になったといいます。要するに、三女神社の社伝を採るならば、三女神はまずは安心院《あじむ》の地に降り立ったとなります。この降臨地の安心院の地名の由来は『安心院町誌』によると安曇氏の安曇だといいます。これは先ほどの八坂の姫の出身とも重なります。

三女神神社の扁額には「二女神社」とあり、これは一説に卑弥呼、台与を表すといいます。著者は前著で、『海部氏勘注系図』で天造日女命という非常に大きな名前を持つ宇那比姫《うなひひめ》（意富那比命）を卑弥呼に比定しました。系図は意富那比命の分注に「一云亦名、大海宿禰」と記します。大海宿禰は系図に孝昭天皇に比定される建田勢命、その次世代の建諸隅命の「亦名」としても記されるのを見ても、この大きな称号の大宇那比や、大海宿禰は世襲で受け継いでいる敬称等と思われます。

孝安天皇に比定出来る建諸隅命は、「一云、彦國忍人命」と孝安天皇の同母兄の名と大海宿禰を「亦名」で持ちます。また、大海宿禰は安曇氏の祖の綿津見命ともいいます。このことから安曇氏の祖となる大海宿禰は孝安天皇（建諸隅命）の兄に当たる天足彦国押人命《あまたらしひこくにおしひとのみこと》だと思われ、これらを勘案すると左記のイメージ図になるかと思います。

建田勢命——大海宿禰（天足彦国押人命、宇那比、安曇氏の祖）——宇那比姫（卑弥呼、大海宿禰）→宇佐へ

大分県の湯布院町には宇那比姫とよく似た名前の宇奈岐日女（うなきひめ／うなぎひめ）神社（大分県由布市湯布院町川上）が有ります。神社の現在の祭神には何故か、神社名にある宇奈岐日女が祭られていません。宇佐に降臨した三女神の伝説と神社名を繋ぎ合わせると、卑弥呼こと宇那比姫が、この神社の本来の祭神ではないでしょうか。また所謂、三女神とは安曇氏の姫神の総称ではと思われます。

宇佐の安心院（安曇）の二人の秘神がその地に降臨したとは、一人は宇那比姫（卑弥呼）であり、もう一人はその近親の小止与姫（台与）と言えるかもしれません。

『日本書紀』によれば、三女神は筑紫の水沼君《みぬまのきみ》等が奉斎すると記します。また三女神社の社伝では、水沼君はその社家だといいます。水沼は水間とも書きますが、崇神天皇は水間城の王と記されます（『日本書紀』「継体天皇紀」）。推定の系譜から小止与姫は宇佐の女神の子孫となりその配偶者は崇神天皇となりますので、恐らくはその由来で水沼君が三女神を祭っているのではと思われます。

小止与姫（豊姫）

＝

崇神天皇（水間城の王）――水沼君（水間）

宇佐の三女神と宗像三女神

宇佐の地は豊国となりますが、大原足尼命は豊国の大原八幡神社で祭られていることからも、その母（または妻）は宇佐に通じるのではないでしょうか。大原足尼命が入った豊国には英彦山《ひこさん》があります。その縁起を記した『英彦山縁起』によると、宇佐の三女神が英彦山に降臨した後に、大己貴神がそこに入り、田心姫命（タキリ姫）と湍津姫命（タキツ姫）を娶ったといい、また英彦山のその由来は日子の山でそれは三女神に因むといいます。恐らくは、「宇佐家伝承」が宇佐は兎神で月神と伝えるのは陰陽転換で、陽の日が男神なら、陰の月には女神が当たるからだと捉えられます。

英彦山に入った大己貴神は、その後に高皇産霊尊《たかみむすひのみこと》と熊野権現に譲り、三女神は宗像へ、大己貴神は宗像市と福津市にまたがる許斐山《このみやま》に遷ったと言います。現在の祭神を鑑みると天之忍穂耳命の一族に譲ったと思われます。

宇佐の三女神→大己貴命（孝元天皇）→高皇産霊尊と熊野権現（天之忍穂耳命）→神武天皇

大己貴神が遷った許斐山の麓には的原《まとはら》神社（福岡県福津市八並）が鎮座しますが、その祭神は大己貴命と多紀理毗売命の子の味鉏高彦根命と下照姫命です。ここから見えるのは、大己貴命とその子の阿遅鉏高日子根神は豊国から宗像へ遷った一族という事で、これは筑紫豊国の国造らの祖の大原足尼命の動きと重なるのでしょう。『出雲国風土記』には、味鉏高彦根命と天御梶日女命の子は多伎都比古命《たぎつひこのみこと》と記されます。これは滝神（水神）と捉えられる名前ですが、その母の属性を受け継いでいると思われます。

『古事記』では、多紀理毗売命は大国主神の妻だとされます。再三ですが「孝」が接頭する四代は大己貴命（大国主神）の襲名者です。『海部氏勘注系図』では、この内の孝元天皇（乙彦命）と同世代に多岐理姫を載せますので、孝元天皇がその夫の大己貴命に該当しそうです。

三女神の一神の多岐津姫は、『海部氏勘注系図』が記す、彦火明命《ひこほあかりのみこと》の妻の天道日女命《あめのみちひめのみこと》の母で、大己貴神の妻です。彦火明命の妻という天道日女命は始祖彦火明命の割注に載りますが、これの実際の世代は三女神の一人の多紀理毗売命の世代を考慮すると九世孫に該当するのではと思われます。十世孫の彦火明命は「亦名、宇麻志眞治命。亦名、豊饒速日命」と有り、その後に彦湯支命《ひこゆきのみこと》と続きます。この子孫は物部氏になりますので、十世孫の彦火明命は、その系譜となります。この十世孫の彦火明命で表されている人物は、宇麻志眞治命《うましまじのみこと》となりますが、その父の饒速日尊の妻が天道日女命となれば、登美夜毘売《とみやびめ》と重なるのでしょう。

『海部氏勘注系図』には「当氏別姓有物部・穂積等諸姓」と記されます。これを見ると海部、尾張《おわり》氏と物部氏は非常に近い関係だと思われます。彦火明命は特定人物ではなく系図に載る多数の人物の別名として現れますが、この世代の彦火明命を襲名（火継）しているのが物部氏となるのではと思われます。系図が冒頭で挙げる彦火明命、天香語山命、天村雲命の神代に比肩される世代の由来の多くは、この九世孫以降の説明を含んでいるとなりそうです。

孝霊天皇——建御名方神（乙彦命）
＝
多岐津姫——天道日女命
＝
饒速日命（彦火明命）——宇麻志眞治命——彦湯支命
（彦火明命、亦名、豊饒速日命）
→崇神天皇へ

愛媛県の多伎《たき》神社（愛媛県今治市古谷乙）では多伎都比売命《たきつひめのみこと》を祭ります。神社由来によると崇神天皇の御代に、饒速日命六代の孫である伊香武雄命《いかたけおのみこと》が「瀧の宮」の社号を奉り、初代斎宮になったと伝わりますが、これは右の系譜の一つの傍証でしょう。

右の系図とは一代ずれる仮説を提示します。多岐津姫が孝霊天皇の妻とする場合は、倭迹《やまとと》迹日百襲姫命《とひももそひめのみこと》と吉備津彦命の母の意富夜麻登久邇阿礼比売命《おおやまとくにあれひめのみこと》が、それに該当するかも知れません。意富夜麻登久邇阿礼比売命の親は安曇氏の祖の綿津見命と、その名が類似する和知都《わちつ》美命《みのみこと》です。『海部氏勘注系図』では和多津命（一云、大海彦）の妹が、大倭久邇阿禮姫命《おおやまとくにあれひめのみこと》と伝えますので、和知都美命とは和多津命で、これは孝安天皇（建諸隅命）の兄の天足彦国押人命が該当すると思われます。卑弥呼に比定した宇那比姫（意富那比命）は、少なくとも三女神に繋がる安曇氏の祖の綿津見命の近親者でしょう。

【想定孝霊天皇系譜】

吉備津彦命（乙彦命、建御名方神）
倭迹迹日百襲姫命（日女命、卑弥呼候補）
孝安天皇——孝霊天皇—宇那比姫（意富那比命、卑弥呼候補）—小縫命—小止与姫
（建諸隅命）　＝　（豊姫）
天足彦国押人命—意富夜麻登久邇阿礼比売命（多岐津姫）
（綿津見命）

八幡比咩神とは何か

現在の宇佐神宮の祭神は由緒によると、一之御殿に八幡大神《はちまんおおかみ》（誉田別命、応神天皇）、二之御殿に比売《ひめ》大神《おおかみ》、三之御殿に神功皇后となります。二之御殿の比売大神は八幡大神が現われる以前の地主神として祀られ、崇敬されてきたと言います。

宇佐神宮の祭司の変遷は元禄三年（一六九〇）三月に書かれた「宇佐宮大宮司が寺社奉行に出した宇佐宮建立願」によれば、「天照太神之御子田心姫・湍津姫・市杵嶋姫三神」、「応神天皇」、「神武帝之御母后玉依姫」、そして最後は「神功皇后」となります。現在の比売大神は「田心姫・湍津姫・市杵嶋姫三神」の総称とされますが、宇佐神宮の創建より古くから奉斎されている地元神は、比売大神でありそれは宇佐の三女神となります。

宗像三女神は宇佐の三女神と同一ですが『筑前国風土記』逸文によると、宗像の神の御神体は奥津宮に青蕤《あおに》の玉、中津宮《なかつみや》に八尺蕤《やさかに》の紫玉、辺津宮《へつのみや》に八咫の鏡として納め置いた物といい、また宗像朝臣《むなかたのあそみ》等の先祖の大海命（おおあまのみこと／おおわたつみのみこと）がそれを行ったと有ります。現在、宗像大社ではそれぞれで三女神を奉斎します。「記紀」よりも古いと思われる風土記の伝承には女神は登場していないことを考慮すると、宗像の神のプロトタイプは三女神ではなく、それは後年に三を聖数とする海神の信仰に三人の女神を当てた創作となりそうです。またそれを奉斎した大海命とは、先述の安曇氏の祖となる大海宿禰こと天足彦国押人命の子孫でしょう。

三女神が三人となる前の祖型となった女神と推測できる祭神の変遷が伝わる神社が、古宮《こみや》八幡宮（福岡県田川郡香春町大字採銅所）です。古宮八幡宮の祭神は豊比咩命、応神天皇、神功皇后となりますが、八幡宮を名乗るのは貞観元年（八五九）に宇佐八幡より応神天皇、神功皇后を勧請してからだと伝わります。そもそもの祭神は豊比《とよひ》咩命《めのみこと》で有り、宇佐八幡から応神天皇、神功皇后を勧請したことは「是れ一社之秘伝」（「古宮八幡宮御鎮座伝記」）だといいます。これが秘伝となる理由は宇佐八幡宮の祭神は一之御殿に応神天皇、二之御殿に比売大神、三之御殿に神功皇后でしたが、これを古宮八幡宮に当てはめると神宮が名前を挙げない比売大神とは豊比咩命で有り、三女神の総称とされていた、その祖型の名も判明するからでしょう。

比売大神こと豊比咩命とは結論から申せば、丹後国の多久神社の豊宇賀能比売命と同様に、豊受大神の化身となります。宇佐神宮には、隼人《はやと》討伐で亡くなった多くの霊を慰めるために始まったとされる放生会《ほうじょうえ》という儀式が有ります。放生会では香春岳から採取した銅を使って鏡を制作し、それを最終的に宇佐神宮の御神体として納めますが、その香春岳に祭られるのが豊比咩命です。先ほどの古宮八幡宮は香春神社の元宮故に古宮となりますが、そもそもの祭神を考慮すれば御神体となる銅とは豊比咩命の御霊とも言える物ではないでしょうか。

銅鏡を制作するに当たってまずは天照大神に祈念しますが、国学者の渡辺重春によればこれは火明命であると言います。この豊比咩命と火明命が降りていると言える鏡は、次に豊日《とよひ》別宮《わけぐう》（福岡県行橋市南泉）（草場神社）へ向かい官幣を受け御正躰として完成します。

豊日別宮で祭られる豊日別命とは、伊耶那美命と伊耶那岐命が国生みをした際に豊国を豊日別と言ったと有る神で、『豊前志』には豊日別国魂宮と載ることからも、命は豊国の国魂と捉えられます。この豊日別宮の由来は猿田彦大神《さるたひこのおおかみ》が豊日別宮に降臨し、「猿田彦は天照大神の分神なり。これにより豊日別大神を本宮とし猿田彦を以て別宮となす」とのお告げがあり社殿を建てたのを起源とするといいます。また地元では豊日別大神は姫で、それは豊比咩であり豊日別婦（『豊前州田川郡龍之鼻権現縁起』）と言うとも伝わります。

一連を豊日別宮の配置で考慮すれば本宮が豊比咩命で有り、別宮が猿田彦大神と言うことなのでしょう。再三ですが猿田彦大神とは天照大神で有り天火明命であることは説明しました。これは宇佐神宮の御神体の鏡の御霊と矛盾しません。要するに豊日別命とは男女（陰陽）一対の神の総称と言え、それは猿田彦大神（天火明命）と、豊比咩命となります。

宇佐神宮は放生会を行った法蓮が、北辰の神の導きにより宇佐神宮の地に八幡神（応神天皇）を祭ったことを起源としますが、元々この地に祭られていたのは北辰の神だといいます。北辰の神は現在でも境内に北辰殿が有り、その祭神は猿田彦大神です。宇佐神宮の祭祀の変遷でも在来神は比売大神こと豊比咩命であるので、在来神で繋げると猿田彦大神と豊比咩命となり、ここからもその一対の神と導けます。

北辰信仰とは北極星または北斗七星を対象とする道教の信仰で、インドに発祥した菩薩信仰がそれと習合したものが妙見信仰です。これは七世紀に日本に入って来ますが、日本において妙見菩薩は天之御中主神《あめのみなかぬしのかみ》と習合します。天之御中主神は伊勢神道では豊受大神となり、二神は根源神として捉えられています。猿田彦大神（天火明命）と豊比咩命とは、その二神の分霊で有り、それと対応する天照大神とその荒御魂と捉えられるのでしょう。これは神道がその名を秘する天照大神の荒御魂こと瀬織津姫命の一つの分霊と言えそうです。

豊比咩命のトヨと音通する姫に小止与姫がいます。姫は大原足尼命の子ですが、命は筑紫豊国の国造らの祖です。『海部氏勘注系図』では大原足尼命と同世代に「一云、天火明命」とあり、大原足尼命もまた天火明命を霊継している一人ではと考えられることからも、豊国の国造の祖の大原足尼命とは、その国魂である猿田彦大神（天火明命）であり、その娘の小止与姫は豊比咩命の祖型ではないでしょうか。この論考は菊池展明氏の『八幡比咩神とは何か―隼人の蜂起と瀬織津姫神』を参考にしました。

宗像三女神と日田の久津媛

三女神は『宗像大菩薩縁起』によると、孝霊天皇の御代に出雲国から宗像へ遷行したと言います。

人皇第七代孝霊天皇四年、出雲州簸河上より、筑紫宗像に御遷行云々〔一説には、地神五代の始め、筑紫に御影向あり〕

（菊地展明『出雲の国の女神』）

先ほどの系譜では孝霊天皇の妻を多岐津姫とし、孝元天皇の妻を多紀理比賣命に当てました。また、大己貴命（孝元天皇かその次代）の英彦山入り、その後に宗像へ遷った伝承を勘案すると、この伝承は蓋然性の高いものと言えるのではないでしょうか。

宗形氏は『新撰姓氏録』によると、「右京神別、宗形朝臣、大神朝臣同祖、吾田片隅命之後也」、「河内国神別、宗形君、大国主命六世孫吾田片隅命之後也」と、吾《あ》田《た》片隅命《かたすのみこと》の後と記されます。また吾田片隅命の後裔に「大和国神別、和仁古、大国主六世孫阿太賀田須命之後也」と、和仁古《わにこ》を挙げます。和仁古は「大和国神別」として載りましたが、大和国には阿田賀田須命を祭る和爾坐赤阪比古《わにますあかさかひこ》神社があります。

「記紀」や『新撰姓氏録』は和爾氏を孝昭天皇の子の天足彦国押人命の後裔と伝えます。吾田片隅命は大神朝臣同祖の大国主命の六世孫であり、和邇氏の祖です。再三ですが、大神神社の系図（三輪高宮家）と皇統譜は同じことを伝えています。皇統譜を載せる『海部氏勘注系図』には大己貴命（大国主命）こと、建田勢命（孝昭天皇）の六世孫に阿田賀田隅命が記されます。孝昭天皇の子が和邇氏の祖の天足彦国押人命ですので、その子孫が宗像氏と続く吾田片隅命となります。宗像へと遷った宇佐の三女神が安曇氏に繋がる一連の考察から、左記のイメージとなると思います。

建田勢命（大国主命、孝昭天皇）―大海宿禰（天足彦国押人命、宇那比、安曇氏の祖、子）↓宇那比姫（卑弥呼、三世孫）↓三女神の宇佐への降臨（三、または四世孫）↓三女神の英彦山への降臨↓大己貴命の英彦山入り（建御名方神、または大原足尼、三、または四世孫）↓宗像↓吾田片隅命（六世孫）↓宗像氏

建御名方神と大原足尼命

九州に来た大己貴命は丹後国の建田勢命を先祖としましたが、この一族は豊受大神を奉斎します。豊受大神を奉る神器の一つは瓢箪になりますが、その由来が丹後国与謝郡の地名起源として『海部氏勘注系図』の割注に記されます。それによると天香語山命が豊受大神を祭った天磐境《あめのいわさか》の傍に、天吉葛《あめのよさづら》が生まれたといい、これは匏のことで「与佐《よさ》と訓む」とあります。真名井の清泉を、その匏に汲み神饌に使って豊受大神の祭祀を始めた地が匏宮《よさのみや》であり、与謝郡の郡名になったといいます。

前著で日田市の大原神社は大原足尼命を祭ったのが起源ではないかと推測しましたが、その親は『先代旧事本紀』に置津與曽命《おきつよそのみこと》と記されます。命の名前に内包される「ヨソ」は、一族の神宝と言える天吉葛に通じます。天吉葛の別名は『日本書紀』に與曾豆羅《よそづら》と記されますので、置津與曽命の「ヨソ」とは匏でしょう。『海部氏勘注系図』では置津與曽命と同世代の孝元天皇（建御名方神）こと乙彦命は、彦與曾命だと伝えますので二人は同一人物のようです。

乙彦命（孝元天皇）は孝霊天皇の子で、その兄弟には倭迹々日百襲姫がいます。姫は香川県の水主神社等の由緒によると大和国から讃岐国に逃れてきたといいます。その兄弟の乙彦命（孝元天皇）も行動を共にしたと思われ、それを暗示するように乙彦命の子の名前は、四国の阿波国を思わせる阿波夜別命といいます。子供の名が、阿波から別れた命から、親の乙彦命は阿波国に由来があると想像されます。阿波夜別命はその親で揃うことから、別名は大原足尼命と推測可能です。

大原足尼命はその名から出雲国大原郡に由来があると思われ、その地にはかの有名な八岐大蛇伝説が有ります。八岐大蛇の征伐は素戔嗚尊《すさのおのみこと》が行ったのは説明不要でしょうが『海部氏勘注系図』の大原足尼命の割注にも「一云、須佐之男命」と記されるのを見ると、その伝説の投影はこの足尼ではないかと思われます。大原足尼命の一族の出雲国の大原郡への移動は四国の阿波国からとなり、また「記紀」では孝霊天皇の子には吉備津彦命や、伊予二名島

（四国）の王こと彦狭嶋命が挙げられますので、その途中経路は瀬戸内海から吉備、伯耆経由を想定しました。

八岐大蛇伝説の舞台は「出雲の中でも大原郡の「斐伊川」を基点に川上、及び支流である赤川の上流という地域に限られている」（村山直子氏「ヤマタノヲロチ神話の形成」）といい、その伝説は吉備との相関が高いと指摘されています。その赤川沿いには阿波から来た神と捉えられる阿波枳閉委奈佐比古命《あわきへわなさひこのみこと》を祭る船林神社、前著で孝霊天皇ではと想定した天之日腹大《あめのひばらおお》科度《しなど》美神《みのかみ》を祭る日原神社があることは、その蓋然性を高めるものとして留意すべきでしょう。

この阿波国には名方郡があり、その地には一般的に出雲国由来のイメージがある建御名方神を祭る多祁御奈刀弥《たけみなとみ》神社（徳島県名西郡石井町）が鎮座します。この建御名方神は出雲国から信濃国の諏訪湖に落ち延びたと言う神で、多祁御奈刀弥神社の社伝によれば信濃の諏方神社には、こちらから遷座したと言います。その祭神の建御名方神はその名を分解すると、美称の「建」、敬称の「御」を除くと、名方神となり鎮座地の名方郡の神と考えると腑に落ちる神名となります。これは移動経路を表すと捉えられる、乙彦命（阿波国）、阿波夜別命（大原足尼命の出雲国）の、その名と重なります。

建御名方神と父母を同じにする人物に御穂須須美命《みほすすみのみこと》がいます。一般的には御穂須須美命は建御名方神と同一人物とされます。『諏訪神社誌』は、この御穂須須美命の又の名は火明命と伝わると記します。建御名方神と想定した乙彦命も『海部氏勘注系図』に「一云、彦火明命」とありますので、世代と「火明命」が揃う建御名方神と乙彦命は同一人物と考えられます。

日田の久津媛と小止与姫

九州では近畿系の庄内式《しょうないしき》土器やそれに続く布留式《ふるしき》土器が出土しますが、それに対して大和国の纏向《まきむく》遺跡では九州の土器が出土しません。土器の移動から見ると三世紀の人の流れは近畿から九州へとなります。有名な大分県日田市の小迫辻原《おざこつじばる》遺跡では、それに加え山陰系の土器も見つかります。この日田市の地名由来を『豊後国風土記』は、久津媛《ひさつひめ》が訛った物と伝えます。

大原足尼が日田に入ったとすると、その姫も匏を神宝するとなりますが、匏は「ヒサゴ」と読みます（『日本国語大辞典』）。日田の由来となった久津媛は風土記に、景行天皇を迎えた姫に化身した神として描かれますので、景行天皇以前よりこの地にいたとなります。後に神霊となった久津媛の名前は、匏に通じます。これらを勘案すると久津媛は天吉葛を神宝とし豊受大神を奉斎していた小止与姫が、その元と言えるのではないでしょうか。

彦與曾命（置津與曽命）─大原足尼─小止与姫（久津媛、豊姫）→久津媛（景行天皇世代）

これの傍証となる大原足尼命と日田を繋げる神社が、大原足尼命を祭神とする福岡県の大原八幡社です。こちらの社は社殿を喪失し再建時（一四六六年）に、その御霊として日田市の大原八幡宮からそれを勧請したと伝わります。つまりはこの二社は同一神を祭ると捉えるのが自然ですが、日田市の大原八幡宮では現在大原足尼命は祭られていません。この日田市の大原八幡宮の元宮は鞍形尾《くらがとう》といい、同様にここを元宮とする社が石井神社（大分県日田市石井）です。

『日田神社蒐集録』によると石井神社の由来は、鞍形尾から石井源太夫《いしいげんだゆう》が八幡宮に祈願して、剣を大空に向かって投げ、落ちたところを社地と定めたといいます。また、この剣を投げ社地を定めた石井源太夫は尾張国の蓬莱島に宮地が有り、そこに祭られる尾張国造小豊命であるとも有ります。尾張国の熱田神宮、境内摂社の上知我麻《かみちかま》神社は通称源太夫社と呼ばれ、祭神は『先代旧事本紀』に尾張国造と記される乎止與命です。要するに同じ場所から遷座した大原八幡宮は、石井神社と同様に元々は小豊命や、その父の大原足尼命を祭るのでしょう。また石井神社は会所宮《よそみや》から遷座したと伝わり、その社が有る山が会所山となりますが、山頂には久津媛神社（大分県日田市日高）が鎮座します。

大原足尼命や小豊命は伊勢内宮、外宮の神を奉斎する一族ですが、伊勢神道の経典の一つの『倭姫命世記』には石井《いわい》について興味深い記述があります。それによると石井とは、丹後の真名井原（魚井原）の霊水で、それを後代に外宮の御井に移し、天照大神と豊受大神の食事の水になったといいます。これに日田の石井源太夫を当てはめると、真名井の小豊命と言い換えられますが、この小豊命は前著で小止与姫と想定しました。先ほどの検討と繋げると小止与姫は久津媛となりますので日田の神宝、金銀錯嵌珠龍文鉄鏡は小止与姫の鏡と言えるのではないでしょうか。

『海部氏勘注系図』では、小止与姫と想定される十一世孫の日女命は「亦云、日神荒御魂《ひがみのあらみたまの》命《みこと》」とありこれは、伊勢神宮で天照大御神荒御魂《あまてらすおおみかみのあらみたま》として祭られ、兵庫県の廣田神社（西宮市大社町）では撞賢木《つきさかき》厳之《いつの》御《み》魂《たま》天疎《あまさかる》向津《むかつ》媛命《ひめのみこと》として祭られますが、系図でも「一云、向津姫」と同一人物を載せ、これらに対応しています。この天照大神荒御魂は各地で瀬織津姫命として祭られますので、姫はその投影の一人と言えます。

大原八幡社の側には祖父墓と言う塚がありそこでも大原足尼命は祭られています。塚が祖父の名で祭られるその理由は、天皇の祖父の意味ではないでしょうか。すると小止与姫はその母となりますが、姫は宇佐の比売大神こと豊比咩命でした。宇佐神宮ではかつて「神武帝之御母后玉依姫」を祭ると有りこれは、海部氏の小止与姫が崇神天皇の妻であるとの伝えと重なる由来かもしれません。また『海部氏勘注系図』でも同様に「一云、玉依姫命」を載せます。

崇神天皇（鸕鶿草葺不合尊、住吉大神、神武天皇の投影の一人）
＝
大原足尼命（祖父）―小止与姫（母、玉依姫）―神武天皇（神武天皇の投影の一人、開化天皇）

隼人と豊比咩命

隼人は玉勝山代根《たまかつやましろね》古命《このみこと》や、それの投影として神話で登場する天津彦根命の子孫でした。この一族は彦根に由来が有り、淀川水系から、瀬戸内海に影響を保ち、その終着点とも言える日向にも進出し、それは神話として「記紀」に描かれました。この隼人の祖先が降臨した地、日向とは熊襲国となります。

九州は『古事記』の国生み神話では筑紫嶋といい、それは四つの地域で構成されていると有ります。その内の三国はそれぞれ筑紫国、豊国、肥国となりその他の地域が熊曽国となります。この熊曽国とは後年の日向、薩摩、大隈国の地域と捉えられます。『播磨国風土記』には猪飼野の由来として「日向の肥人《くまひと》」が、天照大神に伺いを立てると有り、日向（熊襲国）の人が天照大神を信奉すると見えます。熊襲国に拠点を持つ隼人の御祖神もまた天照大神でしたので、風土記の記事はそれと同様のことを伝えています。

隼人はその乱に於いて討伐されますが、それを現地で担ったのが後年その論功があった、宇佐の法蓮となりそうです。『八幡宇佐宮御託宣集《はちまんうさぐうごたくせんしゅう》』には討伐に於いて、女官の「祢宜辛嶋勝波豆米」が、御前に立ち大御神の御杖となって行幸したと記されます。この「大御神」とは宇佐の比売大神こと豊比咩命と想定されます。討伐の際に隼人の五城は伐殺できたが曽於之岩城、比売之城は殺し難かったとも有ります。この比売之城は鹿児島県国分市の姫城に地名を残し、城の名前に内包される「姫」とは『国分郷土誌』には、神功皇后の妹の桂姫だと載ります。

神功皇后の妹という伝承が九州各地にあり、これらは與止日女《よどひめ》、淀姫として伝わります。結論を言えば、これは豊比咩命こと小止与姫（台与）を仮託した姫となりそうです。『日本書紀』は神功皇后の年代を所謂「魏志倭人伝」の卑弥呼の年代に結びつけますが、各系譜や伝承を見ても神功皇后の活躍年代は、その年代よりも一世紀は降ります。

皇后の次世代の応神、仁徳天皇から神武天皇までの年齢が人智を超える長寿になるのは有名なところで、神功皇后の年齢もその例外では有りません。

「記紀」編纂方針の根幹は「男系による万世一系」の皇統の維持です。女性が連続して皇統を継ぐと男系の断絶に繋がりこれが崩れますが、『日本書紀』が神功皇后の年代に当てた卑弥呼と、それを継いだ台与が皇統を継いでいると、それに該当してしまいます。天皇の寿命を長大に延ばした理由は、それを隠すために女帝的な活躍を見せた皇后の活躍年代を卑弥呼の世代まで下げる必要が生じたためと推定出来ます。これの理由として讖緯説が選ばれたため、寿命の延長は皇后の次世代から初代天皇まで続き、その即位年が紀元前六六〇年となったのでしょう。

簡単に言えば、国家最大タブーは中国史に残る女性二代による皇位の継承で、それを隠すために紀年を延ばし、そこに神功皇后を当てたとなります。『日本書紀』完成後の国家方針に従わざるを得なかった人々は、紀年延長により神功皇后と同時代とされた豊比咩命をその妹にしたのでしょう。要するに、比売之城の神功皇后の妹とは豊比咩命で、同じ豊比咩命を奉じて討伐に向かった官軍側の宇佐の人々が、それを「殺し難かった」となるのは当然の心境と言えます。

法蓮と放生会

豊比咩命を祭る香春神社に残る「香春社解状」に姫は、「住吉大明神御母也」と有り、また『八幡宇佐宮御託宣集』には「八幡は住吉を父と為し、香椎を母と為す」と載ります。菊池展明氏は八幡神の母という香椎の女神とは、豊比咩命だと解釈しています（『八幡比咩神とは何か—隼人の蜂起と瀬織津姫神』）。この二つの文献を意訳すれば、豊比咩命は住吉大神の妻で有り、その子もまた住吉大神を受け継ぎ、それが八幡神だと解釈出来ます。これは前著にて住吉大神と鸕鷀《うがや》草葺不合尊《ふきあえずのみこと》が重なるとなりましたが、豊比咩命は小止与姫と推定できることから、その配偶者の崇神天皇との婚姻の構図に当てはめられます。一連の検討を系図にすれば、八幡神と隼人は左記のイメージになると思われます。

天照大神—玉勝山代根古命—姫
　　　　　　　　　　　　＝
饒速日尊——物部氏—崇神天皇（鸕鷀草葺不合尊、住吉大神）
　　　　　　　　　　　　　　＝
大原足尼命—小止与姫—開化天皇（八幡神、住吉大神）——隼人

これを補強するのが関門海峡を挟んだ和布刈《めかり》神社（福岡県北九州市門司区門司）と、長門国一宮の住吉神社（山口県下関市一の宮住吉）で行われている和布刈神事です。これはそれぞれの神にワカメを奉納する儀式となりますが、前者の祭神は正殿第一に宇佐と同体の比売大神（本稿では豊比咩命）、後者は住吉大神（三神）となります。一連を鑑みれば、神事は一対の対偶神にそれを捧げていると考えられます。

和布刈神社は元々は隼人社、祭神は隼人大明神と称し、その後、隼人に速戸や早鞆の字が当てられます。つまり隼人の神（速戸、早鞆神）の女神はその祭神から、宇佐の豊比咩命となります。現在の由緒では天照大神荒魂の「撞賢木《つきさかき》厳之《いつの》御魂天疎向津媛命《みたまあまさかるむかつひめのみこと》」を祭りますので、

それは豊比咩命と同体と見做せます。また、天照大神荒魂の別称は瀬織津姫といい、その別称の八十《やそ》枉津《まがつ》日神《ひのかみ》を祭る早吸日女（はやすいひめ／はやすひめ）神社（大分県大分市佐賀関）の早吸は速吸とも表記します。先ほどの速戸（隼人）は海流を表していると思われ、早吸もまた同様の意味となるのでしょう。

　武内宿禰も住吉大神と重なる存在なのは前著で論じました。この構図は住吉大神と密事（夫婦の契り）を行ったという神功皇后の関係とも重なります。武内宿禰は『古事記』では孝元天皇を祖とするといい、比古布都押信命《ひこふつおしのまことのみこと》の子の屋主忍男武雄心命《やぬしおしおたけおごころのみこと》を父とすると言います。これと異なる伝承を残すのが『住吉大社神代記《すみよしたいしゃじんだいき》』で、そこには開化天皇の子として彦《ひこ》太忍信命《ふつおしのまことのみこと》が挙げられます。また、同書は神功皇后と大神が密事をしたと記しますが、住吉大神（武内宿禰）と神功皇后の子を想定すれば、それは八幡神で有り、応神天皇となることに気づきます。この構図から生まれた応神天皇は、新たなる八幡神と捉えられそうです。

　応神天皇は生まれながらにして、腕の上に鞆《ほむた》のような肉がついていたと『日本書紀』に記されます。この一見奇妙な「鞆」の伝説が、早鞆（隼人）と被り、『古事記』が伝える応神天皇名の大鞆和気命に、内包されるのは偶然ではないのでしょう。大鞆和気命は鞆から別れた命と捉えられる名前ですが、それに込められた意味は鞆を受け継ぐ武内宿禰の子と想像することが出来そうです。

開化天皇―比古布都押信命―屋主忍男武雄心命―武内宿禰（八幡神、住吉大神）
＝
神功皇后―応神天皇（八幡神、住吉大神）

隼人の討伐後には放生会《ほうじょうえ》と言う隼人鎮魂の儀式が行われ、宇佐神宮の祭礼となって行きます。この際に奉納されるのが傀儡子《くぐつ》舞です。舞の内容は東西陣営に分かれて相撲をとり、最後は西方の住吉さまが勝ちます。先ほどの想定を用いると隼人討伐とは、住吉大神が討たれていると置き換えられます。現実では討伐された、住吉さまが勝つ舞を行うとは、それを鎮魂している姿なのでしょう。

隼人討伐を担ったと思われる法蓮は、宇佐国造家に連なる人物と想定され、その国造家の奉じる豊比咩命を前に立て討伐を敢行しました。一方の隼人も同様に豊比咩命を奉斎しますので、一連の想定では、これは同族を伐っているとなります。隼人討伐の一端を担った、殺生を禁止されている仏僧、法蓮の苦衷が、放生会の敢行へと駆り立てたと想像するのは、難しくないでしょう。

日本武尊の西国征討　出雲振根と武内宿禰

『出雲国風土記』には誉津別王が出雲大神（阿遅須枳高日子命）に祟られる原因が記されています。「出雲郡建部郷《たけるべ》」の条に、景行天皇御子の倭建命の御名を「決して忘れ」ない為に神門臣古祢《かんどのおみふるね》を健部に定めたのが、その里の由来と記されます。ここに載る神門臣古祢は、崇神紀が載せる出雲《いずも》振根《ふるね》と良く似た名で、同一人物の説があります。

出雲振根は広く知られていますが、出雲の神宝を管理していた人物です。また建部は倭建命が遠征した所以ですから二人が同一人物なら、『古事記』が記す出雲建《いずもたける》の征討と対応するとなります。これらを勘案すれば神宝の管理者の神門臣古祢を、倭建命が支配下に置いたと捉えられそうです。出雲大神の祟りとは、つまりは景行天皇こと倭建命が出雲を征伐したので、その先祖神が誉津別王に祟ったと言うことでしょう。

この西征譚は伊福部氏の系図の「因幡国伊福部臣古志《いなばのくにいふくべのおみこし》」にも現れます。第十四代の武牟口《たけむくち》命《みこと》は、纏向日代宮《まきむくひしろのみや》の御宇に大足彦忍代別天皇《おおたらしひこおしろわけのすめらみこと》の皇子日本武尊に従って吉備彦命《きびひこのみこと》と橘入来《たちばなのいりきの》宿禰《すくね》等と共に征西の勅を奉り去って行ったとあります。

日本武尊、吉備彦命、橘入来宿禰が征西の途中に因幡国へ来ている様子が記されています。日本武尊、橘入来宿禰の二人は橘の一族、吉備彦命はその名から吉備勢が参加しています。出雲国の支配者からすれば吉備彦命は親戚ですから、親戚に征討されているとなります。「天日槍命の王朝」と婚姻関係の吉備津彦こと稲背入彦命は『古事記』では「稲瀬」と記されます。稲背入彦命のその名が、「稲瀬」ではなく背くの暗示の「稲背」と表記されるのは、これが一つの原因ではと思われます。また『日本書紀』で「稲背」を名に含む人物はその他では、国譲りで出雲国へ派遣されたと言う稲背脛《いなせはぎ》ただ一人です。前著で検討しましたが稲背入彦命こと彦狭島命は「宇佐家伝承」ではウサツ姫を娶ります。宇佐の女神は兎神と言えますが、稲背脛が主祭神の伊奈西波岐《いなせはぎ》神社に白兎神の配祀がみえるのは偶然ではないでしょう。また宇留布神社（島根県松江市八雲町平原）では、大山祇神を中心とした三島大明神を祭り、そこには三輪山と似たお馴染みの聖婚伝説が残ります。ここから大山祇神が事代主神や大物主神と通じるとなりますが、孝霊天皇が大山祇神の顕現で、大国主命の一人と考えれば矛盾はありません。その子孫が吉備津彦ですが、こちらの神社には稲背脛命も祭られます。

出雲大社上官（国造に次ぐ祭祀職）、富家の伝承によると、大和に磯城王朝があったときに、そこを豊国軍が真っ先に攻撃し、加茂氏を山城国に追い払ったと伝わっていると言います。これは先述の稲背入彦命や沙穂彦王と戦った八綱田の動きと重なります。

稲葉国造と武内宿禰

伊福部氏の系図に垂仁天皇時代の人物として載る武牟口命は「今、武内と用ふ」とあります。また父は伊香色雄命《いかがしこおのみこと》で、母は布斗姫《ふとひめ》といいますが分注には、「一には山代竹姫、一は山下姫、菟道彦の女影媛と云う」と有ります。伝えを組み合わせると山代の山下影媛となりそうですが、これは武内宿禰の母と同じです。武内宿禰（『古事記』建内宿禰）の母は『古事記』では、宇豆比古《うずひこ》が妹の山下影日《やましたかげひめ》で、『日本書紀』では菟道彦《うじひこ》の女の影媛ですが、伊福部氏の系図と重ねると山代の「うずひこ」の妹か娘です。

「うずひこ」は先述の志理都彦命（五十瓊敷入彦命）かその近親ですが、崇神天皇と武牟口命の父の伊香色雄命は同じ「ミマキヒメ」で重なる人物でした。武内宿禰の父は「記紀」では、それぞれ孝元天皇の子という比古布都押信命と、その子の屋主忍男武雄心命と記されます。比古布都押信命などは、布都忍日子命と置き換えれば物部の布都、大和の忍、日の御子の日子と大王と言っていると感じるのは著者だけでしょうか。先ほどの系図では、武内宿禰の父は伊香色雄命で、崇神天皇の投影といえましたが、比古布都押信命のその名も、それを暗示させるのは偶然ではないと思われます。『住吉大社神代記』では、開化天皇の子として彦太忍信命は挙げられます。開化天皇の次代が崇神天皇となりますので、こちらの方が正しい系譜を伝えていると思われます。

崇神朝

開化天皇──比古布都押信命──屋主忍男武雄心命──武内宿禰

伊香色雄命──武牟口命──意布美宿禰──伊其和斯彦宿禰

垂仁天皇──景行天皇──五十日帯彦命──大帯日子命（**日本武尊**）

武牟口命は母が武内宿禰と同じである事から、因幡国に武内宿禰がいたとなりますが、この国の一宮の宇倍《うべ》神社には武内宿禰命が主祭神として祭られます。こちらの社の伝承では、この地は宿禰の昇天の地と伝わり、社の後丘の亀金山《かめがねのおか》にある双履石《そうりせき》と呼ぶ磐境から御隠れになったといいます。双履石は二つの履物を残して昇天したが故に付いた名称です。この事は『因幡国風土記逸文』にも「亀金に双つの履《くつ》を残して後、どこにお隠れになったのか分からない」と残り、武内宿禰命がクツを残して何処かに行くほど急用が有ったと、その話から推し量れます。

宇倍神社の伝承から因幡国にいたのは武内宿禰となりますが、「因幡国伊福部臣古志」には、日本武尊は播磨国からの情報で稲葉国を討ちに来たと有ります。前掲の想定系図では日本武尊世代と武内宿禰世代が重なります。神社の「履を残して隠れた」との伝承と繋げれば武内宿禰はこの地から逃亡している様に捉えられます。

系図の二代降った伊其和斯彦宿禰《いきわしひこのすくね》の分注には、成務天皇の時代（日本武尊世代）に「建牟口宿禰の生血も濡れ死血も濡れて伐ち伏せ定て仕へ奉れる稲葉の国の公民を撫養ひ仕へ奉れ」と詔があって国造を賜ったと記されます。どうも穏やかではない詔ですが、この「建牟口宿禰の生血も濡れ死血も濡れて」と、履を残して（逃げた）伝説を考慮すると、武内宿禰命は日本武尊、吉備彦命、橘入来宿禰にこの地で討たれたとなるのではないでしょうか。

先ほどの系図では稲葉国造は伊其和斯彦宿禰が賜っていましたが、『先代旧事本紀』「国造本紀」では彦坐王の子の彦多都彦命《ひこたつひこのみこと》が任命されたと記されます。『海部氏勘注系図』には丹波大矢田彦命の割注に、彦田都国見主命《ひこたつくにみのみこと》が記されます。これは日本武尊こと大帯日子命に禅譲した朝庭別王世代に当たりますので、その後に共に稲葉国に入っているのではないでしょうか。稲葉国造家の系譜は「因幡国伊福部臣古志」と伊福部氏でしたが、これは日子坐王の一族です。

開化天皇――比古布都押信命―屋主忍男武雄心命―武内宿禰

倭建命――――日子坐王――――川上眞稚命――――丹波大矢田彦命

（朝庭別王、彦田都国見主命）

伊香色雄命―武牟口命――――意布美宿禰――――伊其和斯彦宿禰

川上梟帥と日本武尊の襲名

伊福部氏の系図によれば日本武尊が因幡国の後に「吾は筑紫を平げ」と記されますので、九州に向かったとなります。日本武尊こと景行天皇は、熊襲が叛いたので景行天皇十二年から十九年にかけてほぼ九州を一周する征伐を行ったと『日本書紀』は記します。日本武尊の事績は最初に熊襲討伐の記事から始まり、この熊襲討伐の理由は、父景行天皇が討伐した熊襲が再度叛いたからと『日本書紀』は主張します。景行天皇の九州征伐は『古事記』には一切載せられず、その物語は倭建命の事績として語られますので、要するに九州に征伐に行った日本武尊とは景行天皇こと大帯日子命なのでしょう。

　景行天皇の熊襲征伐ですが、九州に上陸すると、神夏磯媛《かむなつそひめ》という女性が、白旗を船の舳に立てて降伏を申し出ます（『日本書紀』）。媛は「磯津山の賢木を抜いて、上の枝には八握剣をかけ、中の枝には八咫鏡をかけ、下の枝には八尺瓊をかけ参向し」たと記されますが、持参した剣、鏡、八尺瓊はいわば三種の神器を持って降っています。姫の姿は「その徒衆は、はなはだ多く、一国の魁帥《ひとごとのかみ》であった」といい、大きな勢力を誇っていたと伝えます。また続けて神夏磯媛はかつての味方の中に、残っている賊が四人いるといい、いずれも豊国（分割後は豊前国、豊後国）に勢力を張った人物を挙げます。

　姫が挙げた賊徒は菟狭の川上の鼻垂《はなたり》、御木の川上の耳垂《みみたり》、高羽の川上の麻剝《あさはぎ》、緑野の川上の土折猪折《つちおりいおり》となります。

　降伏した神夏磯媛は三種の神器を帯びており、天皇に比肩されています。振り返れば豊国に入った一族は大原足尼命や稲背入彦命でしたが、この吉備豊国勢は天皇と言っても差し支えはない人物たちでしたので、この降伏伝承はそれを描いたものかもしれません。また賊徒の筆頭に挙げられる鼻垂は「ほしいままに天皇の御名を僭称し」と自らは天皇だと名乗っているのには留意が必要です。

天皇家に比肩する一族の人物名を酷い渾名で記す国史ですが、討たれた人物たちは、全てその名に五十瓊敷入彦命の子孫を表す「川上」が付くことは見逃せません。彼らは「川上」の山川の嶮しい要害の地を頼って抗戦しているといいますが、単純に賊達が「川上」にある山に陣取ったのか、景行天皇に対立し降伏した五十瓊敷入彦命の「川上」をその記事に託して伝えたかは読者のご判断にお任せします。

先述ですが景行天皇が討伐した熊襲が再度叛いたという場面から、日本武尊の事績は始まります（『日本書紀』）。この熊襲国には魁帥《たける》がおり、名を取石鹿文《とろしかや》、またの名を川上梟帥《かわかみたける》だとし、ここでも賊の名は「川上」が接頭します。

この後も『日本書紀』は賊の名を取石鹿文ではなく、またの名の川上梟帥を使い続けます。川上梟帥は日本武尊に騙し討ちされ殺されますが、この騙し討ちをした相手から、尊はなぜか日本武尊と名付けられ、ここから日本武尊になります。

川上梟帥が親族を残らず集めて住居の新築落成の祝宴を催そうとしていた場面で、その経緯は語られます。身内だけ残らず集めたという宴に何故か日本武尊が入り込みます。その姿は「髪を解いて童女の姿」で女装をし、御衣のうちには剣を帯びて宴に参加したといいます。夜がふけ川上梟帥の酒の酔いがまわってきたところで、童女の姿で相手を油断させた日本武尊は御衣の中の剣を取り出し、川上梟帥の胸を刺します。息を引き取る前の川上梟帥から何故か、名前をつけさせてくれと懇願されます。

「いまよりのち、皇子を名づけたてまつって日本武皇子と申し上げることにいたします」と申し上げた。川上梟帥が言いおわると、ただちに日本武尊は、胸を刺して川上梟帥を殺しておしまいになった。そこで、いまに至るまで、日本武尊とお誉め申し上げるが、これが、その縁なのである。

（『日本書紀』「景行天皇紀」）

意訳すれば日本武尊を襲名しているとなりそうですが、川上梟帥の身内の席に呼ばれた尊は、見方を変えれば、川上梟帥の身内であり彼から権力を禅譲されている姿に見えますが如何でしょうか。系譜から考えても倭建命は川上の一族が襲名し、それを引き渡したと捉えるのは蓋然性の高い考察ではないでしょうか。

倭建命——日子坐王——**川上**眞稚命——迦具夜比売命（日葉酢姫）
＝
垂仁天皇—景行天皇——五十日帯彦命—大帯日子命（**日本武尊**）
凡牟都和希王—若野毛二俣王—◯—乎富等大公王

一連の検討からは川上梟帥が日本武尊に名を与えるこの物語は、前王朝の終着点となる日子坐王とその子、丹波道主命の王朝から、「天日槍命の王朝」の新たな日本武尊への禅譲を描いた物語と言えるのではないでしょうか。

朝庭別王と浦島太郎の物語

川上一族の禅譲によって、彦火明命を祖と仰ぐ初代天皇から続く王朝はここで幕を閉じます。そして彼らが紡いだ物語は、ゆっくりと忘れ去られて行きました。その当時の生きた人々の思いを後世に、そして現代に繋げる架け橋こそが御伽噺です。

孝が接頭するタニハ王朝から始まり、物部氏と融合した近江系の一族の倭建命こと武甕《たけみか》槌命《づちのみこと》を祖とする川上眞稚命（丹波道主命）が、彼らの王朝の終着点でした。これは後世に息長氏と称される一族で、近親が伊福部氏（五百木部）です。

このタニハ王朝の最後を飾ったと思われるのが朝庭別王です。その名は、自身の親までは朝庭だったと物語っている王です。また、その兄弟は月の女神、迦具夜比売命でした。

陰陽の概念では男女、火水、日月などに分かれます。一族の御祖神の天照大神は言うまでもなく陽の太陽神ですが、その開祖は彦火明命でした。その最後を飾る女神が、陰を司るかぐや姫として描かれ、最後は月へと帰る物語は、彼らの宗教観からは自然な発想で生まれた創作物といえるでしょう。余談ですが、天照大神が女性の太陽神として描かれるときに、その対偶神の素戔嗚尊は陰となります。素戔嗚尊が月読尊と重なって描かれるのはこのためではないでしょうか。

日子坐王――川上眞稚命――朝庭別王
　　　　　　　　　　　　迦具夜比売命（日葉酢姫）
　　　　　　　　　　　　＝
景行天皇――五十日帯彦命――大帯日子命（景行天皇、応神天皇）

一族の本貫地の丹後半島には天の羽衣伝説、かぐや姫や浦島太郎の伝説が今に伝わり、御伽噺の宝庫といわれています。人々は伝説を残して何を語り繋いで来たのかは想像に難くないですが、これらの伝説を掘り下げることで、彼らが今日まで大切に守って来たものが浮かび上がって来るはずです。この中で浦島太郎は、丹波道主命こと川上眞稚命（日下部嶋根垂根命）の御子でした。これは先ほどの朝庭別王と重なります。また嶋子の子孫だと言う日下部首は『新撰姓氏録』に「和泉皇別、日下部宿禰同祖、彦坐命之後也」と記されますので、嶋子は彦坐命の子孫となります。

日下部嶋根垂根命――日下部垂見宿禰（**浦島太郎**）――嶋児
男垂見宿禰――川上眞稚命――朝庭別王
彦坐王――丹波道主命――迦具夜比売命（日葉酢姫）

朝庭別王こと浦島太郎の物語は『丹後国風土記』逸文に記された物語が最古と言われています。それによると雄略《ゆうりやく》天皇の時代に与謝郡の日置里筒川村に、日下部首らの先祖の筒川の嶼子がいたといい、大凡は浦島太郎の御伽噺と同様に推移します。

物語はまずは小船で釣りをしている場面から始まり、嶼子は一匹の亀を釣りあげます。すると亀は美女に変身をし、二人は蓬莱山（神仙世界）へ行き結婚します。嶼子は三年間仙人世界に遊びますが、故郷と父母を恋しく思う念が募り帰郷を決意します。それを相談された美女（亀比売）は嘆き悲しみますが、最後には「決して開けてはならない」化粧箱を嶼子に渡します。故郷に帰ると三百年余が経っており、落ち込んだ嶼子は、化粧箱を開けてしまいます。すると化粧箱から、かぐわしく蘭の形の物が、風雲を引き連れて天上に飛んで行ったといい、それを見て嶼子は涙をしながら歌を唄います。

常世のある方角に向かって雲が棚引いている。
水江の浦嶼の子の言葉を持って雲が棚引いている。

神の乙女が遥か彼方から芳しい声を送って歌うことには、
大和の方角に向かって風が吹き上げ、雲が離れていくのと一緒にあなたが離れてしまっても、私を忘れないでいておくれ。
（『丹後国風土記逸文』）

約束に背いた嶼子は二度と亀比売に会うことはなかったといいます。歌を解釈すれば三百年前に入れた浦嶼子（嶋子）の言葉（魂）を乗せた雲は、丹後から大和へと帰りますが、これはタニハ王朝の由来を歌に託したのではないでしょうか。

嶼子（嶋子）が住んでいたと言う、筒川村の比定地には現在でも、浦嶋神社（京都府与謝郡伊根町字本庄浜）が鎮座し、その伝説を語り継いでいます。また浦嶋子の物語は『日本書紀』雄略二十二年の条に突然と、挿入されます。

秋七月に、丹波国の余社郡管川（現在の京都府与謝郡伊根町筒川）の人である瑞江浦嶋子が、舟に乗って釣をしていた。そうすると大亀を得て、それがたちまち女となった。そこで、浦嶋子は、心がたかぶって妻とした。あとについて海に入り、蓬萊山に至って、仙衆をめぐり見て歩いた。この話は、別巻にある。
（『日本書紀』）

『丹後国風土記逸文』の物語では、嶋子が神仙世界に行っていたのは三年間でしたが、帰って来ると三百年経っていました。この一年間が百倍になった御伽噺は何を暗示しているのでしょうか。御伽噺のごとく紀年の年数が数倍、数十倍に飛んでしまう書物に、国史と言われる「記紀」が有ります。『日本書紀』によると、浦嶋子が神仙世界に行ったのは、雄略天皇二十二年でしたので浦嶋子が帰還した三年後とは、清寧《せいねい》天皇二年に当たります。浦嶋子の帰還年の清寧天皇二年から『日本書紀』の紀年で三百年遡ると、成務天皇五十一年に当たります。それに当てはめると浦島太郎は成務天皇の時代に神仙世界へ行ったとなります。

系図で浦島太郎と伝わる朝庭別王の世代は、「記紀」が景行天皇の子と伝える日本武尊世代でしたので、これは成務天皇世代に当たります。「雄略天皇紀」に浦嶋子の旅立ちの日を記録したその意味は、タニハ王朝の滅亡の日を記録したと言えるのではないでしょうか。

第五章　相克の果てに　かごめ唄に込められた想い

穂国の朝庭別王

『古事記』の「景行《けいこう》天皇記」はまず后妃と皇子女の説明で始まり、次に倭建命《やまとたけるのみこと》の西征、出《いず》雲建《もたける》征討、倭建命の東征、思国歌《くにしのびうた》、白鳥の陵、そして倭建命の系譜を挙げます。最後に「大帯日子天皇の御寿命は百三十七歳。御陵は、山の辺の道のほとりにある」と景行天皇の寿命を載せて締めます。右記の如く景行天皇の事績は全て倭建命の活動記録になりますので、『古事記』が語る景行天皇とは倭建命となります。これ以上の説明は不要かと思いますが、倭建命の妻を追ってみましょう。

命の妻は布多遅能伊理毘売命《ふたじのいりひめのみこと》、弟橘比売命《おとたちばなひめのみこと》、布多遅比売《ふたじひめ》、大吉備建比売《おおきびたけひめ》、玖々麻毛理比売《くくまもりひめ》、一妻《あるみめ》ですが、既に検討したのは弟橘比売命、布多遅比売、一妻です。

天日槍命《あめのひぼこのみこと》を祖とする「天日槍の王朝」と丹波道主命《たんばのみちぬしのみこと》の王朝の婚姻により二王朝は融合しました。それ以前に「天日槍の王朝」と統合していた吉備津彦命《きびつひこのみこと》の勢力が連合して「倭建命の東征」を行います。『日本書紀』には副将軍に吉備《きび》武彦《たけひこ》（御鉏友耳建日子《みすきともみみたけひこ》）と大伴武日連《おおとものたけひ》を添えて遠征したと記されます。この遠征途中の三河の穂国には禅譲が行われた世代に当たる朝庭別王《みかどわけのみこ》がその祖として祭られるので、この一族も「倭建命の東征」に参加したと思われます。

朝庭別王は『古事記』に「三川穂別の祖先」とあり、この穂国とは三河東部の豊川流域の主に宝飯郡を中心とした地域で、現在の愛知県豊川市に当たります。穂国の政治基盤は三河一宮の砥鹿《とが》神社（愛知県豊川市一宮町西垣内）を中心とし、その神社由緒によれば、祭神は但馬国朝来郡赤淵宮から東方三河国（穂国）に来たと言います。

朝来郡の朝来は日子坐王《ひこいますのみこ》が朝議を開いた地でしたが、砥鹿神社の祭神が来たと言う赤淵宮はその粟鹿《あわが》神社の神を祭る神社です。つまり、粟鹿神社を奉斎している一族の末裔が但馬国から三河東部の穂国に移動して来た事を由緒は伝えています。『豊橋市史』が王の入国時期を景行天皇朝で、日本武尊《やまとたけるのみこと》の東征前後と推定しているのは慧眼と言えるでしょう。また砥鹿神社の社家であったのは草鹿砥《くさかど》氏といいます。日下部氏族は日子坐王を祖としますが、この草鹿砥氏は日下部氏族に連なる一族で、社伝によると神主家の草鹿砥氏は穂別命の後裔であるといいます（『日本の神々』）。この地には「三川穂別の祖先」の朝庭別王を祭る、多美河津神社（愛知県豊川市宿町宮脇）、形原神社（愛知県蒲郡市形原町八ケ峰）があります。

穂国の中心地である砥鹿神社から、西へ十キロ程隔てた地には宮道《みやじ》天《てん》神社（豊川市赤坂町宮路）が鎮座します。神社由緒によると、日本武尊の東征時にその第三子、建貝児王《たてかいこのみこ》（武卯王）が、この地に封ぜられ、これが宮道別《みやじのわけ》の祖になったといいます。建貝児王の子の宮道《みやじ》宿《すく》禰《ね》速麿《はやまろ》は「穂」の県主になり、その子孫が先祖の建貝児王を祭ったのが宮路山の山頂と、麓にある宮道天神社だと起源を伝えます。

　宮路山に鎮座する宮道天神社には、時代は下り壬申の乱（六七二年）に、持統上皇の子の草壁皇子が宮路山山頂近くで守備にあたった由縁で、皇子は宮道天神社の祭神となっています。先ほどの草鹿砥氏の日下部氏が草壁皇子の養育氏族となった縁でこの地に来たと推測し、その後に宮路山山頂を拠点とするところを考え合わせると、両族は東征以来の親族ではないでしょうか。

　建貝児王は『古事記』に讃岐綾君《さぬきのあやのわけ》、伊勢別《いせのわけ》、登袁別《とおのわけ》、麻佐首《あさのおびと》、宮首別らの祖先と記されることから、西は讃岐国から東は三河国と広い範囲に勢力を保っていたと思われます。

　建貝児王の母は『古事記』では吉備臣建日子《きびおみたけひこ》の妹の大吉備建比売で、その子は王一人だといいます。一方『日本書紀』では吉備武彦の女の吉備穴戸武媛《きびのあなとのたけひめ》の子と記され、武卯王の他に十城別王《とおきわけのみこ》を生んだと異なる伝承を挙げます。この十城別王は世代が数代下がる神功皇后の三韓征伐に従軍する伝承を持ちますので、建貝児王の母については『古事記』の伝えが正しいと思われます。

武卯王と讃留霊王

武卯王は讃岐綾君の祖とある事から讃岐国を領したと思われますが、その地には瀬戸内海の悪魚を退治したと言う讃留霊王《さるれお》伝説が残ります。

讃留霊王は景行天皇二十三年に勅命を受けて讃岐国に入り悪魚退治を行ったと伝わり、櫛梨神社（香川県仲多度郡琴平町下櫛梨）の由緒によると、その後にその地に留まって仲哀《ちゅうあい》天皇八年九月十五日に百二十五歳で薨去したといいます。讃岐に留まった霊と表記されるのはそれ故でしょう。この讃留霊王は東讃では神櫛王として、西讃では先ほどの武卯王として伝承が残ります。寿命が長大な伝承から讃岐に入った神櫛命と武卯王は同一人物かその子孫となりそうです。

城山《きやま》神社では神櫛別命《かみくしわけのみこと》の死後に、その霊を城山に祀ったのが創建の起源と伝えます。神櫛王（神櫛皇子）と神櫛別命の関係は以前検討したように、神櫛別王は五十《い》日帯彦命《かたらしひこのみこと》でした。この神櫛王は神の櫛と女性を暗示させる名前でしたが、同一の伝承を持つ武卯王もまた女性を暗示させます。建貝児王も建、武は竹に通じ、かぐや姫を想起させ、何よりも蚕を建てるとなると養蚕であり、織姫が連想されます。

建貝児王の母は吉備臣建日子の妹の大吉備建比売でしたが、これは稲背入彦命《いなせいりひこのみこと》の妹の播磨《はりまの》稲日大郎姫《いなびのおおいらつめ》の関係と重なります。王は讃留霊王《さるれお》神社（香川県丸亀市飯山町下法軍寺）の碑には女性として残りますが、これは正しい由緒を残しているのではないかと思います。

吉備津彦命—稲背入彦命（吉備津彦命、吉備臣建日子）——御諸別命
播磨稲日大郎姫、大吉備建比売（神櫛皇子、武卵王＝讃岐国造）
＝
垂仁天皇——景行天皇—五十日帯彦命（神櫛別皇子／成務天皇）—大帯日子命（仲哀天皇）

先ほど見たように讃留霊王は仲哀天皇八年九月十五日に百二十五歳で薨去と具体的に記され長寿と言いますが、これは同一族、磐衝別命《いわつくわけのみこと》（景行天皇）から仲哀天皇までの活動期間を表しているのではないでしょうか。

讃留霊王の悪魚退治伝説は、土《ど》国の南海から阿《あ》国の鳴門、讃《さん》の福江、その後に讃地に留り、また別伝では伊予の水崎（『南海通記本讃留霊記』）と四国を東回りしたと伝えます。これは四国征討であり、悪魚退治とはそれの比喩でしょう。

讃岐国の大麻《おおあさ》神社は天太玉命《あめのふとたまのみこと》を祭り、由緒では忌部氏が当国に麻を伝えたと有ります。これは阿《あ》波国《わのくに》の大麻比古神社と同じ神（大麻比古大神、猿田彦大神）を祭るとなり、天太玉命は孝霊《こうれい》天皇と、猿田彦大神《さるたひこのおおかみ》は「孝」が接頭する天皇と重なるとなります。この由緒から当初は、孝霊天皇から天日鷲命《あめのひわしのみこと》と続く一族が、その祭祀を司っていたと思われます。

現在の社家の白玖氏は代々当社の神主を勤める家系で、その祖は穂積忍山彦根《ほづみおしやまひこね》と言います。景行天皇の御代に皇子の神櫛皇子命の勅により、当社を祭祀したと伝わりますが、先述の検討と由緒を結びつけると、穂積忍山は丹波道主命でしたので、景行天皇とこの勢力が融合後に一族は入って来たのではないでしょうか。また境内には境内社白玖祖霊社が有り弟橘媛《おとたちばなひめの》命《みこと》を祭ります。恐らくは天日鷲命の一族から祭祀権が遷ったのではと思われますが、これは讃留霊王伝説と重なるのではないでしょうか。

武卵王の兄弟とされる十城別王はこの世代から数代降る神功三韓征伐で活躍する伝承を残すことから、同世代ではないとなります。これは滋賀県の園城寺《おんじょうじ》（滋賀県大津市園城寺町）（三井寺）に伝わる和気家系図の「円珍系図《えんちんけいず》」に武国凝別皇子《たけくにこりわけのみこ》の孫として挙げられ、それを追認出来ます。

武国凝別皇子は景行天皇の子と伝わり、伊予国の御村別《みむらのわけ》の祖といいます。同国の伊曽乃《いその》神社（愛媛県西条市中野甲）の祭神の一柱です。主祭神は天照大神《あまてらすおおみかみ》の荒魂で、社伝および旧記によると、はじめに天照大神の荒魂が祭られ、のちに武国凝別命を加えて二座となったといいます。主祭神の天照大神は本殿内陣の正中に奉斎、脇殿神の武国凝別命は、その左に祭られています。天照大神の荒魂とは瀬織津姫命《せおりつひめのみこと》ですが由緒から考えると、十城別王の父が娶ったと言う吉備武彦の女の吉備穴戸武媛と重なるのかもしれません。

吉備穴戸武媛（瀬織津姫命）

＝

武国凝別命（倭建命、景行天皇、大帯日子命）——水別命——十城別王

天穂日命と天火明命

「倭建命の東征」（景行天皇の東征）の副将軍は吉備武彦と大伴武日連でした。この東方遠征の成果と思われる国造就任記録が『先代旧《せんだいく》事《じ》本紀《ほんぎ》』「国造本紀」に挙げられます。左記のように遠征先の東国（関東）の国造には所謂出雲系と捉えられている人物たちが多く就任しています。

・相武国造《さがむのくにのみやつこ》
　成務朝に、武刺国造《むさしのくにのみやつこ》の祖・伊勢《いせ》都彦命《つひこのみこと》の三世孫の弟武彦命《おとたけひこのみこと》を国造に定められた。
・无《む》邪《さ》志国造《しのくにのみやつこ》
　成務朝の御世に、出雲臣の祖・二井《ふたい》之《の》宇《う》迦《が》諸忍之《もろおしの》神狭命《かむさのみこと》の十世孫の兄《え》多《た》毛《も》比命《ひのみこと》を国造に定められた。
・上海上国造《かみつうなかみのくにのみやつこ》

成務朝に、天穂日命《あめのほひのみこと》の八世孫の忍立化《おしたてけ》多《た》比命《ひのみこと》を国造に定められた。

・菊麻国造《きくまのくにのみやつこ》

成務朝の御代に、无邪志国造の祖・兄多毛比命の子の大鹿国直《おおかくにのあたい》を国造に定められた。

所謂出雲系の系譜は天穂日命から始まり、出雲《いずも》建子命《たけこのみこと》（伊勢都彦命）から兄多毛比命と続きます。思い出していただきたいのは出雲にいたのは孝霊天皇で、その子は吉備津彦命でした。伊勢都彦命は天日鷲命に敗れて信濃に行った建御《たけみ》名方神《なかたのかみ》と重なる人物で別名を、出雲建子命と言いました。つまりその名からは出雲を建てた人物となります。建御名方神の親は孝霊天皇ですので、天穂日命の一人はそれを投影した人物でしょう。

天穂日命は葦原中国の平定に派遣される最初の神で、天照大神と素《す》戔嗚尊《さのおのみこと》のうけひ（うけい）で生まれた御子の第二子に当たります。神話上で長子の天忍穂耳尊《あめのおしほみみのみこと》が天降らない事から、最初に葦原中国へ降り立つのは天穂日命になります。第三子の天津彦根命は天稚彦命《あめのわかひこのみこと》の投影であるのは先述しました。要するにこれは葦原中国と制圧される出雲国への降臨の順序に対応します。最初に大和に王権を立てたのは孝昭《こうしょう》天皇を祖とするタニハの一族で、その祖は天火明命《あめのほあかりのみこと》（彦火明命）でした。天火明命と天穂日命を並べると同様の意になるのが分かります。

二神の名に接頭する「天」と末尾の「命」を除くと、火明と穂日が残ります。火と穂は彦《ひこ》火火出見尊《ほほでみのみこと》が天津日高日子穂穂手見と書くことを見れば、同一に用いられ置き換え可能です。穂日の日と火明の明も、日は明るいに通じますので両神は同じ神格と捉えられます。

　纏めると、最初に天下に君臨したのは天火明命とそれに続く孝昭天皇一族で、孝霊天皇の末裔が出雲に入りました。これを神話に置き換え、神代で比肩したのが天穂日命となるのでしょう。

天火明命——孝霊天皇——建御名方神（出雲建子命、伊勢都彦命）
天穂日命————————建比良鳥命
　　　　　　　　　　天津彦根命（天稚彦命）

　天穂日命は出雲国造家の祖で有りますが、その出雲国の古代を記した『出雲国風土記』にも僅か（恐らく一箇所）に記されるのみと、命は謎に包まれています。これほどの神にしては祭られる神社数も寂しい次第です。

　先ほどの検討を今に伝える資料は多くは残りませんが『新撰姓氏録』には「和泉国未定雑姓、真髪部、天穂日命之後也」と「右京皇別、真髪部、同命（孝霊天皇皇子稚武彦命）男吉備武彦命之後也」が残り、孝霊天皇と天穂日命が繋がる伝えを残します。

孝霊天皇――吉備津彦命（建御名方神、出雲建子命、伊勢都彦命）――**真髪部**
天穂日命――**真髪部**

出雲国造家の祭祀は国譲りをした大国主神の祭祀を引き継いでいるといいます。それを考えた時には天津彦根命（玉勝山背根子命）の子孫が出雲国造家の直接の先祖ではとも思えてきます。天穂日命は幾つかの人物を仮託したものにも見え、著者も今のところ判断が付き兼ねますので、いずれの機会に再検討いたします。仮説ですが左記を提示しておきます。

大国主神（天火明命の子孫、天穂日命の投影1）
　　┌下照姫命
　　＝
　　天津彦根命（天稚彦命、天穂日命の投影2）――出雲国造家祖先

出雲国造家は天照大神と豊受大神を奉斎す

出雲大社《いづもおおやしろ》の祭神は言わずと知れた大国主大神です。『日本書紀』では、高皇産霊尊が現世

の統治権を我が子孫に譲るのを条件とした引き換えに、大己貴神（大国主神の別名）は幽界の神事を託されます。その際に大己貴神が住むべき宮の建造を、高皇産霊尊が約束したのを起源とし、そこでは出雲大社は天日隅宮《あめのひすみのみや》と記されます。またその祭祀は天穂日命が司るとあります。これらの言葉は経津主神から大己貴神に語られていますので国譲りの一つの実態は、物部氏との間で行われたとなります。

『古事記』では経津主神ではなく建御雷神《たけみかづちのかみ》が、高皇産霊尊だけではなく天照大神の命令で派遣されます。これは饒速日尊と玉勝山背根子命と言い換えられますが後述します。

この幽界の神事は天穂日命が司っているとなり、その子孫の出雲国造家が天穂日命の霊魂を代々火継して現在にいたります。かつて出雲大社教管長であった千家尊宣《せんげたかのぶ》氏によれば、天穂日命が司った出雲大社の祭祀には「その昔、大国主神が祀っておられた神を、出雲国造が大国主神に代わって祀るという使命と、もう一つは大国主神そのお方を国造が祀るという使命」の二つの意味があるといいます（千家尊宣『神道出雲百話　皇室をめぐる日本の心』）。

この「大国主神が奉斎していた神々」への祈りを行っているのが十一月二十三日の夜に執り行なわれる「古伝新嘗祭《こでんしんじょうさい》」です。千家尊宣氏によると新嘗祭はその年の新穀を、各神社の祭神に捧げるのが通例だが、この「古伝新嘗祭」では出雲大社の祭神の大国主神にむかって新穀を捧げるのではなく、大国主神が祀っていた神に「昔ながらに大国主神がお捧げになる」祭りで、大国主神に代わってそれを行っているのが出雲大社宮司であるといいます。

『日本書紀』と照らし合わせると、この「大国主神が奉斎していた神々」は幽界の神事となります。「古伝新嘗祭」はその神々に祈りを捧げ、また国造がその霊威を復活させる儀式となります。これに使われるのが天照大神の火と、豊受大神の水だと国造家補佐の佐草《さくさ》家の文章には残りますので、要するに「大国主神が奉斎していた神々」とは天照大神、豊受大神となります。また、佐草自清《よりきよ》氏は、この豊受大神の水は真名井滝の水であり、これは秘すべきだといいます（『重山雲秘抄』）。

真名井滝は茶臼山山麓に有ります。この側には眞名井神社（島根県松江市山代町）が鎮座し、その祭神は伊弉諾尊、天津彦根命《あまつひこねのみこと》です。神社由緒に「天津彦根命は天之眞名井の狭霧に成りまし、古くから当地方に居住する山代一族の始祖であらせられる。彼れ出雲国造家に伝はる火継式に当社眞名井の神水が用いられる所以である」と有るのをみれば、真名井滝で霊威を受け継ぐのは天穂日命ですので、その投影の一人が天津彦根命と言えそうです。

以前検討済みですが、天津彦根命は玉勝山背根子命と言えました。また玉勝山背根子命の系譜は山代（山城）国の祖に繋がります。神社鎮座地もまた山代であり、由緒がいう山代一族とは、『出雲国風土記』山代郷に記載の所造天下大神、大穴持命の御子の山代日子命なのでしょう。

この一連の事柄は先述の左記系図と重なると思われます。

天押穂耳命（九世孫：玉勝山背根子命、大己貴命）――萬幡千ヶ媛命
＝
膽杵磯丹杵穂命（饒速日尊）

大己貴神――高光日女命（天道姫命、高照光姫、祖母命）
＝
宇麻志眞治命（十世孫：彦火明命、和加布都努志命）
天香語山命（十一世孫：鸕鷀草葺不合尊）――天村雲命（十二世孫：神武）

これらは『海部氏勘注系図』において九世孫以降となります。玉勝山背根子命の始祖も天照大神のプロトタイプで有る、彦火明命となりますので、『古事記』で高皇産霊尊と共に国譲りを武甕槌神に命令している天照大神を仮託した人物とは、それを火継している一人の玉勝山背根子命の一族なのでしょう。

幽界の神とされた「大国主神が奉斎していた神々」もまた天照大神と豊受大神でした。これは玉勝山背根子命より先代に当たる建田勢命、建諸隅命、日本得魂彦命、言い換えれば孝昭、孝安、孝霊天皇が奉斎していた神々なのでしょう。また実際の国譲りの世代は孝霊天皇

の子孫たちが出雲国に入った後になりますので、数世代後になります。

日本得魂彦命（八世孫）――乙彦命（九世孫：建御名方神）
　　　　　　　　　　　└安波夜別命（十世孫：大原足尼命＝出雲国大原郡）

「国譲り」において建御雷神が建御名方神と戦うのはご存知のところでしょう。建御名方神が逃げていったという信濃国の諏訪には、建御名方神を祭る諏訪神社が有ります。『諏訪神社誌』には、建御名方神と父母を同じにし、建御名方神と同一人物とされる御《み》穂《ほ》須《す》須《す》美命《みのみこと》の又の名は火明命と伝わると記します。「大国主神が奉斎していた神々」の一柱が天照大神と考えると、その子建御名方神が天照大神と言える火明命を又の名として持つのは、首肯できる伝承です。

かつて出雲大社宮司であった千家《せんげ》尊祀《たかとし》氏はその著書で、「出雲国造がまつる神とは、意宇川の川上なる熊野の神であ」る（千家尊祀氏『出雲大社』）としています。これは意宇郡の熊野大社にあたり、その主祭神の熊野大神《くまののおおかみ》櫛御《くしみ》気《け》野命《ぬのみこと》について、千家尊祀氏は「クシとは神奇という意味をあらわす美称、ミケヌとは御饌主であり、総じて偉大なる穀物霊という意味に他ならない」といいますので、これが穀霊、穀神であると分かります。「出雲国造が祀る神」は伊勢神ですのでその穀霊、穀神といえば豊受大神となるのは、説明不要でしょう。また『重山雲秘抄』によれば、この神は大日霊貴だといいますので出雲国造家が奉斎するのは伊勢内宮、外宮の神となります。

こちらの論考は菊池展明氏の『出雲の国の女神　出雲大神と瀬織津姫』を参考にしました。

気比大神と剣御子

関東を始めとした東国の国造の系譜は天穂日命を祖とし伊勢都彦命、数代あって海上《うなかみ》国造や无邪志国造の祖となる兄多毛比命と続きます。この兄多毛比命には先ほど「えたもひのみこと」と振り仮名を当てましたが、本当に「もひ」と読むのでしょうか。

東京都府中市の大国魂《おおくにたま》神社（宮町）の坪宮《つぼのみや》には武蔵国初代国造として兄《え》多《た》気《け》比命《ひのみこと》を祭っています。兄多毛比命をこちらでは兄多気比命と表記している事から、「毛比」の読みは「気比（けひ）」であると分かります。先述ですが、「気比」と「吉備」は通じます。兄弟の属性の「兄」を除くと多吉備命となります。「えた」は「えたけ」が詰まった物とすると「たけ」（武、建）と捉えられ、命の名前は武吉備命となります。東国に副将軍として従軍したのは吉備武彦ですが、その論功を勘案すると、二人は同一人物ではと思われます。

武蔵国一宮の氷川神社（埼玉県さいたま市大宮区高鼻町）の社家角井《つのい》氏は兄多毛比命を祖と

します。その系図の命の分注には「成務天皇御時五年秋九月定賜无邪志國造矣。家居足立郡足立府亦埼玉郡笠原郷、此時氷川之神之祭主神事行」とあり、神社の神事はこの時から始まり、その祭主を務めたと記されます。氷川神社の創建の由来が、孝昭天皇三年四月とあるのは兄多毛比命の先祖を伝えているのかもしれません。

【武蔵国造イメージ】

孝昭天皇――孝霊天皇――吉備津彦命――数代略――吉備武彦
天穂日命――――――――伊勢都彦命――数代略――兄多毛比命（武吉備命）

吉備武彦は東国遠征の最後に越の国に派遣されます。この越こと北陸の総鎮守は気比神宮でしたが、社家の角鹿《つぬが》家は吉備津彦命を祖とし、その祭神は伊奢《いざ》沙別命《さわけのみこと》（五十狭沙別命）でした。以前の検討では伊奢沙別命は「笹」神で、吉備津彦命と言えました。この気比の神の縁起が越前国二宮の劔《つるぎ》神社（福井県丹生郡越前町織田）の由来を記した『剣大明神略縁起并来由之事』（以下『剣大明神略縁起』）に記されます。それによると笥《け》飯大神《ひのおおかみ》は綏靖《すいぜい》天皇の時代に三尺の笥（恐らく竹の籠）の中に、黒い飯になって入り顕現したと伝えます。また劔神社は『丹生郡神社明細帳《にゅうぐんじんじゃめいさいちょう》』によると孝霊天皇の時代に元宮（座ヶ《くらが》嶽《たけ》）に降臨したといいます。前著で検討しましたが、これはおおよそ同じ時代の創建を伝えているとなりそうです。

神武天皇――綏靖天皇（筍飯大明神）
孝霊天皇（劔神社）――孝元天皇（建御名方神の世代）

気比神宮の由緒で伊奢沙別命は御食津《みけつ》大神《おおかみ》とも称し食物を司ると有り、『剣大明神略縁起』でも筍飯大神は保食神《うけもちのかみ》で豊受神と同体と記します。豊受大神は食の神でも有りますが、天照大神が男神の場合は、その対偶神（妻、女性）にもなります。恐らくは同体とはこの男女の陰陽の概念だと思われます。

伊奢沙別命は笹神で吉備津彦命と重なり、その御祖神は天照大神となります。顕現している天照大神が男性の場合の対偶神が、豊受大神と同体の御食津大神となるのでしょう。

天照大神（彦火明命）――孝昭天皇――孝安天皇――吉備津彦命（伊奢沙別命）
豊受大神　　　　　　　　　　　　　　　　　　豊受大神（御食津大神）

気比大神（吉備津彦命）はおおよそ綏靖天皇時代に、この地にやって来たとなります。時代は降って、二宮の劔神社の由緒（『剣大明神略縁起』）には応神天皇時代に気比大神の御子の剣命が賊を征討した話が伝わり、また神社に祭られた剣命はそもそも日本武尊だとも残します。剣命は異国兵船に乗った武煬と言う勇士を討ちに、その館へ向かい軍兵と戦ったといいます。武煬は賊徒と称されますが勇士であり、異国兵船に乗って来たはずが館にいるという奇妙に感じる伝承です。賊と戦った気比大神の御子の剣命が日本武尊だというのが、その原因のようです。

『剣大明神略縁起』には孝霊天皇治世に、備前国《びぜんのくに》の勇士武煬が王命に叛いて天下を奪おうと欲したため剣大神が征討したと記されます。どうやら由緒が暗に伝えたい内容を推測すると備前国からまず敦賀にやって来ていた気比大神（吉備大神）を奉ずる孝霊天皇の子孫（吉備津彦命、伊奢沙別命）を、日本武尊が討ったとなりそうです。気比大神はその後に仲哀天皇を並祭し気比大明神として崇めたといいます。つまり征服後に仲哀天皇が入って来たと見るのが自然でしょう。

一連の由緒は以前検討した「天日槍命の王朝」の嫁取り（征服譚）の伝承の一環と捉えられます。摂社の角鹿神社では都怒我阿羅斯等命《つぬがあらしとのみこと》（天日槍命）を祭り、社家の角鹿氏はその命と吉備津彦命の子孫ですが、その所以はここにあるのではと思われます。

先述ですが天日槍命の一族は吉備津彦命の聖剣、胆狭浅《いささ》の大刀《たち》を保有し、この後の世代で剣命こと日本武尊が忍熊皇子《おしくまのみこ》に神剣を渡す伝承を残すことを、頭の片隅に入れて置いて下さい。

日子坐王――丹波道主命（彦汝命、息長命、山直の始祖）
＝
稲背入彦命――吉備比売――印南別嬢（大御津歯命、水歯郎媛）
＝
播磨稲日大郎姫
＝
景行天皇――五十日帯彦命――**大帯日子命**――伊波都比古命
景行天皇――成務天皇――**仲哀天皇**――応神天皇

五百木之入日子命と品陀真若王

『剣大明神略縁起』に、敦賀に入った仲哀天皇の時代は「時に東夷蜂の如く起りて中国に乱入し帝都を窺ふ」とあるのをみても、大混乱の時代だったようです。敦賀に入った日本武尊は仲哀天皇（景行天皇）とも重なりますが、「記紀」を開いても大和国に皇居が有ったのは景行天皇の宮と言う纏向日代宮《まきむくひしろのみや》を最後に、近江国の志賀高穴穂宮《たかあなほのみや》（景行、成務『古事記』）へと北上しますので、その様子を想像できます。

仲哀天皇の宮で『日本書紀』で最初に現れるのが角鹿の行宮（福井県敦賀）です。またこの仲哀天皇は淡路屯倉《あわじのみやけ》を定めたと有るのは、恐らくは清彦の出石《いずし》の刀子と重なるのでしょう。

先ほどの剣命こと日本武尊の征討伝説は応神天皇時代とありますが、そこには、日本武尊、応神天皇、仲哀天皇と三者現れます。一見出鱈目に見える由緒ですが、垂仁朝は開化《かいか》朝と並び、景行天皇は応神天皇と重なりますので全て正しいとも言えます。

開化天皇――崇神天皇――垂仁天皇――景行天皇（カグロヒメの夫の**応神天皇**）
垂仁天皇――景行天皇――五十日帯彦命――**大帯日子命**（**日本武尊**）
景行天皇――成務天皇――**仲哀天皇**――応神天皇

垂仁天皇の子の景行天皇の次代の成務天皇は「天日槍命の王朝」側は五十日帯彦命でした。成務天皇は『日本書紀』が記すところでは、母は八坂入姫命《やさかいりひめのみこと》と言います。成務天皇の父と言う景行天皇には若帯日子命、倭建命、五百木之入日子命《いおきのいりひこのみこと》（五百城入彦皇子）の三人の太子がいたといい、この内の二人が八坂入姫命の御子と記されます。

『日本書紀』は景行天皇の皇后として播磨稲日大郎姫を挙げ、その子が日本武尊と言うので太子は一人でも良さそうですが、景行天皇より早世したことになっています。また先述の検討で、日本武尊は景行天皇本人と言えましたので、国史では早世とされたのでしょう。

八坂入姫命の子の若帯日子命、五百木之入日子命の二人も太子と言います。結論から先に記すと、若帯日子命の「帯」は天日槍命の末裔の暗号ですので、八坂入姫命の子という成務天皇は五百木之入日子命が該当しそうです。八坂入姫命の子には五百木之入日売命《いおきのいりひめのみこと》がいる事からも、八坂入姫命は「帯」ではなく「五百木」と繋がりが深いと捉えられます。

五百木之入日子命の子には、応神天皇に妃として娘を三人も入れたと言う品陀真若王《ほんだまわかのみこ》がいます。外戚として権勢を誇っていてもおかしくはないこの人物を祭る神社は、ほぼ皆無です。この事からも、どうやら品陀真若王とは他の人物の投影のようです。

五百木之入日子命の、その名からも容易に想像できますが、五百木部《いおきべ》で天皇候補となると倭建命、日子坐王、川上眞稚命《かわかみまわかのみこと》の系譜となります。五百木之入日子命の母の八坂入姫命は、崇神《すじん》天皇の皇子の八坂入彦命《やさかいりひこのみこと》の娘といいます。これを信じると系譜が二代合わなくなります。その名の八坂（弥栄）とは有名な八坂神社が想起されるように素戔嗚尊の一族の暗示であり、つまりはタニハを示唆しているに過ぎないのでしょう。

崇神天皇——八坂入彦命——八坂入姫命——五百城入彦皇子

『先代旧事本紀』「天孫本紀」には五百木之入日子命の妻として建稲種命《たけいなだねのみこと》（開化天皇）の娘の尾綱真若刀婢命《おづなまわかとべのみこと》を挙げますので、五百木之入日子命は崇神朝に当たります。『古事記』でも、その妻として建伊那陀宿禰《たけいなだのすくね》の娘の志理都紀斗売《しりつきとめ》を挙げ、『海部氏勘注系図《あまべしかんちゅうけいず》』も同様に志理都彦命の妹として載せます。五百木之入日子命は崇神天皇世代になりますが、その祖父と母と言う「八坂」の二人は、「記紀」が開化、崇神天皇と並行する、垂仁、景行天皇を縦に繋いだので系譜に二代の誤差が出たのを、二人を挿入して合わせているとなるのでしょう。

建稲種命──志理都彦命
　　　　　　志理都紀斗売（尾綱真若刀婢命）
　　　　　　　＝
　　　　　五百木之入日子命──**品陀**真若王
倭建命──日子坐王──川上眞稚命──迦具夜比売命（日葉酢姫）
　　　　　　　　　　　　　　　　＝
垂仁天皇──景行天皇──五十日帯彦命──**品陀**和気命
　　　　　　　　　　　　　　（大帯日子命、景行天皇、応神天皇）

この系図を見ると、五百木部（伊福部）の人物の五百木之入日子命は日子坐王と重なりそうです。また命の子はそれぞれ川上眞稚命、品陀真若王と「マワカ」で揃います。また川上眞稚命は丹波道主命ですが、三人の娘を天皇に嫁がせた人物としても品陀真若王と合わさります。迦具夜比売命《かぐやひめのみこと》と結婚した応神天皇のその名は、「ホンダ」から別れた品陀和気命（ほんだわけのみこと／ほむだわけのみこと）となるのは、この系譜から受け継いだ物でしょう。

丹波道主命の本貫地の丹後国熊野郡の久美浜には品田《ほんで》（京丹後市久美浜町品田）の地名が今も残ります。その地を本願とする品陀真若王（川上眞稚命）との強い相関性は疑いようがないでしょう。先述ですが日子坐王と丹波道主命は丹後、但馬国で天皇として描かれていましたが、国史でもその祖先は太子として挙げられていたとなりそうです。

品陀和気命は一般的に神功皇后の子の応神天皇で通っていますが、この皇子は気比神宮の笥飯大神と名前替えを行ったと『日本書紀』は語ります。それによると応神天皇が気比に行くまでの天皇の名前は去来紗別神だったといい、笥飯大神と名前を交換した後に誉田別神（品陀和気命）になったと言います。ここでもまた時空を超えるシナリオが一つ用意されます。迦具夜比売命の夫としての品陀和気命は神功皇后の子では有りませんが、この名前が一つの鍵になりますので頭に残して置いて下さい。

迦具夜比売命と繋がる応神天皇の妻という迦具漏比売《かぐろひめ》の子供の中には忍坂大中比売《おしさかのおおなかつひめ》がいます。実は全く同じ名前の姫が若野毛二俣王《わかぬけふたまたのみこ》の娘の忍坂之大中津比売《おしさかのおおなかつひめ》命として『古事記』に挙げられます。王の妻は母の妹の百師木伊呂弁《ももしきいろべ》、別名は弟日売真若比売命《おとひめまわかひめのみこと》といいます。母の妹とは結婚をしませんから、国史お得意の迦具漏比売で世代を繋ぐ、時空を越える暗号と捉えると、二人は姉妹ではなく一族の近親となりますので、それが自然ではないでしょうか。品陀和気命のその名も品陀を受け継いだ迦具夜比売命のその子の方が相応しいと思いますが、どうでしょうか。

品陀真若王――迦具夜比売命（**品陀**の姫）

五十日帯彦命――大帯日子命（日本武尊）

＝

凡牟都和希王――**品陀**和気命（若野毛二俣王）――忍坂之大中津比売命

＝

迦具漏比売（百師木伊呂弁）

武内宿禰は世襲で受け継ぐ称号

八坂入姫命は五百城入彦皇子の他に成務天皇こと稚足彦天皇《わかたらしひこのすめらみこと》の母と国史は主張します。天皇の名は帯（タラシ）の若様と捉えられますが、これは五十日帯彦命、大帯日子命《おおたらしひこのみこと》とその子の若野毛二俣王が該当します。

開化天皇――崇神天皇――景行天皇――**成務天皇**

垂仁天皇――景行天皇――五十日帯彦命――大帯日子命（景行天皇）――**成務天皇**

凡牟都和希王――若野毛二俣王

景行天皇　**成務天皇**　仲哀天皇

事績の少ない「成務天皇紀」ですが武内宿禰が天皇と同じ日に生まれたと言う不思議な記事を載せ、また武内宿禰を大臣にして寵愛したとも記します。「因幡国《いなばのくに》伊福部臣古志《いふくべのおみこし》」には武内宿禰が系譜に現れており、その系図に母は「一に竹姫」とありました。これを、意訳するとかぐや姫を連想させます。竹内宿禰の竹の内とはこの事を指すのでしょう。『日本書紀』に何度か現れる同日生まれという記述は二朝並立の暗示と思われますが、武内宿禰が大臣になり寵愛されたとは、臣下に格を下げて語られているのではないでしょうか。因幡国で武内宿禰は敗れ逃げていたようですが、戦った相手は日本武尊、吉備彦命、橘《たちばなの》入来宿禰《いりきのすくね》の構成の景行天皇軍でした。

武内宿禰ですが父は孝元《こうげん》天皇の子比古布都押信命《ひこふつおしのまことのみこと》（『古事記』）、屋主忍男武雄心命《やぬしおしおたけおごころのみこと》の子（『日本書紀』）と「記紀」は記し、またその活躍は景行から応神、仁徳《にんとく》天皇世代と幅広いことから、個人名ではないと捉えられます。これは現代風に言えば、武内社長と苗字に敬称をつけていると想像すると分かり易いかと思います。倭建命も同様ですが称号を個人名として捉えると間違いを犯す元になります。これは天皇名にも当てはまり、景行は景（陰）を行った、応神は神に応えた天皇、と複数人に当てはめることも可能な名称です。

武内宿禰の父と言う比古布都押信命は孝元天皇の子と『古事記』は伝えましたが、『住吉《すみよし》大社神代記《たいしゃじんだいき》』によると開化天皇の王子だといいます。比古布都押信命の子は初代の武内宿禰に当たり、これは成務天皇世代となります。『日本書紀』の成務天皇と同日生まれという記述はこれを指すものと思われます。また、孝元天皇の孫に当たる屋主忍男武雄心命が、二代降る「景行天皇紀」に記されるのは、これ故でしょう。

比古布都押信命はとても大きな名前と先ほど記しましたが、崇神朝で「三王家」の王朝は日子坐王の系統に統合されます。また「因幡国伊福部臣古志」の系図で武内宿禰の父は伊《い》香《かが》色雄命《しこおのみこと》で、これは崇神天皇と事績が重なりました。その次の世代の屋主忍男武雄心命から、臣下と捉えられる宿禰を付与されています。これは本来は武内宿禰が「三王家の王朝」の大君だったと、勘ぐりたくなるのは著者だけでしょうか。

開化天皇――比古布都押信命――屋主忍男武雄心命（**武内宿禰**）――武内宿禰

崇神天皇

垂仁天皇　景行天皇　**成務天皇**　仲哀天皇

右の系譜の仲哀天皇世代の大帯日子命こと日本武尊に敗れたと思われる武内宿禰の業績として、最も有名なのが神功皇后と共に忍熊皇子と戦った人物ではないでしょうか。神功皇后は息長帯比売命といい、その父は息長宿禰王です。姫は天日槍命の末裔を示す帯をその名に含んでいますが、これは母の葛城高額媛《かつらぎのたかぬかひめ》から受け継いでいます。この高名な武内宿禰は、大帯日子命世代から二代後の人物になります。

日子坐王―丹波道主命、大筒木真若王―迦邇米雷王―息長宿禰王―息長帯比売命

＝

天日槍命―多遅摩母呂須玖―多遅摩斐泥―多遅摩比那良岐―多遅摩比多訶―葛城之額比売命

武内宿禰と審神者

息長帯比売命は仲哀天皇の妻であると「記紀」は記します。二人の間の子は品夜《ほむや》和《わ》気命《けのみこと》と、弟の大鞆《おおとも》和《わ》気命《けのみこと》といいます。この大鞆和気命の別名が品陀和気命だと『古事記』は伝えます。

息長帯比売の夫と言う仲哀天皇は熊襲が背いたため討つことにして、今の福岡県まで行き、筑紫《つくし》の橿日宮《かしいのみや》（福岡県福岡市東区香椎）に滞在していました。その時に神より「熊襲よりも新

羅を帰服させせよ」との神託を受けますが、これを疑って従わなかったために、神の怒りを受けて急死してしまったといいます。

天皇に神託を下した神は皇后に神懸りをし、建内宿禰が祭場にいて神託を求めたと『古事記』は記します。この神託を天皇は御琴を弾きながら聴いていましたが、偽りを言う神だと思い琴を弾くのをやめ、黙ってしまいます。神は「もはやこの天下は、あなたの統治なさるべき国ではない。あなたは一筋の道にお行きなさい」とひどく怒ります。天皇は再度琴を弾き始めますが、生半可に弾いていると、それから間もなく琴の音が聞こえなくなり、宿禰が見ると天皇はもう崩御していたといいます。

ここでの登場人物は三人おり仲哀天皇、神功皇后と武内宿禰です。琴を弾く係が仲哀天皇、依代になり神懸かる役目が神功皇后、その神託を受け取るのが武内宿禰となり、皇后に神懸がかった神の言葉を武内宿禰が聞き伝えています。言葉の内容を偽りだと判断した仲哀天皇は亡くなりました。神功皇后→武内宿禰→仲哀天皇の順番で最後は天皇が亡くなっています。武内宿禰の役割を『古事記』では、沙庭《さにわ》に居て神の命を請うたと有りますが、沙庭とは別表記で審神者《さにわ》と書きます。

日本で、神の言葉を解明する人をいう。神慮を審察する人。神命をうけたまわる人。古くは「斎庭」（沙庭とも）と書き神を招くための斎み清められた庭をいったのを、転じて、その庭にいて神慮を審察する人をいうようになった。更に転じて神楽の弾琴者をもいう。（『世界宗教用語大事典』）

つまり「審神者」とは、神の神託を受け、神意を解釈して伝える者です。ここでは神功皇后に神懸がかった神の言葉を武内宿禰が審神者として解釈し、その結果で仲哀天皇が亡くなったとなります。また神託を受け解釈する者は「神楽の弾琴者」とも言うと、辞書に有りますが、本来なら神託を聞く人物は、三人の中で琴を弾いていた仲哀天皇のはずです。しかし、ここでは神託を聞く天皇の役割をしているのは、武内宿禰になっています。

振り返ると武内宿禰は日本武尊こと大帯日子命の世代で因幡国で敗れていました。出雲大社上官、富家の伝承では出雲国に逃れて竹内神社（平濱八幡宮）（島根県松江市八幡町）の地で亡くなったと伝えます。武内宿禰の子孫には波多八代宿禰《はたのやしろのすくね》がいます。伝承では出雲に逃れた宿禰の子が波多八代宿禰で、肥後国の八代に移住した故にその名になっているといいます。波多八代宿禰の娘の久米マイト姫（『古事記』久米能摩伊刀比売）が大隈国曽於郡で葛城襲《かつらぎのそ》津彦《つひこ》を生んだと伝えますが、この場合誰が父となるのでしょうか。また神功皇后世代の武内宿禰は初代から曾孫（著者注：四代に相当）だともいいます。

（武内宿禰）　（二代）　（三代）　（四代）

開化天皇―比古布都押信命―屋主忍男武雄心命―武内宿禰――武内宿禰――武内宿禰

倭建命――日子坐王――丹波道主命――迦邇米雷王―息長宿禰王―息長帯比売命

垂仁天皇―景行天皇――五十日帯彦命――大帯日子命（日本武尊、品陀和気命）

景行天皇　成務天皇　仲哀天皇　応神天皇　仁徳天皇

ここまでの武内宿禰の動きを見ていると大帯日子命に因幡国で敗れた後は出雲国、九州と西に移動していました。それを勘案すると武内宿禰が「天日槍命の王朝」系の天皇に仕えているとすると、どうも違和感があります。自然に考えれば他に誰かを擁立したか、自信が即位したかになるのではないでしょうか。

応神天皇は武内宿禰と神功皇后の子

『日本書紀』において仲哀天皇宮で最初に記されるのが敦賀の笥飯宮でしたが、次に記されるのが紀伊国の徳勒《ところ》津宮《つのみや》です。徳勒津宮（和歌山県和歌山市新在家）がある紀伊国は武内宿禰の生誕地で、宮の近所には誕生地と言われる武内神社（和歌山県和歌山市新在家）が鎮座します。また行幸は「おともに従ったのは二、三の卿大夫《まえつきみ》と官人数百という、身軽な行幸であった」とわざわざ記し、どうも不自然です。その後、仲哀天皇は熊襲が叛いたとの連絡で、山口県下関市周辺の穴門へと向かい福岡県の橿日宮に到着します。

先ほどの神託を、これを踏まえてみると異なる見解に繋がりそうです。橿日宮にいたと言う仲哀天皇が、神の言葉を疑った場面で、「私は、遠くを見たが、海だけあって国はなかった。どうして大空に国があろうか」と天皇は発言します。仮に天皇は笥飯宮から動いておらず、敦賀から見ていると捉えると当然ではないでしょうか。

天皇は「また私の皇祖の諸天皇たちは、ことごとく天神地祇をお祭りした。どうして残っている神がおられようか」とも発言しており、神託を下している神は、皇祖由来の神ではないと言っています。この神は『古事記』に「この託宣は天照大御神の御心意である。また我は、住吉の底箇男・中箇男・上箇男の三大神である。この時にその住吉三神の御名は明らかになった」とありますので、神託を下している神は住吉三神だと分かります。前著で検討済みですが、住吉の神は鸕鷀《うがや》草葺不合尊《ふきあえずのみこと》と武内宿禰に重なりましたので、武内宿禰に神託が降り、それを聞いているのも宿禰と考えるのが自然でしょう。

ここでの登場人物は、神が降りているのは女性の神功皇后で、審神者として聞いているのが男性の武内宿禰と陰陽の関係になる二人となるのでしょう。

住吉三神と言えば大阪市の住吉大社（大阪府大阪市住吉区住吉）が有名ですが、『住吉大社神代記』には神託の場面で仲哀天皇が亡くなった後に「ここに皇后、大神と密事あり」、「俗に夫婦の密事を通はすと曰ふ」とさらりと載せます。仲哀天皇は亡くなり、ここに残る登場人物は神功皇后と武内宿禰ですから、夫婦の秘事をしたのはこの二人となります。また、仲哀天皇が住吉大社の祭神でないのは、これら結果と繋がると思われます。

『日本書紀』は住吉の神のご神託場面の最後に「いま皇后がはじめて御懐妊になった」と、記しますが、神功皇后の長男は品夜和気命のはずでした。一連の検討から「はじめて」懐妊した、その相手とは武内宿禰で、その子が所謂、応神天皇とみるのが自然でしょう。

神功皇后は応神天皇を妊娠の身ながら新羅親征を行い新羅王を降服させたといい、遠征帰還後に筑紫宇瀰《うみ》（福岡県糟屋郡宇美町）で皇子を出産したといいます。応神天皇が皇后のお腹の中にいる時に新羅遠征を行ったので、応神天皇は胎中天皇と呼ばれました。この応神天皇の出産伝承は、武内宿禰の本貫地の和歌山にも残ります。

産湯《うぶゆ》八幡《はちまん》神社（日高郡日高町大字産湯宮ノ脇）の創建の由来は、「神功皇后、三韓ご征討から帰えらせ給い、難波より転じて当地に立ち寄らせ皇子（御祭神）をご分娩、武内宿禰これを守護し奉りて暫く、駐まる、里人畏み、忌井をほり、忌火を燧っておん産湯を奉った、このののち社殿を創設して崇献する」と伝えます。

「記紀」では九州筑紫で生まれたとする応神天皇ですが、神社由緒ではこの地で誕生したと言い、その子は武内宿禰が守っていたと言います。武内宿禰が戦った忍熊皇子の戦場ルートから考えると、こちらの伝承の信憑性の方が高そうです。産湯八幡神社には産湯の、七ッ井戸の一つとして言い伝えられているものが一ヶ所現存するといいます。

よく知られているように『日本書紀』は仲哀天皇の死後から応神天皇の出産までを十月十日に合わせていましたが、社伝を取るならば「難波より転じて」は遠征から帰還後の翌年で、それが成り立たないとなります。

神功皇后は新羅遠征を終え帰ってくると武内宿禰と共に、角鹿（敦賀）にいる仲哀天皇の子の麛坂皇子《かごさかのみこ》、忍熊皇子と戦います。この戦いは武内宿禰が勝利しますが、『住吉大社神代記』には神が望んだ国の宝は角鹿を反対にした「鹿の角」の如しと記されます。これを見ると著者は、神功皇后が遠征した地とはどこだったかと勘案したくなります。

大山守皇子と隼総別皇子

景行天皇こと日本武尊は、カグロヒメの夫として応神天皇とも重なる存在でした。その応神天皇の長男は高城入姫が生んだ額田大中彦皇子《ぬかたのおおなかひこのみこ》（『日本書紀』額田大中彦皇子）で、弟が大山守皇子《おおやまもりのみこ》、去来真稚皇子《いざのまわかのみこ》といいます。

額田大中彦皇子は「仁徳天皇紀」で出雲臣の祖の淤宇宿禰《おうのすくね》と山守の地の管理で争います。額田大中彦皇子は倭の屯田《みた》を掌ろうとしますが、その理由はその地がもともと「山守」の領地であるからと言います。この地が「山守」の領地である理由は、倭 直吾子籠《やまとのあたいのあごこ》が、その理由を知っていると『日本書紀』は述べます。吾子篭によると纏向玉城宮御宇天皇（垂仁天皇）の御世に、太子の大足彦尊（景行天皇）に科せられて、倭の屯田を定められたと伝わり、天皇の屯田なので、たとえ天皇の御子といえども統治していなければ、掌ることはできないと語ります。要するに倭の屯田は「天日槍命の王朝」が大王家の時に領地として定められ、その系譜に連なるのが「山守」を受け継いでいる額田大中彦皇子で、今は天皇（大王）として統治していないと言うことでしょう。

その後に何故か、大山守皇子が反乱を起こしたと話は展開されます。額田大中日子命は、中日子ですから長男の名では有りません。後ほど触れますが、兄弟として描かれる額田大中彦皇子と大山守皇子は、大山で繋がる人物ですが、先ほどの大山の領地で争う記事が「仁徳天皇紀」の話であることからも大山守皇子の方が先の世代の人物と思われます。

応神天皇の皇子の内で太子として描かれるのは、大山守皇子、菟道稚郎子《うじのわきいらつこ》、大鷦鷯天皇《おおさざきのすめらみこと》です。応神天皇の最初の妻として記される高城入姫の子の大山守皇子は、応神天皇の長兄（大兄）と置かれていると捉えられます。大山守皇子は、異母弟と言う菟道稚郎子と皇位を争い敗れた人物として描かれます。

大山守皇子の名は大山を守るで構成されています。この山守の祖と伝わるのが、五十日帯彦命でした。五十日帯彦命は『古事記』に春日の山君、『新撰姓氏録』に「和泉国皇別の山公」、「摂津国皇別の山守」とあり、山の先祖だと伝わります。また五十日帯彦命は越の国とも相関性が高い皇子でした。

新潟県の旦飯野《あさいの》神社（阿賀野市宮下）は「長野麿（神官の大祖）なるもの応神天皇の御弓、衣、石を斉祭、仁徳天皇御宇元年八月十五日大山守皇子へ貢米奉る、此時に角鹿笥大神、飯津神を奉祭すれば汝の里に百姓に種物出来るとの御教に因て旦飯野神社と号し奉祭」したのが創建の由来と伝わります。意訳すると「大山守皇子へ貢ぎ角鹿笥大神、飯津神を祭ると、この地が上手く治る」となるのでしょうが、これは気比の神になった大帯日子命（仲哀天皇）とも重なります。一連を纏めて勘案すると、大山守皇子は五十日帯彦命、大帯日子命と続く系譜に置くのが自然でしょう。

大山守皇子は、所謂偽書と言われる『宮下文書《みやしたもんじょ》』では父の応神天皇の命を受けて弟の隼別皇子と共に東国に下り、阿祖山大神宮のそれぞれ宮守司長と副司長となったと伝わります。皇子は『古事記』が記す京都の宇治川ではなく、福地川（富士川）で敗れたといい、そこで溺死したと見せかけて、相模国に逃れたと伝わります。『古事記』は皇子の子孫として静岡県掛川市付近に勢力を持っていたと思われる土形君、幣岐君、榛原君を挙げますので、東国との縁が窺われます。これは文書が記す父の応神天皇こと日本武尊の東国遠征と関係しているのではないでしょうか。また文書は大山守皇子の弟として隼別皇子を挙げますが、『神皇正統記』の伝える系譜では若野毛二俣王でした。「記紀」が伝える大山守皇子の弟は去来真稚皇子でしたので、『宮下文書』が兄弟と言う隼別皇子には去来真稚皇子が該当するのではないでしょうか。

稲背入彦命――吉備比売
　　　　　＝
日子坐王――丹波道主命（彦汝命、息長命、山直の始祖）
　　　　　　　　　印南別嬢（大御津歯命、水歯郎媛）

景行天皇――五十日帯彦命――大帯日子命――大山守皇子
　　　　　　　　　　　＝
　　　　　　　　　凡牟都和希王――隼総別皇子（若野毛二俣王、去来真稚皇子）
景行天皇――成務天皇――仲哀天皇――応神天皇

甲斐国は日本武尊の東征ルート上に有る国で、その地の酒折宮《さかおりのみや》で饗宴を開いたと「記紀」に記されます。この甲斐国二ノ宮の美和神社（山梨県笛吹市御坂町）の宮司家、坂名井《さかない》家は現在まで続く社家で、その開祖を『上宮記』逸文の凡牟都和希王《ほむつわけおう》の系譜に繋がる大郎子に求めており、社伝では大郎子は「鷺王《さぎおう》」と伝わっています。「鷺」は『古事記』で、誉津別王《ほむつわけのみこ》の誓約の場面で述べられた鳥であり「白鳥」です。凡牟都和希王、若野毛二俣王、大郎子の系譜は「白鳥」で繋がりますが、一族の東国に残る足跡はこれらの伝承と繋がるのではないでしょうか。

凡牟都和希王——若野毛二俣王（隼総別皇子）——大郎子（鷺王）——乎非王——汙斯王——乎富等大公王

大帯日子命の妻の印南別嬢《いなみのわきいらつめ》（大御津歯命、水歯郎媛）は稲日稚郎姫《いなびのわきいらつめ》（伊那毗能若郎）でしたが、その子が日子《ひこ》人之《ひとの》大兄王《おおえのみこ》（『日本書紀』彦人大兄）と真若王です。これは先ほどの応神天皇の長男（大兄）の大山守皇子と去来真稚皇子の真稚（末弟）と対応しています。印南別嬢は迦具夜比売命の一字違いの迦具漏比売と同一世代でした。その子の大江王（彦人大兄）と日子人之大兄王は「オオエ」で揃います。もう一人の真若王は高城入姫と野伊呂売《ののいろめ》の子の「イザノ」真若王が対応しそうです。迦具漏比売の男子は、景行天皇との間には大枝王、応神天皇との間には迦多遅王がいます。

纏めると大江王（彦人大兄）の母は稲日稚郎姫であり迦具漏比売。また迦具漏比売はもう一人いるとなります。もう一人の迦具漏比売は允恭天皇皇后の「オシサカノオオナカツヒメノミコト」（忍坂之大中津比売命）の母で、応神天皇の子の若野毛二俣王の妻ですから一世代降ります。

景行天皇　伊那毗能若郎女　真若王、日子人之大兄王。
景行天皇　訶具漏比売　大枝王。
景行天皇　迦具漏比売　大江王。一柱。
応神天皇　高木之入日売　額田大中日子命、大山守命、伊奢之真若命。
応神天皇　迦具漏比売　川原田郎女、玉郎女、忍坂大中比売、登富志郎女、迦多遅王。
応神天皇　野伊呂売　伊奢能麻和迦王。一柱。
若野毛二俣王　百師木伊呂弁（弟日売真若比売命）　大郎子、忍坂之大中津比売命、田井之中比売、田宮之中比売、藤原之琴節郎女、取売王、沙祢王。七の王。

二人の迦具漏比売を系譜に纏めると左記が想定されます。

日子坐王――丹波道主命――稲日稚郎姫（迦具漏比売）
＝
景行天皇――五十日帯彦命――大帯日子命――大山守皇子（日子人之大兄王）
凡牟都和希王――隼総別皇子（若野毛二俣王）
＝

日子坐王――丹波道主命――息長真若中比売（迦具夜比売命、迦具漏比売）

大江王は異母妹の銀王《しろがねのみこ》と結婚したといいます（異母妹は虚偽でしょうが）。二人の間の子は大名方王《おおなかたのみこ》と大中比売命《おおなかつひめのみこと》となります。大中比売命は仲哀天皇と結婚して麛坂皇子（香坂王）、忍熊皇子を産みます。

帯中日子天皇《たらしなかつひこのすめらみこと》（足仲彦天皇）は叔父の彦人大兄の娘の大中姫を娶《めと》りますから、大帯日子命の次代の天皇は真若王《まわかのみこ》（去来真稚皇子、若野毛二俣王、隼総別皇子《はやぶさわけのみこ》）が継いだとなるのかもしれません。その場合は仲哀天皇は若野毛二俣王の御子の大迹王《おおとのみこ》が該当するのでしょう。

これを示すのが『新撰姓氏録』に載る山城国皇別の布勢公《ふせのきみ》です。その条には、「仲哀天皇皇子忍稚命之後也」と有り、布勢公が仲哀天皇の皇子の忍稚命《おしわかのみこと》の子孫だと分かります。仲哀天皇の皇子の中で「忍」の若様は忍熊皇子だけですから、これが該当します。また忍稚命の「稚」は弟の意ですから麛坂皇子の弟の意と取れるかもしれません。

『古事記』「応神天皇記」によると、布勢君《ふせのきみ》の祖は若野毛二俣王の子の意富富杼王《おおほどのみこと》だと記されます。要するに布勢氏は、仲哀天皇と意富富杼王を祖としますので、二人は同一人物となるのでしょう。

若野毛二俣王（隼総別皇子）――意富富杼王（仲哀天皇）――忍熊皇子――布勢公（君）

大帯日子命を「記紀」が当てる景行天皇と置いた場合は、帯中日子天皇が仲哀天皇に該当します。意富富杼王が仲哀天皇として即位していたのが正しいとなると、日子人之大兄王と大王に匹敵する人物の家系が即位せずに、弟の家系が天皇を継承しているとなります。恐らくはどちらも大帯日子命の後を継ぎ成務天皇として即位したのではないでしょうか。大兄王の子の大名方王のその後を追うと、この一族も一枚岩ではなかったのではと思えて来ます。景行天皇（大帯日子命）の子の双子の兄弟の大碓《おおうす》と小碓《おうす》の話は、小碓が大碓を殺しますが、これを仮託した物語かもしれません。

また先ほどの三兄弟の長男という額田大中彦皇子と、仲哀天皇の帯中日子天皇が「ナカツヒコ」で対応するのは二人は同一人物だという示唆ではないでしょうか。

印南別嬢（大御津歯命、水歯郎媛）
＝
大帯日子命（凡牟都和希王）―大山守皇子（日子人之大兄王）――――大中姫　大名方王
＝
隼総別皇子（去来真稚皇子）―帯中日子天皇――忍熊皇子
麛坂皇子

景行天皇
成務天皇
仲哀天皇
応神天皇

日触使主と宮主宅媛

「記紀」や『宮下文書』で大山守皇子と戦ったと伝わるのが菟道稚郎子です。菟道稚郎子の父は応神天皇で母は、和珥臣の祖日触使主《ひふれのおみ》（丸迩之比布礼意富美）の娘の宮主《みやぬし》矢《や》河枝《かわえ》比売《ひめ》（宮主宅媛）といいます。神社名からも宮主矢河枝比売の父の日触使主が関わっていると思われる社が、近江国の日牟禮《ひむれ》八幡宮《はちまんぐう》です。

その創建の由来は、当地に応神天皇が行幸したときに御座所を設け休憩をとったと伝わり、後にその跡に日輪を二つ見るという奇端があったために、そこに祠を建てたのが社の始まりといいます。応神天皇の行幸は、まず奥津島《おきつしま》神社に参詣した後に御座所に行ったと伝わります。この奥津島神社は現在、大嶋《おおしま》神社奥津嶋《おきつしま》神社（滋賀県近江八幡市北津田町）と式内二社を併せて祭ります。神社は十一世紀には既に同じ敷地で併祭されていたようですが、創建の由来は社伝によると成務天皇の高穴穂宮遷都の時に、大臣武内宿禰が勅を奉じて勧請したと伝えます。神社境内には日触使主と音通する日觸《ひふれ》神社があります。

滋賀県近江八幡市には日牟禮八幡宮の日輪を連想させる松明祭りが伝わりますが、それは応神天皇がこの地に来られたのを歓迎したのが始まりといいます。古代史家の伴とし子氏は実際にこの祭りを見学され、その様子から導き出される仮説を次のように記しています。長くなりますが、ここに紹介します。

先頃、滋賀県の近江八幡市の松明祭りを見て、なるほどと思ったことがある。大きな松明をつくり、それを、最後は火で焼き五穀豊穣を祈るというものであるが、もともとは、応神天皇がこの地に来られたのを歓迎したという古い由緒がある。そのために、松明で応神天皇を迎える道を清め、それが、今も祭りの中にのどかに繰り広げられているのであるが、そのひとつは、引きずり松明というものである。松明に火を付け、燃えているものを、掛け声をかけて走り、日牟礼神社の鳥居をくぐり、一番奥の方までひきずっていくのである。この引きずる松明は、一体何を表わしているのかと聞くと、これは、船を模したものであるということだ。おそらく、応神天皇が船で上陸したのを地元の村が出迎えたという故事が祭りの中に、こうした形で残されたのであろう。そのあとには、火のついた松明を手に持った若者たちが二列に並び、かけ声に合わせて振りながら、おごそかに宮入りする。上陸地点をこの松明で知らせ、尊貴な人を迎えるために道を清めたのであろう。

また、同じく、近江八幡市の馬見岡神社の祭りも古式にのっとり行われる。ここでも、夜には松明を燃やすのであるが、ここでは、円く輪にした形のものを神社に運び、それを奪い合うような行事がある。これも不思議な行いなのであるが、これは、太陽を模したものではないかと私は思った。お火焚き神事というのは、冬のころ太陽の高熱をさらに促進させようという意図があるということだが、そうすると、東近江市の太郎坊宮で毎年行われるお火焚き祭りも太陽信仰によるものと言えよう。

（伴とし子『卑弥呼の孫トヨはアマテラスだった―禁断の秘史ついに開く』）

どうやら松明祭りは応神天皇が琵琶湖を渡って来た様子を現在に伝えているものの様ですが、一連を勘案すると、湖東の湖岸に所在する奥津島神社に上陸した応神天皇を迎えたのが日触使主となりそうです。

日触使主はワニ氏の系図は難波《なにわ》根子《ねこ》建振熊《たけふるくま》の後に米餅搗大臣命《たがねつきのおおおみのみこと》と続きますが、その同世代として挙げられます。ワニ氏を祖とする小野神社では和珥日触使主が仁徳天皇に餅を献上して米餅搗大使主《たがねつきのおおおみ》の名を給わったと伝え、二人は同一人物だといいます。

餅を献上するとは、臣従の比喩と捉えられそうです。日触使主は応神天皇を迎え、仁徳天皇から名を賜った故事は重要なので覚えて置いて下さい。振り返りですがワニ氏の系図は丹波道主命のものと重なりました。

日子坐王――丹波道主命――丹波大矢田彦命――――日触使主――宮主矢河枝比売
（難波根子建振熊宿禰）　（米餅搗大使主）

ここでもう一つワニ氏の系譜について挙げておきます。『海部氏勘注系図』には米餅搗大使主と類似する大使主命が載ります。命まで続く系譜は珍彦命《うづひこのみこと》、大使主命、難波根子建振熊宿禰と続きます。また珍彦命は「亦名」を五十瓊敷入彦命と有ります。これが日触使主、宮主矢河枝比売と続く系譜に繋がるかもしれません。

珍彦命（五十瓊敷入彦命）―大使主命―難波根子建振熊宿禰―日触使主―宮主矢河枝比売

允恭天皇と武内宿禰

近江八幡の松明祭りは「舟松明（曳摺《ひきずり》松明）」といい、その名前からも応神天応は船で琵琶湖の湖東に渡った訳ですが、その理由は後述するとして、まずはこの応神天皇とは誰かを掴みましょう。

日牟禮八幡宮は応神天皇が奥津島神社に参詣した後に当地で休憩を取った御座所跡でした。

また応神天皇が参拝した奥津島神社は、成務天皇時代に大臣武内宿禰が勅を奉じて勧請したという伝えが有りました。思い出していただきたいのですが、成務天皇と同日生まれという武内宿禰は、次の世代では因幡国で敗れて、日触使主世代では西国にいたはずでした。

琵琶湖の湖東にはかつて湖上交通の要港の朝妻湊《あさづまみなと》が有りました。この朝妻湊と同様の和風諡号を帯びる天皇が、雄《お》朝津《あさつ》間《ま》稚子宿禰天皇《わくごのすくねのすめらみこと》です。天皇は漢風諡号では允恭《いんぎょう》天皇と呼ばれますが、天皇諡号の中に臣下称号の宿禰を内包する、明らかにおかしな名前の天皇です。宿禰とは臣下の称号ですので所謂、臣籍降下した人物が天皇になったという暗示でしょう。第七十三世武内宿禰を名乗っていた竹内睦泰《たけのうちむつひろ》氏によれば、この允恭天皇が武内家から出た最初の天皇だと伝えます。実は国史である『古事記』も武内宿禰の子として、天皇の和風諡号と音通する若子宿禰《わくごのすくね》を挙げます。つまり雄朝津間稚子宿禰天皇の頭には武内が着くと想像でき、それは若子宿禰となりそうです。

允恭天皇の皇后は忍坂大中姫《おしさかのおおなかつひめ》（忍坂之大中津比売）といい、父は凡牟都和希王（大帯日子命）の子の若野毛二俣王です。允恭天皇の世代は、この系譜に代入すると武内宿禰（四代）が該当します。四代目の武内宿禰が允恭天皇となったのか或いは、武力と祭司はそれぞれ別の人物が請負って、武力は同世代の葛城襲津彦が武内宿禰として司っていたのではないでしょうか。

出雲大社上官、富家の伝承では若子宿禰は葛城襲津彦の弟だといいます。允恭天皇の母の磐之媛命《いわのひめのみこと》は、「記紀」では葛城襲津彦が父で仁徳天皇の皇后と記しますが、伝承ではその父は若子宿禰だと伝えます。推論が正しければ允恭天皇は仁徳天皇の子ではなくなりますが、これは後述します。また神功皇后の子と言う、応神天皇は葛城襲津彦との間の御子とも伝えます。

允恭天皇の次代はその子の安康天皇になります。安康天皇は弟の雄略《ゆうりゃく》天皇の嫁に大日下王の妹を貰おうと、部下を王の家に派遣します。その際に大日下王は四度拝礼して「御下命どおりに参内致させます」と命令を受け入れたと記されますが、何故か部下は帰参すると天皇に「(大日下王が)自分の妹を、同じ血族の末席に置くわけにはいかない」と大刀の柄を握って怒っていたと讒言したと言います(『古事記』)。この場面は允恭天皇家が蔑まれて描写されており、これは武内宿禰家が天皇に成り上がった暗示と捉えられそうです。

凡牟都和希王——若野毛二俣王—忍坂大中姫
　　　　　　　　　　　　　　　允恭天皇（若子宿禰）

比古布都押信命—屋主忍男武雄心命—武内宿禰——武内宿禰——武内宿禰
　　　　　　　　　　　　　　　　（二代）　　（三代）　　（四代、葛城襲津彦）

日子坐王——丹波道主命——難波根子建振熊宿禰—日触使主—宮主矢河枝比売
開化朝　　崇神朝　　　　垂仁朝　　　　　　　景行朝　　**成務朝**
垂仁朝　　景行朝　　　　成務朝　　　　　　　仲哀朝　　**応神朝**

一連の考察から、近江国に入国して成務天皇時代に勅を奉じて奥津島神社を勧請し、宮主矢河枝比売を嫁取りした応神天皇とは武内宿禰こと葛城襲津彦で、それは神功皇后と共に行動をした人物でしょう。

武内宿禰は応神天皇を即位させたはずですが、その「応神天皇紀」には武内宿禰の弟という甘美内宿禰《うましうちのすくね》が、天皇に宿禰を讒言した記事が載ります。

「武内宿禰は、つねに天下を望む野心をもっております。いま筑紫にあって、ひそかに謀って、『筑紫を裂いて、三韓を招き、自分に従わせ、そのうえで天下を支配しよう』

と言ったと聞いております」

（『日本書紀』）

これは武内宿禰とは別の応神天皇（忍熊皇子か？）に報告している姿を描いた物ではないでしょうか。また武内宿禰が戦っている「天日槍命の王朝」は半島から来た訳ですが、それを考えると三韓征伐とはその本貫地を討ちに行っているのかもしれません。

讒言通りに筑紫にいた武内宿禰ですが、密事を行った神功皇后が三韓征伐を終えた後は帯中日子天皇の皇子の忍熊皇子、麛坂皇子との決戦に望みます。

忍熊皇子と武内宿禰の戦い

麛坂皇子と忍熊皇子からすれば九州で誕生したという眉唾者の弟が、突然、皇位継承権があると主張して攻めて来るのですから反撃は当然です。まず二皇子は播磨国《はりまのくに》で天皇のために陵を作るふりをして船団を組み、淡路嶋の石を運んで山陵を赤石（明石）に建てたと『日本書紀』は記します。明石海峡は古来瀬戸内海の勝負の決め手になる地ですが、まずはこの地で迎え撃つ砦を作ったのでしょう。

忍熊、麛坂皇子側には犬上君の祖の倉見別《くらみわけ》と、吉師の祖の五十狭茅宿禰《いさちのすくね》が共に参戦します。犬上君は以前見た天日槍命の末裔に当たり、建部の祖です。振り返りですが五十狭茅宿禰は、角鹿国造《つぬがのくにのみやつこ》の建功《たけい》狭《さ》日命《ひのみこと》で天日槍命の末裔でした。

五十狭茅宿禰と倉見別の二人は「東国の兵」を起こして戦ったとありますが、五十狭茅宿禰は千葉県を支配した上海上国造《かみつうなかみのくにのみやつこ》でもありました。それ故に宿禰は海上五十狭茅とも記されます。この海上とは東国の総国（おおよそ千葉県）に有った国で、後に上下に分かれましたが、市原市付近を支配したのが上海上国造です。五十狭茅宿禰はこの上海上国造の系図（『諸系譜』）に現れます。日本武尊と共に、その先祖の吉備津彦命は東国に遠征をしましたが、子孫の東国国造就任はその果実でした。五十狭茅宿禰が東国の兵を起こすことが出来たのは、その地に領国を得ていたからとなりそうです。

また海上は菟上とも書きこれは「兎神」でしょう。愛知県の菟《う》足《たり》神社（豊川市小坂井町字宮脇）の祭神は菟上足尼命《うなかみのすくねのみこと》で、神社では兎神を祭りますので菟上とは兎神だと連想されます。兎神は吉備氏族の彦狭嶋命と宇佐族の宇佐津姫命との子孫の証でしたが、海上五十狭茅のその名に、「兎神」を含むのはその末裔であるからでしょう。

『日本書紀』では忍熊、麛坂皇子は菟《と》餓《が》野《の》（大阪市北区兎我野町付近か）で、戦いの吉凶を狩の勝負を賭けて判断する祈狩《うけひがり》をします。「もし事が成就するのであれば、きっと良い獣が獲られるだろう」と狩を行いますが、この時に麛坂皇子は急に出てきた赤い猪に、あっさり喰い殺されてしまいます。明石海峡で待ち受けていたのに、次の場面が大阪での祈狩となると、どうやら退却しているのではと勘ぐりたくなります。その後、忍熊皇子は祈狩の結果に不吉を感じて一旦退却し、住吉（摂津国住吉郡、現在の大阪市住吉区）に駐屯したと言います。

一方の武内宿禰陣営の動きですが、神功皇后は武内宿禰に命じて「皇子を抱いて南海より出発して紀伊水門に泊まらせた」とあります。迂回した南海とは四国、淡路島、紀伊国になります。武内宿禰陣営が南海を迂回したとは、播磨国で待ち構えていた忍熊皇子を避け、四国の南を通って紀ノ川河口（和歌山市）にあった紀伊水門に駐屯したのではと思われます。

神功皇后も「皇后の御船は、まっすぐ難波をめざされた。ところが、皇后の御船は、海の中で廻って、進むことができなかった」と、どうも瀬戸内海を突き進むのは困難を要している様子で描かれます。その後に「皇后は、南方の紀伊国に至られて、日高（現在の和歌山県日高郡）で太子（後の応神天皇）に会同された」と記されます。「武内宿禰は皇子を抱いて南海より出発し」たとありましたが、和歌山県日高郡の産湯八幡神社で皇子（御祭神）を分娩し、出産したのは既に述べました。

この場面を『古事記』では異なる様子で描きます。麛坂皇子の死後（恐らく戦死後）も忍熊皇子は進軍を続け忍熊側が伊佐比宿禰《いさひのすくね》（五十狭茅宿禰）を、太子側は丸迩臣の祖先の難波根子建振熊命を将軍として両軍は激突します。結果は太子軍が勝利し、敵を追い詰めて山城に至った時に忍熊軍が押し返して膠着状態になります。

忍熊皇子と神剣の行くえ

山城で膠着状態に陥った両軍のその後を見てみましょう。武内宿禰は策略を弄します。まずは、兵士の髪を椎のようなかたちに結わせ、控えの弓づるを髪の中に隠しておいて、木刀を持たせます。表面上は忍熊皇子に降伏する素振りを見せて「私は、天下をむさぼろうとしてはおりません。ただ幼い王（後の応神天皇）をいだいて、君王（忍熊王）に従おうとしているだけです。どうして防戦することがありましょうか。どうかともに弓づるを絶ち、刀を捨てて、講和いたしましょう。こうしてから、ただちに君王は皇位に登られて、安んじてその地位におられ、もっぱら万機をおとりください」と忍熊皇子を欺きます。その後に武内宿禰は、兵士たちに命令をして弓づるを切らせ、刀を解いて河水に投げ入れさせます。忍熊皇子は武内宿禰の降伏を信用して武器を解いたところ、武内宿禰軍の隠し持った武器により、騙し討ちに遭って退却に追い込まれます。

欺かれた忍熊皇子は近江国の琵琶湖南岸の逢坂山《おうさかやま》まで退き、そこでも敗れて狭狭浪《ささなみ》の栗林《くるす》で追撃をされて多くの兵を失います。最後には逃げ場を失って五十狭茅宿禰を呼び、ともに琵琶湖の瀬田の済（渡し場）にとびこんで亡くなり、その屍は日数がたってから菟道河《うじがわ》で発見されたといいます。

『日本書紀』はこの場面の最後に「ところで、その屍を探したけれども、見つからなかった」と、何やら暗示めいた一文を入れます。この皇子が亡くなったと言う「記紀」の伝えとは、異なる伝承が忍熊皇子の本貫地の越前には残っています。

先述した越前国二宮の劔神社は剣命こと日本武尊がそもそもの祭神でした。現在の劔神社の由緒では、五十瓊敷入彦命が鳥取川上宮で作った神剣を伊部の臣が奉斎し、神功皇后摂政十三年二月に忍熊皇子が織田の地にそれを勧請したのがその始まりと伝えます。

忍熊皇子は瀬田川の戦いに敗れたあと近江、丹波、若狭を経て敦賀に至り、海を渡って劔神社西方に位置する玉川浦の楯巌窟に居したとして、近江国で亡くなったと「記紀」が記すのとは異なる伝承を残します。

皇子はそこで「皇子努力せよ、吾今汝に霊剣を授くべし。之を斎き奉らば賊党直に平定すべし。吾は之れ素盞嗚尊なり」という素盞嗚尊からの霊夢を見ました。翌日に座《くらが》ケ岳《たけ》（元宮）に祭られた五十瓊敷入彦命の神剣を伊部氏が献上して、それを手にします。皇子はその神剣でもって、この地に跋扈していた賊を平定し、その後に神剣を素盞嗚尊の御霊代として社殿を造営したのが剣神社の始まりで、皇子の死後に郷人は忍熊皇子を都《つ》留《る》伎《ぎ》日《ひ》子命《このみこと》と慕って、剣大明神と崇め祭ったといいます。皇子に神剣を渡したという伊部氏は『日本三代実録』に「伊部造豊持賜姓飯高朝臣」とあり、その出自は「孝昭天皇皇子天足彦国押人命也」と載ります。これは五十瓊敷入彦命の出自と通じると思われます。

劔神社の社伝では琵琶湖で亡くなったはずの忍熊皇子が生きて逃れ、近江、丹波、若狭を経て越前国敦賀郡の劒神社まで落ち延びたと、「正史」とは異なる伝えを残します。劒神社では『日本書紀』では正規軍とされた、武内宿禰と戦って敗れた忍熊皇子を祭神としますので、嘘をついても箔がつきません。これを勘案すると、こちらの由緒の方が正しい伝えではないでしょうか。

忍熊皇子が劒神社で授けられた五十瓊敷入彦命の神剣とは、『日本書紀』によると、五十瓊敷入彦命が造り石上神宮《いそのかみ》（奈良県天理市布留町）に納めた神剣です。神宮の御神体は布都《ふつの》御魂大神《みたまのおおかみ》で、大神は布《ふ》都御魂剣《つのみたまのつるぎ》に宿る神霊です。これは「三王家の王朝」の神剣と言えます。

劒神社のそもそもの祭神の日本武尊は、吉備津彦命の神剣の胆狭浅大刀を保有していました。『織田剣大明神記録』には日本武尊が三種神器の草薙剣の神徳を得ており、それは越前之国丹生郡織田剣神官が祭っていると記します。つまり、剣命（日本武尊）は「タニハ王朝」の草薙剣（天叢雲剣）、「三王家の王朝」の五十瓊敷入彦命の神剣、吉備津彦命の胆狭浅大刀を所持し、その後継者が忍熊皇子となりそうです。武内宿禰が君王と呼んだ様からも、本来は皇子が大王（天皇）だったのでしょう。

この後に勝者の武内宿禰は太子を連れて、敦賀の伊奢沙和気大神命と名前の交換をします。これは禅譲を仮託した物語なのでしょう。また忍熊皇子は伝承を信じるならば生きていましたが、一緒に琵琶湖に入水した海上五十狭茅も生田《いくた》神社の祭主になっています。「記紀」が二人が亡くなったと記すのは政治的に亡くなった、つまり降伏をしたという意味で、つまりはそこに降伏を仮託したのではないでしょうか。

難波根子建振熊命

話は両軍が山背国（京都府）で対峙した場面に戻ります。この場面は『日本書紀』と『古事記』ではやや異なる描写となり、『日本書紀』ではおそらく神功皇后が武内宿禰と和珥臣の祖である武振熊《たけふるくま》に命じたとあった後には武内宿禰が主となりますが、『古事記』では難波根子建振熊命が主として活躍します。この建振熊は海部氏の伝えでは二人いるともいい、『海部氏勘注系図』でも複数回登場する名前になりますので、これは個人名ではなく敬称です。また、建振熊の熊は丹後国の熊野郡に因むといいます。

『海部氏勘注系図』には丹波道主命の子の丹波大矢田彦命の別名が「一云、難波根子建振熊命」と載ります。この丹波大矢田彦命は禅譲した朝庭別王となるのは既述ですが、『先代旧事本紀』「国造本紀」が記す但遅麻（但馬）国造の船穂足尼《ふなほのすくね》の父だとも記されます。この一族は但馬国の粟鹿神社に君臨し但馬に勢力を誇っていました。その次の世代に大倉岐命《おおくらきのみこと》、明国彦命と続き次に丹波国造建振熊宿禰となります。

海部氏の伝えでは、「熊」の称号を帯びた人物は大振熊、難波根子建振熊、建振熊と三代続くといいます（海部穀定『元初の最高神と大和朝廷の元始』）。これは丹波大矢田彦命の子、孫、曾孫に当たりそれぞれ大倉岐命、明国彦命、建振熊宿禰が該当します。神功皇后に加勢した難波根子建振熊命は、明国彦命か建振熊命になります。『海部氏勘注系図』にはどちらの人物も神功皇后の新羅国征伐に参加したとあります。

忍熊皇子の父の仲哀天皇は、日子人之大兄王の系統を出し抜いて即位している様にも見えましたが、『海部氏勘注系図』によると神功皇后方に付いて将軍として忍熊皇子と戦った建振熊命は、大江王（大枝王）の孫だと伝えます。また建振熊命の姨は忍熊皇子の母の大中日《おおなかつひ》女命《めのみこと》だとも載りますので、仲哀天皇と日子人之大兄王の御子たちは両陣営に分かれて争ったとなります。この後に丹波国造家は、建振熊命の分注で臣下の称号の直《あたい》姓を賜ったとあり、この後裔の海部《あまべ》直都比《あがたつひ》の子孫が家系を紡いでいきます。

難波根子建振熊宿禰（一云）
丹波大矢田彦命――大倉岐命――明国彦命――建振熊宿禰――海部直都比
難波根子建振熊宿禰―日触使主――宮主矢河枝比売
大帯日子命――日子人之大兄王――大名方王――建振熊宿禰――海部直都比
大中姫
＝
凡牟都和希王――若野毛二俣王――意富富杼王―忍熊皇子

武内宿禰こと葛城襲津彦に嫁取りをされた宮主矢河枝比売の子には菟道稚郎子、矢田皇女《やたのひめみこ》（八田若郎女）、雌鳥皇女《めとりのひめみこ》（女鳥王）の三人がいます。これと同じ事を伝えた系譜が『先代旧事本紀』「天孫本紀」の物部《もののべ》氏の系譜です。三人の子の母までの系譜は武諸隅大連、物部多《もののべのた》遅麻連公《じまのむらじきみ》、物部山無媛連公《もののべのやまなしひめのむらじきみ》となります。この物部氏の系譜は観念的な要素が強いものですが、宮主矢河枝比売と同一人物の物部山無媛連公の父が物部多遅麻連公と、観念上で但馬に由来すると主張しているのは重要です。これは但遅麻（但馬）国造の父の丹波大矢田彦命、大倉岐命と続く系譜と重なります。

丹波道主命―丹波大矢田彦命――大倉岐命――明国彦命
丹波道主命―難波根子建振熊宿禰―日触使主――宮主矢河枝比売――菟道稚郎子皇子
　武諸隅大連――物部多遅麻連公―物部山無媛連公――菟道稚郎子皇子

先ほどみて来ましたが菟道稚郎子皇子は東国の伝承では大山守皇子、隼総別皇子と戦っていました。菟道稚郎子皇子の世代は、大山守皇子、隼総別皇子に該当する世代からは三世代下がりますので、戦った相手はその子孫と思われます。また菟道稚郎子皇子の父の応神天皇は勝者側と捉えるのが自然で、これはやはり武内宿禰と考えられます。

応神天皇が近江国に巡幸の際に、宮主矢河枝比売と出会いますが、その際に献上されたのが敦賀の蟹だといいます。敦賀を屈服させたのは武内宿禰ですから、これはそれを示唆しているのでしょう。また応神天皇が歌った唄は「許能迦邇夜（このカニや）」、「都奴賀能迦邇（つぬがのカニ）」とカニを連呼します。息長帯比売命の祖父の迦邇《かに》米雷王《めいかずちのみこ》の迦邇は和邇と通じましたので、歌の「カニ」は和邇氏の暗示と思われます。敦賀に入った日本武尊（大帯日子命）はワニ氏のかぐや姫と婚姻したのは既述ですが、敦賀の和邇とはこれを指すのではないでしょうか。

住吉神と密事を働いたという息長帯比売命の父は息長宿禰王で、その系譜は『海部氏勘注系図』の川上眞稚命《かわかみまわかのみこと》（丹波道主命）の子孫と同じものでした。またワニ氏の系図も同じものを伝えていましたので、これらを考え合わせると宮主矢河枝比売と息長帯比売命が重なる姿が見えて来ます。

先程見たように、宮主矢河枝比売の父はその名に但馬を内包していましたので、但馬国生まれも想定出来ますが、比売と重なり合う息長帯比売命もまた但馬国で生まれた伝承を持ちます。

兵庫県養父市の屋岡《やおか》神社（八鹿町八鹿字篭ノ口）では、その地で息長帯比売命が誕生したので天子の地名をつけたと伝承が残り、また船穂足尼命《ふなほのすくねのみこと》の孫だと言います。船穂足尼命は『先代旧事本紀』「国造本紀」に但遅馬国造《たじまのくにのみやつこ》として載る人物で、『田道間国造《たじまのくにのみやつこ》日下部足尼家《くさかべのそこねか》譜《ふ》大綱《たいこう》』では、息長宿禰王の別名とされます。

鷹貫《たかぬき》神社（兵庫県豊岡市日高町竹貫字梅谷）の祭神、鷹野姫命《たかのひめのみこと》は神功皇后の母として祭られています。京都府京丹後市の竹野《たかの》神社（丹後町宮）は、「たかの」と読みますので、これはかぐや姫こと竹野《たかの》姫《ひめ》に通じるのではないでしょうか。

川上眞稚命——丹波大矢田彦命——大倉岐命——息長帯比売命
大筒木真若王—迦邇米雷王——息長宿禰王——息長帯比売命
丹波道主命——難波根子建振熊宿禰—日触使主——宮主矢河枝比売

川上眞稚命（丹波道主命）こと大筒木真若王の次の世代は迦邇米雷王、息長宿禰王と続きこれが息長帯比売命の父になります。またこれは息長田《おきながた》別王《わけおう》とその子の杙俣長日《くいまたながひ》子王《このみこ》と続く系譜にも重なりましたので、息長宿禰王はその子孫となります。

『大阪府全志』によれば杙俣長日子王には子供がいなく、応神天皇と息長真《おきながま》若中比《わかなかひ》売《め》の子の若野毛二俣王を娘婿として家を継がせたといいます。この場合、息長真若中比売が生んだ若野毛二俣王と、それに嫁いだ姫が同世代となってしまい齟齬が出ますが、想定では若野毛二俣王が家を継いだとなりますので、同世代で並ぶ息長宿禰王のその名は、養子に入った故に、「息長」に宿った（根付いた）王となっていると考えられます。

菟道稚郎子命は応神天皇

宮主矢河枝比売の子の一人が応神天皇（武内宿禰）の皇太子という菟道稚郎子です。『日本書紀』では皇子は仁徳天皇こと大鷦鷯尊《おおさざきのみこと》と皇位を譲り合って、最後は自殺したと描かれています。一方『古事記』では「早崩」とだけ記され、自死したとは記されません。先述の検討からどうやら息長帯比売命と宮主矢河枝比売は同一人物であるのではと見えてきました。そうすると息長帯比売命の子の応神天皇と菟道稚郎子もまた同様となりそうです。

どれだけ伝承を漁っても今のところ二人の皇子が同一人物であるという絶対的な証拠は有りませんが、傍証は幾つかあります。応神天皇と息長帯比売命を祭る神社として直ぐに頭に浮かぶのは宇佐神宮（大分県宇佐市南宇佐）ではないでしょうか。その宇佐神宮境内には春宮《とうぐう》神社があり、祭神は菟道稚郎子命です。春宮神社は「とうぐうじんじゃ」と読み、これは皇太子の意味で、神宮で祭られる息長帯比売命と応神天皇に強い相関性を感じさせます。宇佐神宮には他に仁徳天皇を祭る若宮神社も有ります。応神天皇の二十子の内で祭られている皇子は数名ですから、息長帯比売命の皇子の応神天皇と菟道稚郎子命に深い関わりが有るのは間違いないでしょう。

福岡県北九州市の豊山八幡宮《とよやまはちまんぐう》（八幡東区春の町）は神功皇后が応神天皇を出産されて穂波

郡に行幸中に、この地を治めていた岡県主熊鰐《わに》より応神天皇に御衣を献上したとの由緒を持ちます。その祭神は息長帯比賣命、帯仲津日子命、誉田和気命、宇遅和紀郎子命です。息長帯比賣命、帯仲津日子命が夫婦として祭神となるとすると、残りは応神天皇（誉田和気命）と宇遅和紀郎子命ですから、熊鰐は誰に御衣を送ったのかと勘ぐりたくなります。御衣を献上した岡県主熊鰐は「仲哀天皇紀」八年の条に載ります。誉田和気命の父は、今まで見て来ましたが神社祭神の帯仲津日子命ではないのでしょう。

出雲大社上官、富家の伝承では息長帯比売命の子の応神天皇は七歳で夭折したと伝わり、それはソツ彦（襲津彦）と息長帯比売命の御子と言い、宇佐神宮宮寺家の宇佐公康氏も、その子は四歳で亡くなったと言います。これらと同様に菟道稚郎子もまた夭折していました。

宇佐神宮に伝わる『八幡宇佐宮御託宣集《はちまんうさぐうごたくせんしゅう》』には、欽明天皇の時代に、応神天皇が三歳の童子の姿で、宇佐神宮の菱形池のほとりの竹の葉の上に立って現れたとあります。そして応神天皇は「われはこれ、護国霊験威力神通大自在王菩薩、わが名は誉田天皇広幡八幡麻呂なり」と託宣したと伝わります。

この「三歳の童子」として姿を現したと描かれる意味とは、応神天皇が早世であった暗示ではないでしょうか。また応神天皇は「竹の葉の上に立って」と託宣集にはありましたが、これは重要な暗示になっています。

凡牟都和希王――若野毛二俣王――帯中日子天皇――忍熊皇子
丹波大矢田彦命――大倉岐命――息長帯比売命――応神天皇
迦邇米雷王――息長宿禰王――息長帯比売命――応神天皇
　　　　　　　　　　　　＝
　　　　　　　　　　　　葛城襲津彦
難波根子建振熊宿禰――日触使主――宮主矢河枝比売――菟道稚郎子
景行天皇　成務天皇　仲哀天皇　応神天皇

仁徳天皇と応神天皇

富家の伝承では、夭折した応神天皇の代わりに、豊来入彦命の子孫の竹葉瀬ノ君《たかはせのきみ》が同じ七才だと知って、秘密裏に呼びよせ息長家の養子にしたといいます。これは先ほどの託宣集の「竹の葉」の暗示とも通じます。

豊来入彦命の子孫の稲背入彦命は、菟狭津媛《うさつひめ》（市杵島姫）と結婚をして御諸別命《みもろわけのみこと》を生んでいました。その子孫が荒田別命で、その子が竹葉瀬君《たかはせのきみ》です。再三ですが稲背入彦命は吉備津彦の一人であり、吉備津彦は五十狭沙別大神でした。五十狭沙別大神は「笹神」ですが、笹とは竹の葉ですので、息長家の養子になった竹葉瀬ノ君と通じます。

『新撰姓氏録』によると竹葉瀬君は「左京皇別、上毛野朝臣、下毛野朝臣同祖、豊城入彦命五世孫多奇波世君之後也」として豊城入彦命《とよきいりひこのみこと》の五世孫といいます。豊城入彦命は意訳すれば豊国《とよのくに》に入った人ですが、豊国に入ったのは時系列で大原足尼、稲背入彦命（彦狭島命）の順になります。

『海部氏勘注系図』には大原足尼の同世代に、豊城入彦命の兄弟の豊鍬入姫命《とよすきいりびめのみこと》を記します。これは竹葉瀬君の八代前になり『新撰姓氏録』の世代と合いません。竹葉瀬君の五代前の豊城入彦命とは、恐らく二人目の豊城入彦命の投影である稲背入彦命（彦狭島命）から数えているものと思われます。また豊来入彦命は息長帯比賣命の祖先天日槍命の本貫地、但馬国を開拓していましたが、『但馬故事記』は多奇波世君（竹葉瀬君）は但馬国生まれだと記します。

【豊城入彦命のイメージ系図】

孝霊天皇――吉備津彦命（建御名方神）――豊城入彦命（大原足尼）―一代―八綱田命

――豊城入彦命（稲背入彦命、彦狭島命）――御諸別王―二代―荒田別命――竹葉瀬君

「記紀」で菟道稚郎子と皇位を譲り合った仁徳天皇は和風諡号を大鷦鷯天皇《おおさざきのすめらみこと》（『古事記』大雀命）と言いますが、『日本書紀』「神代上」ではわざわざこの鷦鷯を、「これを娑娑岐《ささき》と言

う」と記します。仁徳天皇とは笹木天皇ですから、竹葉瀬君と同義です。要するに応神天皇の亡き後に武内宿禰（葛城襲津彦）に養子に入ったのは仁徳天皇でしょう。宇佐神宮の若宮神社に仁徳天皇が、春宮神社に菟道稚郎子命が祭られる由来はこれではと思います。

ここまで分かりますと、気比大神（五十狭沙別大神）と名前を交換したのが誰かが判明します。

『日本書紀』の名前交換の場面では元々の名前は気比大神が誉田別神（品陀和気命）で、太子の名が去来紗別尊（五十狭沙別大神）でした。

また、品陀和気命は大帯日子命かその子で、その子孫が忍熊皇子でしたので、誉田別神（品陀和気命）は忍熊皇子の系譜の暗示となります。武内宿禰に連れられた太子は大鷦鷯尊（笹木）ですが、去来紗別尊（五十狭沙別大神）は「笹木」の神でしたので、名前交換の話は品陀和気命の子孫の忍熊皇子から笹木天皇へ禅譲した暗喩でしょう。

太子が敦賀から帰った後に息長帯比売命が祝いの酒を差し上げ、「この御酒は」少名毗古那神の酒だと歌います。鷦鷯《みそさざい》とは少名毗古那神のことでしたが、これは笹木（大鷦鷯尊）を示しているのでしょう。

品陀真若王
川上眞稚命——迦具夜比売命（日葉酢姫）

五十日帯彦命―**品陀**和気命―隼総別皇子―帯中日子天皇―忍熊皇子
＝
大鷦鷯尊（竹葉瀬君、**品陀**和気命）

迦邇米雷王―息長宿禰王―息長帯比売命―応神天皇（菟道稚郎子）
＝
葛城襲津彦

「記紀」で応神朝と仁徳朝で同様の事績や活躍する人物が重なって記載されていますが、それはそもそも同一世代の出来事だからです。一例としては『日本書紀』「応神天皇紀」と『古事記』「仁徳天皇記」に載る枯野の船の話や、平群《へぐりの》木菟《つく》宿禰《のすくね》を挙げておきます。

平群木菟宿禰は仁徳天皇と同日生まれで、仁徳天皇と名前を交換したと言います。しかし、「記紀」が前代という応神天皇時代にも活躍した事績を残します。

仁徳天皇と平群木菟宿禰の名前交換では、仁徳天皇の名は元々は木菟《つく》（みみずく）で、木菟宿禰が鷦鷯だったとなります。またも名前交換の話ですので、木菟宿禰かその一族が仁徳天皇の出自となりそうです。平群氏は『古事記』によると武内宿禰の子の一人として挙げられます。先ほどの竹葉瀬君が武内宿禰の養子になり仁徳天皇となったなら、竹葉瀬君は豊城入彦命の子孫ですから吉備津彦命の末裔となるはずです。

これを考える上で面白いのが、奈良県の平群町に鎮座する椿井《つばい》春日《かすがい》神社（奈良県生駒郡平群町椿井）の由緒です。

「平群氏春日神社沿革記」によれば、平群氏は天大吉備諸進尊を祖とし、景行朝に堤原王は武内宿禰の養子となり、勅命により平群の姓を賜ったと言います。これを信じるならば、平群氏は吉備津彦命の子孫で武内家に養子に入り、その縁で仁徳天皇を養子に送っているとなりそうです。また平群木菟宿禰がこの時期に勢力を保つのはその所以と推測出来そうです。

平群氏はこの後に真鳥《まとり》、鮪《しび》と続き鮪が武烈天皇世代ですが、仁徳朝から武烈朝までは三代になります。

衣通姫と木梨軽皇子

息長帯比売命と武内宿禰の世代と並行していた天皇に、宿禰を名前に持つ雄朝津間稚子宿禰天皇がいました。武内家から出た最初の天皇と言い伝えられていましたが、その皇子には木梨軽皇子《きなしかるのみこ》がいます。

皇子は同母妹の軽大娘皇女《かるのおおいらつめのひめみこ》が美しかったので恋焦がれて密通してしまい、その罪で太子を廃されて伊予国に流罪になったと国史は伝えます。いつの世でも都合の悪い時は女性問題にされるのが常ですが、これもその一例でしょう。正史にとって避けるべき事例が、万世一系の崩壊や二朝並立です。これらが危惧される時に、ある者は殺され、ある者は即位していなかったとされます。要するにこちらのケースもそれに該当します。

皇子が密通を犯したと言う軽大娘皇女は、その美しさから衣通姫《そとおりひめ》と称えられたと伝わります（『古事記』）。『日本書紀』では母の妹が同様に衣通姫（『日本書紀』衣通郎姫）と称えられ、父の允恭天皇の妃になっています。

衣通郎姫を妃に迎えるために、使者として姫の元に派遣されたのが中臣烏賊津使主《なかとみのいかつおみ》です。不思議なことにこの人物は、「記紀」世代で三世代前の「神功皇后紀」にも活躍したと描かれます。

神功皇后が神託を問う場面では武内宿禰が琴を弾き、中臣烏賊津使主は審神者となって、仲哀天皇の神託場面での武内宿禰のポジションにいる事に気付きます。つまり、神託を聴いているのは中臣烏賊津使主ですから、天皇と同じ位置にいるとなります。

対馬では中臣烏賊津使主を祭る神社が多数存在します。霹靂《いかづち》神社（長崎県対馬市上対馬町大増）の由緒では、中臣烏賊津使主がこの地で妻を娶り、日本大臣と言う子をなしたといいます。その子は日本大臣と、何やら大宰相を暗示させる名で祭られます。

中臣烏賊津使主の勢力地の近江国の伊香郡《いかぐん》は、允恭天皇の和風諡号に内包される朝妻の名を冠する朝妻港の北に位置します。中臣烏賊津使主は天皇に匹敵する審神者で、允恭天皇の妃に求婚してるのは彼ですから、そもそも中臣烏賊津使主が雄朝津間稚子宿禰天皇（允恭天皇）なのではないかと思え、そうなると仲哀天皇の一人は允恭天皇ではとも捉えられます。とりあえずそれは置くとして、允恭天皇世代で活躍する中臣烏賊津使主が、神功皇后（仲哀天皇）世代にも登場する事が鍵となり、簡単に言うと二人は同世代となります。

妹に恋焦がれたと言う允恭天皇の御子は木梨軽皇子でした。允恭天皇が神功皇后世代となると、その子の木梨軽皇子は、応神天皇、仁徳天皇の世代となります。先ほどの応神、仁徳世代に載る世代を繋ぐ暗示の枯野の船の話では、枯野をわざわざ「もしかしたら軽野といったものを、後人が訛ったものかも知れない」と記します。要するに「軽野」が世代を繋ぐもう一つの暗示となっており、その意は軽皇子は応神、仁徳と同世代と伝えているのでしょう。

允恭天皇は衣通姫に八回求婚してようやく受け入れられ、それまでに使者の中臣烏賊津使主は七日間食事を摂らずにいた（恐らく摂ったのは八日目）と、どうも八という数字を伝えたいようにみえます。衣通姫は八がキーワードの姫のようですが、八を冠する姫に八田皇女《やたのひめみこ》がいます。

八田皇女と磐之媛命

木梨軽皇子が仁徳天皇世代と重なると、仁徳天皇の二人目の皇后となったと言う八田皇女（八田若郎女）が、その妻ではないかと勘ぐりたくなります。仁徳天皇が八田皇女を娶ろうと、一人目の皇后の磐之媛命に相談した場面で二人は歌を詠み合います。その最後に、「朝嬬の　避介の小坂を　片泣きに　道行く者も　偶ひてぞ良き（朝妻の避介の坂を半泣きに歩いて行く者も、二人並んで行く道づれがあるのがよい）」と、歌詞に朝妻を入れます。その意は朝妻（木梨軽皇子）の妻は、八田皇女だと言っているのではないでしょうか。

仁徳天皇の皇后という磐之媛命は、仁徳天皇が八田皇女を宮中に入れたために怒り、別居したと「記紀」は伝えます。これは要するに、同世代で天皇が並立しており、その皇后が二人いたとなるのでしょう。それが木梨軽皇子の女性問題や、嫉妬深い磐之媛命の話の創作の由来となると思います。先述ですが富家の伝えでは仁徳天皇の皇后の磐之媛命は、若子宿禰の娘でした。磐之媛命は、允恭、履中、反正天皇の母と言いますが、伝承では履中天皇を生んだといいます。娘が父を産むわけにはいきませんから、允恭天皇はその子ではないとなります。

中臣烏賊津使主の勢力地の伊香郡の直ぐ西には、八田皇女の御名代の八田部があり、今もその地には五社神社（滋賀県長浜市西浅井町八田部）があるのも挙げておきます。允恭天皇が衣通郎姫の元に初めて通ったのは、雄略天皇が生まれた日だと『日本書紀』は記します。これも雄略天皇の母は忍坂大中姫ではなく、衣通郎姫（八田皇女）だとの暗示でしょう。

允恭天皇が亡くなった際に『日本書紀』は「時に御年若干」と記し、『古事記』、『先代旧事本紀』は、それを七十八歳と伝えます。これは異なるそれぞれの人物の寿命を記していると考えられ、允恭天皇が二人（二代）いると捉えると自然に落ち着きます。

次代の穴穂天皇《あなほのすめらみこと》（安康天皇）は木梨軽皇子を包囲して、自死に追い込んだと言います（『日本書紀』）。これは木梨軽皇子が即位していたとなると天皇を殺害したとなりますので、皇子を天皇と表記せず、皇子のままとした所以の一つは、これを忌み憚ったのでしょう。

一連を鑑みると木梨軽皇子はスキャンダルで失脚したのではなく允恭天皇、木梨軽皇子と続き、最後はその身内の安康天皇に討たれ早世したのではないでしょうか。

品陀和気命―隼総別皇子―帯中日子天皇―忍熊皇子
忍坂大中姫
＝
允恭天皇―木梨軽皇子―安康天皇
磐之媛命　雄略天皇
＝
大鷦鷯尊（竹葉瀬君、品陀和気命）―履中天皇
宮主矢河枝比売―八田若郎女（矢田皇女）　反正天皇
迦邇米雷王―息長宿禰王―息長帯比売命―応神天皇（菟道稚郎子）
＝

波多八代宿禰―葛城襲津彦――葦田宿禰――――黒姫

このように置くと葛城襲津彦が、仁徳天皇、履中天皇側の外戚となり後ろ盾になっていく構図が鮮明になります。息長帯比売命と同一人物と思われる宮主矢河枝比売の娘の八田皇女、雌鳥皇女が奪い合いになったと伝わるのも、首肯出来るでしょう。

息長帯比売命の出自は丹波道主命の系譜に連なり、丹波道主命の子が丹波大矢田彦命（迦邇米雷王）でした。宮主矢河枝比売の娘の八田皇女は、矢田皇女と『日本書紀』は伝えますが、これはその系譜の祖先の名を受け継いでいると思われます。

仁徳天皇の子の履中天皇の和風諡号は去来《いざ》穂別天皇《ほわけのすめらみこと》です。海部氏の伝えによると、仁徳天皇の元の名の「イササワケ」を「イザホワケ」に変えて「記紀」に記されているといいます。となると、仁徳、履中天皇、市辺押磐皇子の三代は、一代縮まり二代となります。簡単に言うと、履中天皇とは市辺押磐皇子になります。飯豊青皇女《いいとよあおのひめみこ》が履中天皇と、その御子という市辺押磐皇子の子と伝わるのはこのためです。

市辺押磐皇子と億計王、弘計王

市辺押磐皇子（履中天皇）は、『日本書紀』に穴穂天皇（安康天皇）が皇位を伝えて後事を委任しようと考えた皇子で、それを逆恨みした雄略天皇に射殺されたと記されます。しかし、丹後半島には皇子が落ち延びてきたという伝説が残り、系図では安康天皇の時代となっています。『海部氏勘注系図』でも、その御子の億計王《おけのみこ》、弘計王《をけのみこ》と丹後国に来たと記載されます。

この丹後の伝説を取るのなら市辺押磐皇子は殺されてはいないことになります。皇子が「記紀」で天皇として記されないのは、天皇の名で記すと雄略天皇と二朝並立となってしまうからです。国史の記載上は亡くなってくれるのが最善ですので、木梨軽皇子と同様に皇子は殺される設定となったのでしょう。

『播磨国風土記』には皇子が市辺天皇《いちのへのすめらみこと》とあり、天皇として即位した傍証が記されます。『日本書紀』でも、弘計王たちが逃亡先で伊予来目部小楯《いよくめべのおたて》に発見された際に、「市辺宮に天下治しし、天万国万押磐尊の御裔」と、二人の父、市辺押磐皇子を天皇だったと称えます。

逃避行を終えた二王子が父の亡骸を探したと「記紀」は記します。その際に父を知ると言う置目老媼《おきめのおみな》が、その特徴として「市辺王の御歯は一つの根が三つに分れたような大きい歯でいらっしゃった」と述べます。伝説をとれば雄略天皇に討たれてはいませんから亡骸を探す必要は有りませんので、これは三人の天皇が並んでいた暗号ではないかと思われます。

皇子たちが丹後国に逃れた伝承は多数残ります。その一つが現在籠《この》神社の近くに鎮座する麓神社（京都府宮津市難波野上地）に残る由緒です。二王子は難波野の地に逃れていましたが、この地を旅立つ際に、大きな赤飯のにぎりめしを作って持たせたと伝わります。出立の日とされる旧十月一日に、それに因み村人が神田からとった餅米を炊いて赤飯を作り、村中の人にひとつずつ配る神事が行われます。この神事を飯遣福《いいやりふく》、居在福《いやりふく》といいます。この居在りとは二王子がこの難波野に居在りの日に由来します。

　麓神社の祭神は仁徳天皇ですが、二王子の父だともいいます。仁徳天皇は「イササワケ」の神と名前を交換した人物でしたが、それは「記紀」では応神天皇として述べられました。その子の履中天皇は、応神天皇の次代として仁徳天皇に当たりますから、二王子は仁徳天皇の子と伝わるのでしょう。

　この後に二王子たちは真鈴宮を営みます。それが後年に里に遷されて須津彦《すづひこ》神社、須津姫《すづひめ》神社となり、村人の氏神になりました。神社の祭神はそれぞれ、須津彦神は去来穂別天皇（第十七代履中天皇）、須津姫神社は履中天皇の皇后の久呂比売命です。二王子が祖父の履中天皇夫妻を祭ったと由緒では伝えますが、これは、その父でしょう。

　一連の検討からは「記紀」が仁徳天皇の子と主張する允恭天皇は、仁徳天皇の前の世代でした。これを伝えるのが『日本書紀』に載る、顕宗《けんそう》天皇の皇后の系譜です。

　大和国に帰還した弘計王は、天皇（顕宗天皇）に即位し、皇后には難波小《なにわのお》野王《ののみこ》を立てます。『日本書紀』には皇后の系譜を、雄朝津間稚子宿禰天皇の曾孫で、磐城王《いわきのみこ》の孫にあたり、丘《おかの》稚子王《わくごのみこ》の女であると記します。これは、允恭天皇を仁徳天皇の子と置くと異世代婚になってしまいますが、想定した系譜では同世代となりますので、国史でも想定と同様に系譜を伝えているとなります。

仁徳天皇——履中天皇——**顕宗天皇**
雄朝津間稚子宿禰天皇——磐城王——丘稚子王——難波小野王
允恭天皇——木梨軽皇子——安康天皇
雄略天皇

先ほどの履中天皇夫妻が祭られていた地は、真鈴宮でした。その地は倉梯山《くらはしやま》といい、この地は仁徳天皇に追跡された隼総別皇子の隠遁地だとも伝わります。

隼総別皇子は仁徳天皇が雌鳥皇女を妃として迎えたいと望み、皇子は皇女を迎えるための中立として派遣されます。しかし、隼総別皇子は自ら雌鳥皇女を娶ってしまったといいます。怒った仁徳天皇は討伐軍を差し向けます。皇子と皇女は伊勢神宮に逃走を図り、最後には伊勢の蒋代野《こもしろの》で追いつかれて殺され、二人の王の屍は廬杵《いおき》河《がわ》のほとりに埋められたと記されます（『日本書紀』）。『古事記』では、二人が逃亡した際に倉椅山に登ったと記されますが、『丹後旧事記』等は、倉椅山とは丹後の興謝の倉椅山だと載せ、二人はその地で亡くなったと言います。

継体天皇の即位

逃亡を図ったという隼総別皇子は『神皇正統記《じんのうしょうとうき》』では若野毛二俣王の別名とされました。逃亡を共にした雌鳥皇女や、追手を差し向けた仁徳天皇は、系譜では二世代後になります。その世代は検討では、忍熊皇子と重なりました。隼総別皇子の子孫の忍熊皇子は、伝承では近江国で敗れた後に丹波、若狭を経て越前国敦賀郡の劔神社に落ち延びていたと、その逃避先の一つも、また丹波国（その後に分国で丹後国）でした。それらを勘案すると、実際に忍熊皇子と戦ったのは仁徳天皇ではないでしょうか。『海部氏勘注系図』でも神功皇后から臣下として海部直《あまべのあたい》を賜ったと記される世代は、神功皇后世代ではなく、その子世代（忍熊皇子、仁徳天皇）です。つまりは雌鳥皇女を巡る隼総別皇子と仁徳天皇の争いは、忍熊皇子と武内宿禰の御子の物語を移し替えたものだと推測出来ます。

品陀和気命──隼総別皇子──帯中日子天皇──忍熊皇子
宮主矢河枝比売──雌鳥皇女
大鷦鷯尊（竹葉瀬君、品陀和気命）

迦邇米雷王──息長宿禰王──息長帯比売命──応神天皇（菟道稚郎子）

丹波大矢田彦命―大倉岐命―――明国彦命―――建振熊命（海部直賜る）―海部直都比

先ほど市辺王の御歯が「三つに分かれて」いるとは、三人の天皇が並んでいた暗号ではと推測しました。その分かれた三つの歯とは市辺押磐皇子、雄略、仁徳天皇後裔の三天皇の暗示ではと思われます。また忍熊皇子は王朝の正統な後継者であり、孫世代が天皇に即位した継体《けいたい》天皇ですから、その間の継体天皇の父の彦主人《ひこうし》王《のおおきみ》もまた、天皇と比肩する存在だったとみると、自然に落ち着きます。

允恭天皇―――木梨軽皇子―雄略天皇―清寧天皇

品陀和気命―隼総別皇子―帯中日子天皇―忍熊皇子―彦主人王―継体天皇―安閑天皇

大鷦鷯尊―履中天皇―仁賢天皇―武烈天皇

迦邇米雷王―息長宿禰王―息長帯比売命―応神天皇

「記紀」は子孫がいなくなった故に応神天皇まで遡って継体天皇を擁立したといいます。系譜から見える実態は一度は退いた一族が、北陸で再度力を蓄え継体天皇として即位した姿です。『神皇正統記』が、隼総別皇子が仁徳天皇に勝ち、継体天皇に繋がったと記すのはこの比喩なのでしょう。

仁徳天皇は大鷦鷯尊と申しあげ、第八の皇子を隼総別と申した。仁徳天皇の御代に、この兄弟がたわむれて、鷦鷯は小さい鳥であり、隼は大きい鳥だ、と言い争われたことがあるが、隼という名によってこの尊が勝って、のちに天皇の位を受け継ぎなさったのだろうか。

（『神皇正統記』）

「記紀」は、継体天皇は老年になってから即位したと記します。これは国史のテーゼ、「同日に二つの天を抱かない」（二朝並立を認めず）により、武烈天皇が亡くなった後を即位年としたために、老年で即位したとされたのでしょう。

海部氏の伝えでは飯豊青皇女は継体天皇と結婚した目子《めのこ》媛《ひめ》だと伝わります。継体天皇の皇后は『日本書紀』では仁賢天皇の娘の手《た》白香皇女《しらかのひめみこ》といいます。継体天皇と仁賢天皇は同世代ですので、所謂手白香皇女を娶ったのは、その皇子だと思われます。手白香皇女は『古事記』では手白髪郎女と表記されその名に「白髪」が内包されますが、それが諱の天皇は清寧《せいねい》天皇です。手白香皇女の母の春日大娘皇女《かすがのおおいらつめのひめみこ》は和珥臣の娘で雄略天皇が、一夜をともにして身篭らせたといい、天皇は疑ってその姫を養育されなかったと伝わります。この姫が雄略天皇と、仁賢天皇の家系を繋ぐ役割となっています。また『播磨国風土記』では手白香皇女は仁賢、顕宗天皇の母と記されるなど、親子二代の存在は不安定にみえます。

春日和珥臣深目―童女君
＝雄略天皇―春日大娘皇女
＝仁賢天皇―手白香皇女
和珥臣日爪（和珥臣日触）―糠君娘＝＝春日山田皇女

継体天皇の次代は安閑《あんかん》、宣化《せんか》天皇と続きます。その後を継いだ欽明天皇は、兄弟の安閑天皇の皇后に政務を託し、皇太后にしたと『日本書紀』は伝えます。通常は皇太后とは天皇の母ですので、これを考えれば欽明天皇の父は安閑天皇で、母は所謂手白香皇女だと自然です。安閑天皇の皇后の出自も手白香皇女と同じく、和珥臣の娘の春日山田皇女であるのを考えれば、欽明天皇の母は姫が該当するのではないでしょうか。

欽明天皇の皇后は石姫皇女《いしひめのひめみこ》で、その母は橘 仲 皇女《たちばなのなかつひめみこ》といいます。ここまでお読みいただいた読者の方なら「橘」と「石《いわ》」が、どの一族を示す暗示かは、もはや説明不要でしょう。

継体天皇—安閑天皇—欽明天皇

＝（安閑天皇＝春日山田皇女）

仁賢天皇—春日山田皇女

＝（仁賢天皇＝和珥糠君娘）

和珥糠君娘

橘仲皇女—石姫皇女

＝（欽明天皇＝石姫皇女）

おわりに

この本では混迷の四世紀を追って来たが、その帰結にいるのが継体天皇だ。一般的に男系で今上天皇から遡れる、最も古い代の天皇とされるのが継体天皇だという。これを取るならば、今までの検討から、今上天皇家は新羅国の主の天日槍命の直系ということになる。天日槍命の子孫の日本武尊は白鳥になって飛び立つが、これを唄で現在まで残しているのが童歌「かごめうた」だ。

かごめかごめ　籠の中の鳥は　いついつ出やる
夜明けの晩に　鶴と亀がすべった　後ろの正面だあれ

この歌には今まで日本に君臨して来た王権が歌われている。歌詞に登場するのは鶴（白鳥）と亀だが、これが王権のキーワードになっている。振り返れば大和王権は「タニハ王朝」に始まり、「近江山城系タニハ」と「物部氏の王朝」がそれに続く。それぞれが大和三山の一山を聖山とし、一族の統合の象徴は「亀」であった。それに続くのが「白鳥」を象徴とする「天日槍命の王朝」だった。

「かごめうた」の歌詞の「夜明けの晩」とは、夜明けの最も前となり、いわば早朝のことだ。歴史に当てはめるなら、それは日本の黎明期となろう。要するに歌は、皇統の黎明期に「鶴」（白鳥）と、「亀」が世の中を「統《す》べた（統治した）」と、その歌詞で現世に伝えていると思われる。天皇は終始、籠の中にいるが、「いついつ出やる」と歌われる「籠の中の鳥」は今でも、その中に閉じ込められているのだろう。

思いを込めて言葉を紡いだものが文章で、それを集めたのが物語なら、かぐや姫、浦島太郎の御伽噺は、現世にまでそれを届ける方舟と言えよう。万世一系の創出が当時の時代の要請であったとしても、何時か必要な時代に、それが開かれるのを期待した人々の、僅かに残された想いの断片を真摯に受け取るのは、現代人が深層で求める要請と一致すると、著者はそう確信する。

天皇家は日本人の紐帯であり、その血は多くの日本人に受け継がれていると捉えられる。その先祖の語られずに伏せられ、隠されてきた言葉の数々には、彼らの生きた証がこめられている。彼らが何を考えて生き、この国の礎を造っていったかを正しく認識するには、ゆっくりとそれらを解きほぐさなければならない。

先人たちが一度は秘した歴史を恐れ憚り、再び閉じ込めるのではなく、彼らを知り表舞台に戻して感謝を捧げることこそ、これからの未来へ繋がる本当の鎮魂となるのであろう。

神社を訪れ、心を落ち着け境内に入る。その場で行う曇りなき心の祈りは、神々と人々を繋ぎ、時空をも超えて行くに違いない。清純な願いの集合体が未来に反映するとしたら、それは美しく結実し現実に投影されよう。

たった一つの個人の願いから、今後の日本の、世界の幸せと繋がると信じ、私は今日も祈りを捧げるのである。

あとがきにかえて

「この鏡が動き出す」

　鏡を手にした松本君は興奮気味に言葉を発し、その手は小刻みに震えていたと、瑠璃さんは言う。

　令和三年の冬至。イラストレーターの瑠璃さんに、大分県の日田市から伝説の神宝、金銀《きんぎん》錯嵌珠龍文鉄鏡《さくがんしゅりゅうもんてっきょう》のレプリカが贈呈された。それは瑠璃さんが数年前にこの鏡をイラストとして描き、その縁で彼女の元に送られて来たものだ。

　松本君は四十代。着流しに下駄とまるで天狗と見間違える容姿の男性だ。現に彼は以前「紅天狗」を名乗っていた。彼曰く、この日の数年前に突然、饒速日尊が彼の元に舞い降り、それ以来、度々お告げが下されるのだという。実際に翌年の令和四年に私は、それまで全く面識のない瑠璃さんと六甲山中でばったり出会った。私の前著の結末はその伝説の鏡で終わっており、そして瑠璃さんの描く鏡のイラストが、表紙を飾ってくれることになった。「こんな偶然があるものなのか」と、その出会いに驚き戸惑う、数奇な体験をした。そして鏡は今も数々の出会いを引き起こし、縁を繫げている。松本君に下されたお告げは当たったのだ。

その彼が今度は、「神戸の権太夫稲荷の鳥居をなくさないといけない。鳥居の形は『円』であり、それを取り除かなければならない」と私に熱弁を奮った。権太夫稲荷は神戸市の新湊川を遡り、やや小高い場所に在る小さな社だ。何時も彼の突拍子のない発言に戸惑うのだが、その時は「そうなんだね」と相槌を打つに留めた。彼はこの経済中心の世の終わりの始まりをその感性から直感し、湧き出る思いを吐き出しているのかとも、私には感じられた。

その後のある日、彼は蛇行している川の写真を送って来た。それは権太夫稲荷の側の流れを写した航空写真だが、大分県日田市の川の流れと類似していると彼は私に説明をした。神社の位置もそっくりだという。日田の社は有王社といい、祭神は瀬織津姫命だ。祭神が分かった時、私はやや前のめりになったが、まあそういうことも有ろうと、その日の関心はそこで途切れた。

瑠璃さんとの出会いから約半年後、秋九月に前著は無事に出版された。私は日田の伝説の鏡は、邪馬台国の宗女台与の鏡ではないか、また姫は尾張氏の系図に載る小《お》止《と》与命《よのみこと》ではと推定し結びとしていたが、内心「詰め切れていないな」とも感じていた。

風に冬の気配を感じた頃、日田市在住の歴史研究仲間である熊谷久美子さんと情報を交換していると、日田市の石井神社創建に縁がある石井源太夫は、尾張国造小止与命だという伝説が有ると分かった。能の演目「源太夫」では、熱田と出雲が同体だと謳われている。これでようやく日田、出雲、尾張、伊勢が繋がり、前著出版以来どこか引っかかっていた心の痼《しこり》が消えて行ったのであった。

また日田の伝説では源太夫は西宮の蛭子だとも伝え、神戸、六甲山との繋がりも示していた。西宮とは福男の祭事で有名な兵庫県西宮市の西宮神社のことだが、えびす大神は各地で事代主神や少彦名命としても崇拝されているのは本文に記載した通りだ。

落ち葉が道にモザイクを作り、木々が冬の支度を始めた頃。神戸の六甲山で瑠璃さん主催の出版記念会が行われた。会場の「六甲アウトドアステーション フォトン」は、やはり彼女が選ぶだけあり、不思議を呼び込むに充分な場所であった。一歩室内に足を踏み入れると現世の喧騒から一呼吸置ける、そんな空間だ。同じ時間、場所で過ごしているはずだが、何故か話が嚙み合わない相手はままにいる。目の前の相手との間は透明なレイヤー（階層）で隔てられ、実は同じ空間を共有していないので、この現象が起こるのではと思うのだが、オーナーの関口泰生さんや三木美保さんの吸引力で集まった人々とはこれを共感でき易い。

記念会には六甲山で瑠璃さんと偶然の出会いをした素敵な女性たちを始め、多くの人が集まったが、皆言葉が要らない人々であった。六甲は夏場でも過ごしやすく平地より大分、気温は下がる。晩秋は冷え込むが、それに反するように会は終始、温かい雰囲気で、私も心から感謝の気持ちが湧き上がったのであった。

翌日は私、瑠璃さん、松本君と熊谷さんの四人で権太夫稲荷に行くことになった。神社はやや小高いところにあり、たどり着くまでに少々息を切らす。境内のさらに一段上がったところに社はある。一通り境内を巡ったあと、四人で本殿の裏に腰をかけた。そこからの眺めは一直線に街を見下ろせ、ここはまるで神の通り道であるかのような感覚に陥った。

腰をおろし木々の隙間からこぼれ落ちる光に包まれながら、私はぼんやりと街を眺めていた。神社の側を流れる石井川は天王谷川と合流し新湊川となって河口へと向かう。川の流れに沿うと地名には石井町、下流には事代主神を祭る長田神社、旧港川沿いには柳原蛭子神社がある。柳原蛭子神社は「柳原えびす、神戸柳原のえべっさん」と言われ、あの日田の石井源太夫に由来の西宮神社まで神幸の渡御が行われていた。権太夫と源太夫は繋がっているのだ。

その時一つの風が、丘の上から流れた。その風は私たちの側を通り抜け、一直線に街の方へと吹き抜けた。その風を耳元で捉えた時、何故だか松本君の予言が現実になるのではと腑に落ちた。左右に目をやると、仲間たちも幸せな表情を浮かべている。青春は年齢ではないかもしれない。そう感じられた一日だった。

最後になりましたが、この本の完成までに、ご助力いただきました全ての皆様へ感謝を申し上げます。

亡くなった母といつも支えてくれる父、そして姉、石田珠子とその家族。表紙のイラストを提供いただきました奉納画家の瑠璃様。大分県日田市でツアーを敢行してくれた歴史研究家の熊谷久美子様。六甲比命大善神社で説明をしてくださった大江幸久先生。伴とし子先生と糸井豊様、斉藤喜一様と古代丹波歴史研究所の皆様。菊池展明氏の遺志を受け継ぐ玉田由美子様。何でも教えてくれる与謝野町文化財保護委員の坂根一弘様。「ＦＭまいづる」パーソナリティの坂根道子様。神功皇后の生誕地を教えてくれた「但馬ヒストリア」代表の西賀真紀様と福井友恵様。道の駅「あゆの里矢田川」駅長の阿瀬大典様。淡路の友人の柏木敏考様。「六甲アウトドアステーション　フォトン」の関口泰生様、三木美保様。関裕二先生と佐藤信様、堀直美様、出居智子様、湯田亜紀様。旅先で出会い質問に答えて下さった、特に親切にご対応いただきました多くの神職の方々。そして今回も最後まで粘り強く本の完成を支えて下さった新潮社の上田恭弘様と編集者の方々に、この場を借りて感謝を申し上げます。

令和五年五月吉日

佐藤洋太

主要参考文献一覧

『元初の最高神と大和朝廷の元始』海部穀定（おうふう）
『神道大系　古典編13』（神道大系編纂会）
『古代氏族系譜集成（上・中・下）』宝賀寿男編著（古代氏族研究会）
『日本書紀（上・下）』井上光貞監訳／川副武胤・佐伯有清・笹山晴生訳（中央公論新社）
『新版　古事記　現代語訳付き』中村啓信訳注（KADOKAWA）
『現代語訳　古語拾遺』菅田正昭（KADOKAWA）
『先代旧事本紀　現代語訳』安本美典監修／志村裕子訳（批評社）
『風土記　現代語訳付き（上・下）』中村啓信監修・訳注（KADOKAWA）
『倭国伝　中国正史に描かれた日本』藤堂明保・竹田晃・影山輝國全訳注（講談社）
『現代語訳　神皇正統記』今谷明（KADOKAWA）
『元伊勢の秘宝と国宝海部氏系図　日本民族の魂のふるさと・丹後丹波の古代の謎』海部光彦（元伊勢籠神社社務所）
『八幡比咩神とは何か　隼人の蜂起と瀬織津姫神』菊池展明（風琳堂）
『出雲の国の女神　出雲大神と瀬織津姫』菊池展明（風琳堂）
『宇佐家伝承　古伝が語る古代史』宇佐公康（木耳社）
『古代丹後王国は、あった　秘宝「海部氏系図」より探る』伴とし子（MBC21京都支局・すばる出版）
『応神と仁徳に隠された海人族の真相』伴とし子（新人物往来社）
『卑弥呼の孫トヨはアマテラスだった　禁断の秘史ついに開く』伴とし子（明窓出版）
『網野の浦嶋伝説』伴とし子（網野町文化保存会）
『古代海部氏の系図』金久与市（学生社）

『出雲大社（学生社　日本の神社シリーズ）』　出雲大社編／千家尊統　（学生社）
『猿田彦神社誌』　猿田彦神社社務所編　（猿田彦神社御造宮奉賛会）
『応神天皇の正体』　関裕二　（河出書房新社）
『平文「但馬故事記」全』　長岡輝一　（小谷書店）
『白鳥伝説（上・下）』　谷川健一　（小学館）
『アマテラスの誕生』　筑紫申真　（講談社）
『敗者の古代史』　森浩一　（中経出版）
『出雲と大和のあけぼの　丹後風土記の世界』　斎木雲州　（大元出版）
『出雲と蘇我王国　大社と向家文書』　斎木雲州　（大元出版）
『古事記の編集室　安万侶と人麿たち』　斎木雲州　（大元出版）
『天皇の秘儀と秘史「正統竹内文書」伝承者、第73世武内宿禰が明かす神々の祭礼の真実』　竹内睦泰　（学研プラス）
『古墳とヤマト政権　古代国家はいかに形成されたか』　白石太一郎　（文藝春秋）
『古代日本正史　記紀以前の資料による』　原田常治　（同志社）
『上代日本正史　神武天皇から応神天皇まで』　原田常治　（同志社）
『王権誕生　日本の歴史02』　寺沢薫　（講談社）
『ヤマト王権の謎をとく』　塚口義信　（学生社）
『謎の古代豪族　葛城氏』　平林章仁　（祥伝社）
『謎の大王　継体天皇』　水谷千秋　（文藝春秋）
『古代氏族の系譜』　溝口睦子　（吉川弘文館）
『宇佐神宮の研究』　中野幡能　（国書刊行会）
『古代敦賀の神々と国家　古墳の展開から神仏習合の成立まで』　堀大介　（雄山閣）
『笛吹川に住んで千五百年　雄略朝からの神と家と人の歩み』　坂名井深三　（新甲陽文庫）

『乙訓の原像』　中村修　（ビレッジプレス）
『乙訓の原像・続編』　中村修　（ビレッジプレス）
『神功皇后伝承を歩く　福岡県の神社ガイドブック（上・下）』　綾杉るな　（不知火書房）

文献ではありませんが、次のブログも参考にさせていただきました。
『丹後の地名』（https://tangonotimei.com/）
『玄松子の記憶』（https://genbu.net/）
『神奈備にようこそ！』（http://kamnavi.jp/）
『天璽瑞宝』（https://mononobe-muraji.blogspot.com/）
『そこまでお散歩ちょっとひと息』（https://ameblo.jp/reki-sanpo/）
『鬼と仏の国東半島めぐり』（http://nabaanooyado.blog.fc2.com/）

著者略歴

佐藤 洋太（さとう・ようた）

1976年東京都生まれ。歴史家。歴史研究家。

幼少より歴史に親しむ。タキトゥスや司馬遷が後世の人々から歴史家と称されるのなら、称するのに資格は必要ないとの考えから歴史家を名乗る。神社などを巡るフィールドワークから、研究を積み上げる手法を得意とする。

研究費用の捻出に会社を営む。「日本ペンクラブ」会員。

著書に『神武天皇と卑弥呼の時代　神社伝承で読み解く古代史』（新潮社図書編集室）。

かぐや姫《ひめ》と浦島太郎《うらしまたろう》の血脈《けつみゃく》
ヤマトタケル尊《のみこと》と応神天皇《おうじんてんのう》の世紀《せいき》

著者
佐藤洋太《さとうようた》

発行日
2023年11月30日

発行　株式会社新潮社　図書編集室

発売　株式会社新潮社
〒162-8711　東京都新宿区矢来町71
電話　03-3266-7124

印刷所　錦明印刷株式会社

製本所　加藤製本株式会社

©Yota Sato 2023, Printed in Japan
乱丁・落丁本は、ご面倒ですが小社宛お送り下さい。
送料小社負担にてお取替えいたします。
ISBN 978-4-10-910265-0 C0021
価格はカバーに表示してあります。